진리란무엇인가

진리란
무엇인가

우 데 카 지음

빛의생명나무

2부. 매트릭스에 대한 정리

바람의 정신분석 :
진리란 무엇인가

보이지 않는 세계를 믿는 사람의 진리와
보이는 것만을 믿는 사람의 진리는 다릅니다.

배고픈 사람의 진리와
배부른 사람의 진리는 서로 다릅니다.

인간은 진리가 없어도
살아가는데 아무 불편함이 없습니다.
인간은 진리가 무엇인지 알지 못해도
오늘과 내일을 사는데 큰 불편함이 없습니다.
진리가 있다고 믿는 순간
진리가 이것이라고 인식하는 순간
진리를 진리라고 말하는 순간
진리는 의식의 틀에 갇혀 버립니다.

진리는 에너지입니다.
진리는 삼라만상에 깃들어 있는 생명의 숨결이며
호흡과 호흡 속을 오고가는 바람이며
생명 속에 깃들어 있는 신성한 에너지입니다.
진리는 에너지입니다.
세상 모든 것은 에너지의 세계이며
에너지가 아닌 것은 아무것도 없습니다.
세상 만물은 에너지의 스펙트럼으로
다양하게 나투어져 있을 뿐입니다.

진리는 그물에 걸리지 않는 바람이며
진리는 땅에서는 흐르는 물이 되고
진리는 인간의 몸에서는 불이 됩니다.
바람은 천황이 되어 하늘과 땅 사이에 불고
물은 지황이 되어 땅 위를 흐르고
불은 인황으로 심장의 피가 되어 생명 사이를 흐르고 있습니다.
바람이 부는 곳에 물과 불은 늘 함께하고 있습니다.
바람과 물과 불은 진리의 삼위일체입니다.
바람과 물과 불은 생명의 삼위일체이며
바람과 물과 불은 우주의 삼위일체입니다.

진리는 바람입니다.
진리는 머물러 있지 않으며
진리는 형체도 없으며
진리는 어디에도 어느 곳에도 존재하는 바람이며 에너지입니다.
바람은 흰빛이며 물은 파랑색이며 불은 빨간색입니다.

진리는 빛입니다.
무극에서의 진리는 흰빛이며
태극에서의 진리는 빨강과 파랑의 음양의 세계입니다.
삼태극(물질세계)에서의 진리는 삼황의 빛이며
삼황의 빛은 바람과 물과 불입니다.
천황은 바람이며 흰빛이며
지황은 물이며 파랑의 빛이며
인황은 불이며 빨강의 빛입니다.

진리는 정의의 방식으로 작동하지 않습니다.
진리는 '~를 하지말라'라는 규범이 아닙니다.
진리는 옳고 그름을 구분하지도 않습니다.

진리는 사랑의 에너지와 자비의 에너지와
연민의 에너지에 의해 작동합니다.
진리는 에너지이며 바람이며 사랑입니다.

진리는 과학이 아닙니다.
진리는 실험실에서 증명할 수 없습니다.
진리는 실험실에서 탄생되는 것이 아닙니다.
진리는 만물과 만물 사이에 흐르는
에너지의 법칙이며
에너지의 순행이며 에너지의 흐름입니다.

진리는 에너지입니다.
진리는 근원의 흰빛이며
흰빛은 창조주의 빛이며
흰빛은 태양의 빛이며
흰빛은 생명의 빛이며
빛은 사랑이며 진리이며 생명입니다.

진리는 바람입니다.
바람은 에너지의 이동이며
바람은 에너지의 변형이며
바람은 에너지의 변화무쌍함을 상징합니다.
바람은 소식의 전달이며
바람은 정보의 전달이며
바람은 의식의 깨어남입니다.

진리는 바람입니다.
진리는 창조주의 사랑이며
진리는 생명의 호흡이며
진리는 생명의 순환입니다.

진리는 대우주의 법칙이며
진리는 자연의 순리이며
생명 속에 들어 있는 생명 진리입니다.

바람이 부는 날에는
하늘의 진리가 땅으로 내려옵니다.
바람이 부는 날은
당신의 영혼을 깨우기 위해
진리가 물이 되어
진리가 불이 되어
진리가 사랑이 되어
진리가 바람이 되어
당신의 뺨을 스치고 있는 것입니다.

진리는 거대한 에너지이며
진리는 우주를 움직이는 수레바퀴입니다.
우주는 이야기로 되어 있습니다.
다양한 이야기들의 층위 속에
다양한 바람이 있으며
다양한 에너지의 스펙트럼이 있으며
다양한 사랑의 층위가 펼쳐져 있는 것입니다.

진리는 바람입니다.
세상 만물은 바람으로 되어 있으며
바람 속에 사랑이 있으며
사랑 속에 바람이 있습니다.
진리는 창조주의 의지이며
진리는 창조주의 사랑이며
진리는 창조주의 빛이며
진리는 창조주의 숨결입니다.

진리는 바람 속에 숨겨 놓았으며
진리는 변화 속에 감추어져 있을 뿐입니다.
진리는 때로는 사랑으로 느껴지고
진리는 물과 같은 지혜로 느껴지기도 합니다.
진리는 뜨거운 심장을 가진
인간의 사랑 속에 머물기도 합니다.

진리는 변화 속에 숨겨져 있는
만물 속에 깃든 신성의 에너지입니다.
진리는 만물 속에 깃들어 있는 신성을 깨우는 바람입니다.
진리는 창조주의 간절한 사랑이며
진리는 창조주의 사랑을
생명 속에 깃든 신성을 깨우기 위해
바람으로 일하고 있을 뿐입니다.

진리는 바람이며 사랑이며
진리는 생명 속에 깃든 신성이며
바람은 신성을 깨우는 상징의 표식이며
바람은 대자연의 소식을 전하는 산타 할아버지입니다.

바람 속에 대우주의 진리가 깃들어져 있으며
바람 속에 하늘의 냉정함이 있으며
바람 속에 하늘의 의지가 있으며
바람 속에 대자연의 순리가 있으며
바람 속에 창조주의 사랑이 있습니다.

바람은 하늘과 땅을 이어주는 사다리이며
바람은 식물과 식물을 이어주는 사다리이며
바람은 동물과 동물을 이어주는 사다리이며
바람은 인간과 인간을 이어주는 사다리이며

바람이 부는 곳에
바람이 머무는 곳에
바람이 불어오는 곳에
세상 만물의 의식이 서로 교차할 수 있는
세상 만물이 하나의 전체의식으로 만날 수 있는
교차로가 있습니다.

바람이 부는 곳에는 진리가 머물고 있습니다.
바람이 머물고 있는 곳에는
대우주의 사랑이 머물고 있습니다.
바람이 불어오는 곳에는 창조주의 사랑이 있습니다.
바람이 불어가는 곳에는
대우주의 질서와 순행이 함께하고 있습니다.

진리는 바람입니다.
바람은 사랑이며
바람은 희망이며
바람은 소망이며
바람은 믿음이며
바람이 부는 곳에 진리가 늘 함께하고 있습니다.

바람의 소리는 하늘의 소리이며
바람 소리는 하늘의 소식입니다.

지금 바람이 불고 있습니다.
큰 바람이 땅 위에 불고 있습니다.
인류가 한 번도 경험하지 못한
바람이 불고 있습니다.
깨어 있으라고...

2017년 8월 우데카

1부 지금 무슨 일이 일어나고 있는가?

하늘을 잃어버린 인류의 슬픈 운명이 시작되었습니다.
대우주의 필연성이 한 치의 오차 없이 펼쳐질 것이며
하늘은 가슴을 닫고 지구 차원상승을 시작할 것입니다.
빛의 일꾼 144,000명 역시 전 세계적으로 깨어나
역장(力場)의 설치와 운영을 통해
살아남은 인류들의 의식을 깨우기 위한 교정 시간을 함께할 것입니다.

지구 차원상승의 특징

하늘을 잃어버린 인류의
슬픈 운명의 시간이 시작될 예정입니다.
하늘과의 소통이 끊어진 인류가
하늘의 마음을 얻기 위해
하늘의 진리를 찾기 위해
영적인 능력자들을 추종하고 종교의 텍스트에서 답을 구하고
수행과 기도 속에서 답을 찾기 위해 애쓰고 있는 것이
인류의 현재 모습입니다.

하늘을 잃어버린 인류가
하늘이 일하는 방식을 모르는 인류가
하늘이 있는지조차 인지하지 못하는 인류가
종교의 매트릭스 속에 있는 하늘을
진짜 하늘이라고 믿고 있는 인류가
대자연의 격변과 지축 이동과
괴질과 바이러스 난을 통과하며
충격을 넘어 생존을 위한 극한의 상황으로 내몰리게 될 것입니다.
두려움의 크기만큼
하늘의 맨얼굴을 보게 될 것이며
하늘의 실체를 각자의 의식 수준에서 경험하게 될 것입니다.

인류의 잠들어 있는 의식은
경천동지할 대자연의 변화가 올지라도
자신의 믿음 속에서
자신의 신념 속에서

자신의 의식의 층위에 따라
우물 안에서 우물 안을 넓혀보려는 시도를 하다
육신의 옷을 벗게 될 것입니다.
누구를 탓할 시간도 없을 것이며
누구를 원망할 시간조차 없을 것입니다.
살기에 바쁘고
눈앞에 펼쳐지는 이러한 일들이
왜 일어나고 있는지 아무도 알지 못하기 때문입니다.

지금 지구에서 무슨 일이 일어나고 있는지
앞으로 무슨 일이 더 일어날 것인지
인류의 미래는 어떻게 될 것인지
아무도 알지 못하기 때문입니다.
하늘을 잃어버린 인류가
하늘과의 소통이 단절된 채
직업적인 종교인이 되어 있는 종교 지도자들이
알 수 없는 일들이 일어나고 있기 때문입니다.
하늘과의 소통 속에 있는 인자만이
하늘이 일하는 방식을 알고 있는 인자만이
하늘의 마음을 품고 있는 인자만이
지금 하늘이 무슨 일을 계획하고 진행하고 있는지
알 수 있기 때문입니다.

하늘을 잃어버린 인류가
하늘과의 소통이 단절된 종교 지도자들과
종교의 매트릭스 속에서 우물 안 개구리처럼
우물 안에서 하늘을 쳐다보고 있는 종교인들이
결코 지금 지구에서 도대체
무슨 일이 일어나고 있는지 알 수가 없을 것입니다.

하늘을 잃어버린 인류가
하늘과의 소통이 단절된 종교인들이
세상의 종말이 왔다고 신의 심판이 시작되었다고
회개하라는 소리들만이 난무할 것입니다.
나를 구원해 줄
나를 태워 줄 우주선을 기다리고 있는
낭만적인 영성인들로 넘쳐날 것입니다.
수행할 시간이 부족하여
내 기도에 정성이 부족하여
내 기도를 하늘이 들어주지 않았다고
산이 무너지고 해일이 몰려와도
수행과 기도를 멈추지 않는 인자들도 있을 것입니다.
하늘을 잃어버린 인류가
하늘과의 소통이 끊어진 종교인들이
지축이 이동되고 괴질과 바이러스가 와도
휴거를 믿고 구름 타고 오실 구세주를 기다리고
우주선을 기다리는 어리석은 인자들이 넘쳐날 것입니다.

하늘을 잃어버린 인류가
하늘과의 소통이 단절된 인류가
하늘이 일하는 방식을 모르는 인류가
의식이 깨어나지 못한 인류가
할 수 있는 행동은 매우 제한적이며
틀 속에 갇혀
신념 속에 감옥에
언어의 감옥에 갇히고
말에 갇혀 우왕좌왕하게 될 것입니다.
누구를 믿어야 할지 누구 말을 믿어야 할지
어디로 가야 할지 어떻게 해야 할지

아무것도 모르는 채
자신이 왜 죽어야 하는지도 모르는 채 죽어갈 것입니다.

이번 지구 차원상승 프로젝트의 특징은 다음과 같습니다.
모든 사람을 계몽 운동을 하듯
모두 깨워서 가는 것이 결코 아닙니다.
살아야 할 사람만 깨워서 가는
냉정한 하늘의 프로그램입니다.
대우주의 진리를 모든 영혼이 알 필요가 없으며
대우주가 진화하는 방식을 모든 인류들이 알 필요가 없습니다.
하늘이 일하는 방식을 전혀 모르는 인류에게
하늘의 계획을 친절하게 설명하고
하늘의 계획에 이해를 구하고 하는 것은
하늘이 일하는 방식이 아니며
하늘은 그렇게 일하지 않습니다.
하늘은 오직 하늘이 스스로 정한 길을 갈 뿐이며
이것이 대우주가 순행하고 진화하는 방식이기 때문입니다.

새 하늘과 새 땅에 살아가야 할 인자들만
지금 하늘이 무슨 일을 하려고 하는지
지금 하늘이 무슨 일을 하고 있는지
지금 무슨 일이 일어나고 있는지 알게 하면 되는 것입니다.
똑같은 지진을 겪고
똑같은 해일을 겪고
똑같이 무너지는 집들과 건물들을 보면서도
똑같이 뉴스를 보고
똑같은 글을 보고도
생각이 다르고 의식이 다른 것이
호모 사피엔스의 특성이기 때문입니다.

한 행성의 물질문명이 종결된다는 것은
하늘이 설치한
모든 물질 매트릭스들이 철거되며 해체되는 것임을
말로 전하고
글로 전한다는 것은 결코 쉬운 일이 아닙니다.
사람은 자신이 믿고 싶은 대로
자신이 하고 싶은 대로
자신의 경험 속에서
미래를 예측하며 살아가고 있는 존재입니다.
행함이 없이 세상과 진리 사이에서
양다리 걸치기를 하고 있는 낭만적인 영성인들에게
참으로 슬픈 시간들이 시작되었습니다.

하늘을 잃어버린 인류에게
우데카 팀장이 전합니다.
지구의 차원상승이 시작될 것이며
새 하늘과 새 땅을 열기 위한 지축 이동이 올 것임을 전합니다.
지구 행성에 설치된 물질 매트릭스들이
우데카 팀장의 글들을 통해 설명되었으며
우주의 진리들이 전달되었으며
물질문명을 종결짓기 위한 대자연의 격변들과 함께
하늘이 설치한 매트릭스들을
하늘 스스로 철거할 것임을 전합니다.

하늘을 잃어버린 인류의 슬픈 운명이 시작되었습니다.
대우주의 필연성이
한 치의 오차 없이 펼쳐질 것이며
하늘은 가슴을 닫고
지구 차원상승을 시작할 것입니다.

빛의 일꾼 144,000명 역시 전 세계적으로 깨어나
역장(力場)의 설치와 운영을 통해
살아남은 인류들의 의식을 깨우기 위한
교정 시간을 함께할 것입니다.

지금 무슨 일이 일어나고 있는지
아무것도 모르는 인류에게
가슴속에서
마음속에서
하늘을 잃어버린 인류에게
지구의 차원상승이 시작되었음을
참 아픈 이별의 시간이 시작되었음을
서로가 가야할 곳으로
영혼들마다 가야 할 목적지로 안내해 줄
대우주의 열차가 출발하였음을 전합니다.
자신에게 주어진 승차권에 맞추어
자신이 가야할 곳으로
자신이 있어야 할 곳으로
우주의 타임라인을 실은 열차가 지구 행성에 도착하고 있습니다.
지구 행성에 계신 모든 영혼들은 모두 우주의 여행자들입니다.
자신의 목적지로 향하는 티켓이
여러분들의 상위자아에게는 이미 통보되었다는 하늘의 소식을
지구 차원상승의 대장정이 시작될 것임을
아픈 세월이 시작될 것이라고
우데카 팀장이 전합니다.

그렇게 될 것이며
그렇게 예정되어 있으며
그렇게 되었습니다.

진실의 무게

세상에는 진리와 진실을
찾고 있는 사람들로 가득 차 있습니다.
때로는 진실이 불편할 때도 있으며
때로는 진실을 외면할 때도 있지만
오래된 진실보다
새로운 진실을 찾아 이곳저곳을 기웃거리고 있습니다.

먹고 살기에 바쁜 사람들일지라도
자신의 의식 수준에서는 진리와 진실을 말하고 있으며
진리와 진실을 끊임없이 찾고 있습니다.
마음속에 품고 있는 진실이
자신도 모르게
때로는 정의감으로 나타나기도 하며
때로는 용맹함이나 용기로 나타납니다.
믿음의 형태로
신념의 형태로 나타나기도 합니다.

마음속에 간직하고 있던 진실이
체면을 지키려다가 왜곡되는 경우도 있으며
용기가 없어 표현하지 못하는 경우도 있지만
언젠가는 내 마음의 진실을 알아줄 때가 올 거라는
믿음이나 신념의 형태로 남아 있는 경우도 있습니다.
사람이 산다는 것은
스스로 진실이라고 믿고 있는 생각과 감정
그리고 의식과 느낌 속에서

자신의 진실을 확장하고
자신의 진실을 인정받기 위해 살아가고 있는 것입니다.

자신의 의식 수준에서 형성된 진실과
자신의 경험 속에서 형성된 진실과
자신의 신념 속에서 형성된 진실의 층위를 가지고
인류들은 매순간 선택과 판단을 하며 살아가고 있는 존재입니다.

한 사람의 삶의 무게는
그 사람의 진실의 무게입니다.
삶의 무게가 무거운 사람일수록
스스로 짊어진
스스로에게 부여한 진실의 무게가 무거울 수밖에 없습니다.
자신이 짊어진 진실의 무게만큼
삶의 무게 또한 무거울 수밖에 없습니다.

사람은 자신의 그릇만큼 진실의 무게를 감당할 수 있으며
자신의 의식의 크기만큼 삶의 무게가 결정이 나는 것입니다.
지구 행성에 인간의 육신의 옷을 입고 태어나 살고 있는
모든 인류는 겉으로 보면 똑같이 보이지만
영혼의 우주적 신분에 따라
영혼의 나이에 따라
영혼의 삶의 프로그램에 따라
그릇의 크기가 결정이 되며
의식의 크기 또한 결정이 됩니다.

한 인간이 감당할 수 있는 삶의 무게와
한 인간이 견디어 낼 수 있는
진실의 무게가 다를 수밖에 없는 것입니다.

같은 하늘
같은 공간
같은 시간에
똑같은 이야기를 듣고
똑같은 상황을 경험하고 체험하더라도
상황을 인지하는 의식의 층위가 다르게
존재할 수밖에 없는 이유가 여기에 있는 것입니다.

지구 행성에 태어나
호모 사피엔스의 육신의 옷을 입고 살아가고 있는
75억의 인류 모두
영혼의 우주적 신분이 다르고
영혼의 나이가 다르며
영혼마다 자신의 영혼의 진화 과정에 맞는
삶의 무게와 진실의 무게를 가지고 태어나 살아가고 있는 것입니다.
나의 진실과 당신의 진실이 다른 것입니다.
사람마다 그릇의 크기가 다르고
사람마다 의식의 크기가 다르기에
서로 다른 삶의 무게와 진실의 무게를 견디며 살아가고 있는 것입니다.

살아온 삶의 무게와 내용이
영혼마다 모두 다른 것입니다.
그러기에
영혼마다 배워야 할 것이 모두 다르며
영혼마다 경험해야 할 것들이 다르며
영혼마다 체험해야 할 내용들이 다르기에
지구 행성에서의 삶을 마치고
영혼마다 있어야 할 곳이 다르며
영혼마다 가야 할 곳이 다릅니다.

영혼마다 각자의 진화 과정에 맞는 새로운 행성에서
새로운 육신을 입고 배움을 지속해야 합니다.
새로운 삶의 프로그램을 통해
영혼의 진화를 지속해야 하는 숙명이
지구에 살고 있는 75억 인류 모두에게 주어진 운명입니다.

이것이 지구 행성에 살고 있는 인류가 겪어야 할
지구 차원상승 과정에서의
삶의 무게이며 진실의 무게인 것입니다.
신의 심판이 아니며
하늘의 심판이 아닙니다.
죽어서 가야 할 천국도 지옥도 없습니다.
천국과 지옥은 지구 행성에 설치된
오래되고 낡은 종교 매트릭스일 뿐입니다.

지구 행성에 살고 있는 75억 인류 모두에게
하늘에서는
당신의 영혼이 가야할 곳으로
당신의 영혼이 있어야 할 곳으로
모든 영혼들의 진화 과정에 맞는 목적지에
갈 수 있는 하늘의 승차권이
여러분들의 상위자아에게 주어졌으며
지구 차원상승의 타임라인에 맞추어
영혼들을 싣고 떠날 우주 열차가 지구 행성에 도착할 예정입니다.
시간표대로
예정대로
우주 열차는 도착할 것이며
우주 열차는 떠날 것입니다.
지구 행성에서 그동안 수고 많으셨습니다.

인류의 운명

인류의 운명은 풍전등화와 같습니다.
주위는 칠흑 같은 암흑천지인데
집안에서 각종 물질문명의 풍요로운 혜택 속에서
폭풍우가 오는 줄도 모르고 만찬을 즐기고 있는 중입니다.

십리를 가도 사람하나 구경할 수 없을 것이요
천조일손(千祖一孫)이라
천 할아버지 자손 중에 한 할아버지의 자손만이 살아남을 것이라는
비결서(祕訣書)의 내용들이 사실로 펼쳐질 것입니다.
인류가 한 번도 경험하지 못한 대재난이 예정되어 있습니다.
하늘이 한 행성의 물질문명을 종결짓기 위한
지축 이동이 다가올 것입니다.

일시적인 지진이 아닙니다.
일시적인 해일이 아닙니다.
인류의 의식을 깨우기 위한 한 달 정도의 시간을 줄 것이며
이것을 알리는 유의미한 변화가
한반도에서부터 시작하여
전 세계적으로 확산될 것입니다.
새 하늘과 새 땅을 열기 위한 지구 행성의 리모델링 작업이
7번에 걸친 지축 이동으로 예정되어 있습니다.
지축 이동과 지축 이동 사이의 시간은
길어야 열흘을 넘지 않을 것이며
속전속결 동시다발로 빠르게 물질문명들이
손 한 번 쓰지 못하고 붕괴될 것입니다.

의식이 깨어난 인자가 아니면
처음에는 아무도 믿지 않을 것입니다.
하늘과 소통되지 않은 인자들이라면 처음에는 믿지 않을 것입니다.
재난을 피해 이주하는 사람들을 비웃다가
많은 인류가 육신의 옷을 벗게 될 것입니다.

수십억의 재산을 놓고 떠나오지 못해
수백억의 재산을 놓고 떠나오지 못해
애들 학교 때문에 애들 아빠 직장 때문에
물질 세상에 걸려있는 수많은 인연과 사연들 때문에 떠나지 못해
재난을 피하지 못하고 육신의 옷을 벗는 인류들이 참 많을 것입니다.
기득권을 지키기 위해
자신의 에고를 만족하기 위해
자신의 생명을 스스로 구할 수 있는 자신만의 골든타임을
놓치는 인류들 또한 육신의 옷을 벗고 떠나게 될 것입니다.

그렇게 그렇게
육신의 옷을 벗고 떠나는 인류들의 아픔과 고통이 밀려옵니다.
안전지대를 찾아오는 과정에서도
참 많은 인자들이 목숨을 잃을 것입니다.
안전지대에 들어서지 못하고 참 많은 인자들이 목숨을 잃을 것입니다.
역장 밖은 생존하기 위해 아비규환이 될 것이며
생지옥을 겪다가 목숨을 잃을 것입니다.

안전지대에 들어오지 못한 인류들은
역장 밖에서 열악한 환경을 견디지 못하고 쓰러져 갈 것입니다.
추위와 배고픔으로 인하여
광자대의 영향으로 인하여
인류의 면역체계들은 급속도로 무너질 것입니다.

면역체계의 교란으로 인한 바이러스 난으로
많은 인류들이 육신의 옷을 벗게 될 것입니다.
안전지대 밖에서의 인류의 생존 기간은 그리 길지 않을 것입니다.

삶과 죽음의 경계를 넘고 넘어
인류들은 역장 안으로 들어오게 될 것입니다.
역장 안에서도 열악한 환경 때문에 참 많은 인자들이 죽어갈 것입니다.
인류가 잃어버린 하늘을 가슴에 품을 때까지
서로가 서로를 향해 진정한 사랑을 배우고
서로가 서로를 향한 순수한 마음을 배우고
서로가 서로를 향해 배려하는 마음으로
서로의 마음이 하나로 되어 갈 때에만
역장 안에서도 살아남을 수 있을 것입니다.

인류들의 슬픈 운명만이 남아 있을 뿐입니다.
지금 무슨 일이 일어나는지도 모른 채
지금 무슨 일이 일어나고 있는지 알려고도 하지 않은 채
믿으려고 하지 않다가
그렇게 그렇게
운명의 시간들을 맞이하게 될 것입니다.
하늘은 살릴 사람은 반드시 살릴 것이요
죽을 사람은 반드시 죽게 할 것이기 때문입니다.

하늘에 인연이 있는 인자들의 건승을 빕니다.

그렇게 될 것이며
그렇게 예정되어 있으며
그렇게 되었습니다.

산 자와 죽은 자의 의미

생명이 있는 생명체들은 심장이 뛰고 있으며
심장이 뛰면서 나오는 자기장에 의해
눈에 보이는 혈액의 순환 시스템과
눈에 보이지 않는 경락의 순환 시스템이 작동되고 있습니다.
생명체에는 생명체의 진화 수준에 맞는
생명체에 최적화된 감정과 의식을 구현할 수 있는
메타 의식구현 시스템이 장착되어 있습니다.
생명체가 생명을 유지하고
감정과 감각을 느끼고
의식을 구현할 수 있는 모든 것의 근원은
심장벽에 새겨져 있는 무형의 생명회로도이며
생명체는 생명회로도에 의해 운영되고 있습니다.

생명회로도에 의해 모든 생명체들은
생명체의 향락과 진화의 수준을 결정합니다.
생명회로도에 의해 생명체의 유전 형질의 특징이 발현되며
생명체마다 고유한 생명 현상이 발현되며
생명체의 의식을 구현하며
생명체들이 영혼의 물질 체험을 위한 외투로써
기능들을 충실히 수행할 수 있도록 하는
모든 프로그램들이 생명회로도에 들어 있습니다.

생명회로도에는
영혼의 물질 체험을 하는데 필요한 거시적 프로그램과
세부적인 프로그램들이 모두 세팅되어 있습니다.

장부 기능의 강함과 약함이 설정되어 있으며
면역체계의 수준이 설정되어 있으며
암과 돌연변이가 일어나는 장소와 시간조차도
정밀하게 세팅되어 있습니다.
세포분열의 속도와 횟수마저도 세팅되어 있습니다.
생명체에 일어나고 있는 모든 정보들이
모든 프로그램들이 생명회로도에 들어 있습니다.

지구 행성은 차원상승이 예정되어 있으며
차원상승 과정에서 지축 이동이 예정되어 있습니다.
지구 행성의 차원상승과 지축 이동 이후에
지구 행성은 많은 변화가 예정되어 있습니다.
지축 이동과 차원상승은
지구 행성의 대기 환경에 많은 변화를 가져오게 됩니다.
산소 농도의 증가
자기장의 세기의 증가
중력의 증가가 있을 것입니다.
새 하늘과 새 땅에 펼쳐지는 것입니다.

새로운 대기 환경과 새로운 땅에 적응하기 위해서는
생명회로도의 업그레이드가 필수적으로 동반되어야 합니다.
생명회로도가 업그레이드되지 못하면
생명체는 달라진 환경에 적응하지 못해
진화 과정에서 도태되거나 달라진 환경에서 죽게 되어 있습니다.

지구 행성의 차원상승은
새 하늘과 새 땅은
지축 이동 후에 본격적으로 펼쳐질 것입니다.
산 자와 죽은 자의 구별이 이 시기에 이루어질 예정입니다.

이 시기에 생명회로도의 업그레이드가
하늘에 의해 이루어질 예정입니다.
지축 이동은 총 7회에 걸쳐 일어나며
지축 이동 기간 동안에 생명회로도는
보이지 않는 하늘에 의해 업그레이드가 이루어질 예정입니다.

생명회로도의 업그레이드가 이루어지지 않는 모든 생명체들은
새 하늘과 새 땅에서 살아갈 수 없습니다.
생명회로도가 업그레이드될 때
생명체들의 메타 의식구현 시스템들 또한 업그레이드될 예정입니다.
삶과 죽음은 이렇게
보이지 않는 하늘에 의해 이루어질 것이며
산 자와 죽은 자의 구분은 이렇게
생명회로도에 의해 구분되어지는 것입니다.
이것이 대우주의 냉정한 법칙이자 보편적인 사랑입니다.

생명회로도가 업그레이드되지 못한 인류들은
지축 이동 과정에서
살기 위해 안전지대(역장)에 들어온다고 할지라도
45일 이내에 육신의 옷을 벗고 떠나게 될 것입니다.
생명회로도가 업그레이드되지 못한 인류들은
역장 밖에서는 100일 이내에
달라진 환경에 적응하지 못해 육신의 옷을 벗고
금성으로 떠날 예정입니다.

생명회로도가 업그레이드된 빛의 일꾼들이나
생명회로도가 업그레이드된 노란빛 영혼 중에
의식이 깨어나지 못한 인류들은
안전지대(역장) 안에서 적응하지 못해

역장 밖으로 추방될 것이며
그곳에서 의식이 깨어날 때까지
죽을래야 죽을 수도 없는 고통 속에서
의식을 깨우는 고통의 세월들을 겪어야 합니다.
"나는 못가네. 너라도 가봐!"
아프고 아픈 시간들이
의식이 깨어나지 못한 인류들을 기다리고 있습니다.

새 하늘과 새 땅에 살아가야 할
산 자들은
차크라가 열려야 하며(48% 이상)
최종 상위자아의 합일이 있어야 하며
생명회로도의 업그레이드가 있어야 하며
메타 의식구현 시스템이 업그레이드되어야 합니다.
모두 보이지 않는 하늘에 의해 진행되는 것이며
어떤 신을 믿었는지
어떤 종교를 믿었는지는 아무 관계도 없습니다.
가난한 자와 부자의 구별도 없으며
그의 학력이나 사회적 신분에도 영향받지 않고
오직 영혼의 진화 수준에 따라 결정되며
영혼의 진화 과정에 맞는
대우주의 프로그램에 따라 진행됩니다.
이것이 '인명은 재천이다'가 갖는 우주적 진실입니다.

생명회로도는
사고조절자 프로그램에 의해 운영되고 있습니다.
사고조절자는
생명조절자와 생명회로도를 통해
영혼의 물질 체험을 조절하는 프로그램입니다.

사고조절자는
창조주(18차원 18단계)에 의해 부여되는
영의 개별성과 영의 독립성을 보장하는 동시에
대우주의 전체의식과 함께하는 기능을 가지고 있는 프로그램입니다.

대우주는
창조주의 의식(의지)에 의해 창조되었으며
창조주의 의식은 사고조절자를 통해
생명운반자와
생명조절자와
생명회로도를 운영하고 있습니다.
창조주는 사고조절자를 통해
대우주의 전체의식 속에서 생명체들을 통한
영혼의 물질 체험을 하게 하였습니다.
창조주께서 자신의 에너지를 분화하여 창조한
영에게 부여한 사고조절자를 통해
생명운반자를 통해 생명을 탄생시켰으며
생명조절자를 통해 생명활동을 운영하고 있으며
생명회로도를 통해 생명활동에 의식을 구현할 수 있도록 하였으며
하늘에서 계획하고 승인한
영혼의 물질 체험을 할 수 있도록 하였습니다.

지구 행성의 차원상승을 앞두고
지축 이동을 앞두고
산 자와 죽은 자의 의미를
하늘이 일하는 방식을
대우주의 진리를
우데카 팀장을 통해 전합니다.

정의의 시대

어둠에도 층위가 있습니다.
인류의 의식 수준에서 짙은 어둠은
마약을 하고 인신매매를 하고 조직 폭력배를 만들어
서민들을 힘들게 하는 사람들이라 알고 있을 것입니다.

인류가 알고 있는 어둠은
비교적 낮은 단계의 어둠일 뿐입니다.
진짜 어둠은 마약도 하지 않으며
성매매나 조폭들과도 어울리지 않기 때문입니다.
진짜 어둠은 자신이 어둠인 줄 아는 인자들입니다.
이들이 어둠의 정부의 실체이며 그림자 정부입니다.
진짜 어둠은 서로 간에 다툼이나 갈등이 없습니다.
그들은 단 한 곳에서 일사불란하게
명령을 받고 있기 때문입니다.

진짜 어둠은
자신의 우주적 신분을 알고 있으며
지구 행성에서 자신의 역할과 임무를 알고
일을 집행하는 수뇌부들입니다.
진짜 어둠은
자신들에게 이 행성의 매트릭스를 유지하고
관리하는 역할이 있음을 알고 있는 자들입니다.
진짜 어둠은
평범한 사람들보다 더 윤리적입니다.
명분과 체면을 중요시하며 성적으로도 보수주의자들입니다.

가짜 어둠은 정의와 신념으로 움직입니다.
가짜 어둠은 자신이 어둠인지조차 모릅니다.
사회적 정의와 사회적 약자를 위해
자신의 신념을 걸고 일하는 사람들입니다.
가짜 어둠들은 어둠의 차원이 낮고 어둠의 밀도 또한 낮습니다.
정의사회를 구현하겠다는 정부들마다
정의의 층위가 다르며 어둠의 층위가 다르기 때문입니다.

인류들은 이제
짙은 어둠을 경험할 때입니다.
지금까지 경험한 어둠들은 어둠과 빛이 공존했던
비교적 낮은 차원의 어둠을 경험했습니다.
앞으로 인류가 체험해야 하는 어둠들은 높은 차원의 어둠입니다.
어둠의 차원이 너무 높아
의식이 깨어 있지 않으면
어둠인지조차 알 수도 없을 것입니다.
어둠이 너무 짙고 밀도가 높으면
그것은 너무나 밝은 빛처럼 보일 것입니다.
사회적 정의를 앞세우고 사회적 약자를 위하여
정의의 방식으로 응징의 방식으로
복수의 방식으로 정의의 이름으로 이루어질 것입니다.
인류들은 이제 빛을 경험하기 전
짙은 어둠의 방식을 경험하게 될 것입니다.
아무도 어둠인지 눈치채는 사람들이 없을 것이며
모두가 환영할 것이며 모두가 기뻐할 것이며
모두가 박수를 보낼 것입니다.
정의의 세상이 시작된 것처럼 기뻐할 것이며
새로운 세상이 온 것처럼 기뻐할 것입니다.

빛은 쪼그라들어서 아무도 쳐다보지 않을 것이며
어둠은 슈퍼맨이나 영웅의 모습으로 다가올 것입니다.
빛은 눈길 하나 받지 못해
아무도 빛이 빛인 줄 알지 못할 것입니다.

새로운 세상을 열기 전
사랑과 자비와 연민의 방식을 배우기 전
인류는 이제 세련되고 깔끔하고
인류의 의식의 눈높이에 꼭 맞는
세련된 정의의 방식을 경험하게 될 것입니다.
죽창을 들고 인민재판을 하던 낮은 수준의 어둠이 아닌
법의 이름으로 정의의 이름으로
사회적 약자를 위하여
화려한 언술과 언변으로 합법적인 방법으로
언론의 칭찬과 도움 속에서
사랑의 방식보다는 정의의 방식으로
우리 편과 적군을 구별짓고 나누는 짙은 어둠을 체험하게 될 것입니다.

아무도 어둠을 어둠이라 인지하지 못할 것이며
어둠이라 상상하지도 못할 것입니다.
이것이 현 인류의 의식 수준이며
현 인류의 의식 수준에 맞는 정의의 방식으로
인류들을 현혹시킬 것입니다.
냄새나는 화장실에 오래 있으면 화장실 냄새를 맡을 수 없듯이
인류의 의식 수준에 맞추어 펼쳐질 것이며
인간의 이기심과 인류의 의식의 눈높이에 맞는
정의의 방식으로
경제적인 이해득실을 앞세우고
과학적 합리주의를 앞세우는 짙은 어둠이 펼쳐질 것입니다.

짙은 어둠은 아픔을 겪고 난 뒤에야
정의의 방식으로는 새로운 시대를 열 수 없음을
인류가 알아채고 눈치챌 때까지 지속될 것입니다.
정의의 칼날은 달콤할 것입니다.
마징가 제트가 악당들을 물리칠 때처럼
통쾌하고 유쾌할 것입니다.
옳은 것을 옳다고 말하고
틀린 것을 틀리다고 말하는 것이 당연하게 여겨질 것입니다.

사랑은 사라질 것입니다.
자비는 사라질 것입니다.
이 자리에 정의사회가 자리 잡을 것입니다.
정의의 함정에 빠져 버린 인류들은
각자의 의식 수준에서
각자의 의식의 층위에서
정의의 매트릭스를 체험하게 될 것입니다.
두려움의 의식의 층위가
정의의 의식의 층위를 결정하게 됩니다.

이것이 한반도와 전 세계에서 일어나고 있는
보이지 않는 세계의 본질입니다.
나라마다 민족마다
정의의 매트릭스들을 인류들은 체험하게 될 것입니다.

많은 꽃들이 강풍에 떨어져 내릴 것입니다.
지구 대격변이 오기 전
인류가 체험해야 할 아픔의 시절입니다.
인류들의 건승을 빕니다.

식물들의 아우성

지구 차원상승을 위해
하늘에서 준비한 다양한 프로그램 중에
광자대의 영향들이 수면 위로 드러나고 있는
중요한 타임라인을 인류는 통과하고 있는 중입니다.
광자대의 영향에 따른 부작용들이
진동수가 낮은 바이러스나 식물에서부터 시작되었으며
시간이 지나면서 확대되어 나타날 것입니다.
식물과 연결된 연결고리들을 통하여
곤충과 해충들에게도 연쇄적으로 나타나기 시작해
동물과 인류에게도 나타날 것입니다.

광자의 빛은
지구 차원상승을 위해 준비한 시한폭탄인 동시에
하늘이 준비한 선물입니다.
광자의 빛은
행성의 문명이 은하의 밤을 마무리하는
문명 종결을 위한 빛이며
새로운 정신문명을 열기 위해 준비된
창조주의 사랑의 빛이기 때문입니다.
광자대의 빛은 파괴의 빛이며 창조의 빛입니다.
광자의 빛은 의식을 상승시키는 빛인 동시에
생명을 파괴하는 빛입니다.
광자의 빛이 있기에 행성의 문명을 종결지을 수 있으며
광자의 빛이 있기에 의식이 있는 생명체들의
차원상승이 이루어질 수 있습니다.

광자의 빛은
지구 행성에 살고 있는 모든 생명체들에 영향을 줄 것이며
의식을 가지고 있는 생명체들에게
의식 상승을 위해 하늘이 준비한 빛입니다.
생명체들이 광자의 빛을 받게 되면
진동수가 맞지 않거나
광자의 빛에 적응하지 못하는 식물이나 동물들은
더 이상 그 행성에 살 수 없기 때문에
도태되거나 다른 행성으로 이주하게 됩니다.
광자의 빛은
의식이 있는 생명체들에게는
생과 사를 결정하는 빛이며
생명체들의 진동수를 높여주는 빛입니다.

지금 지구 행성의 광범위한 곳에서
광자대의 영향이
광자대의 부작용이 나타나고 있는 중입니다.
변화된 광자의 빛에 잘 적응하면서
왕성하게 번식하는 식물과 동물들이 존재합니다.
태양을 통해 들어오는 광자대의 빛에
증가된 빛의 진동수에 적응하지 못하는
식물들의 고통이 하루가 다르게 증가하고 있습니다.
인류의 의식 수준으로 보면
혹독한 가뭄과 폭염으로 인해 식물의 잎이 시들고
가뭄 때문에 성장이 더디고 잘 자라지 못한다고 생각할 것입니다.

지금 지구 행성에는
광자의 빛이 태양빛에 함께 섞여서
지구 행성의 물질문명의 중심지인 북반구의 여름에

혹독한 가뭄과 폭염을 빙자하여
광자의 빛이 해일처럼 쏟아져 들어오고 있습니다.
강렬한 태양빛과 함께 쏟아지는 광자의 빛에
준비되지 못한 식물들과 바이러스와 세균들은 그야말로
인간이 상상할 수 없는 고통 속에
무방비로 노출되어 있습니다.
식물들은 비명에 가까운 절규를 하고 있으며
소리 없는 아우성으로
대우주의 전체의식 속에서 인류와 함께 하고 있습니다.
식물들은 인류보다 먼저 광자대의 빛이 주는
고통과 축복을 먼저 경험하고 있으며
이 과정을 담담하게 받아들이고 있습니다.

광자의 빛이 지금은 키가 큰 나무들에
직접적인 영향을 미치고 있으며
식물들의 종에 따라 영향이 다르며
열매를 맺는 나무일수록
스트레스의 강도가 심하게 나타나고 있습니다.
과수나무들이 강해진 태양빛으로 인하여
병들고 있으며 신음 속에 고통받고 있습니다.
실제로 나무의 급성 전염병이라 할 수 있는
화상병이 발생하여 많은 피해가 나타나고 있습니다.
화상병은 예전에도 출현한 적이 있는 병이지만
광자의 빛이 강해지는
북반구의 여름이 시작되는 지역을 중심으로
점차적으로 확대되어 나갈 것입니다.
조류독감처럼 다른 곳으로 빠르게 전파되지는 않지만
감염된 나무들에게는 예전과는 다르게
더 빠른 속도로 괴사가 진행될 것입니다.

키가 작고 곡물을 생산하는 식물들 또한
광자대의 부작용으로 인한 고통을 느끼고 있습니다.
스트레스를 지속적으로 받음으로써
식물들의 면역력이 약해지기 시작하면서
해충들의 공격에 무방비로 노출되어 있습니다.
식물에 진드기와 진딧물들이 폭증할 것이며
식물의 기형 성장이 나타나게 될 것입니다.
식물의 고통과 식물들의 아우성을 인류는 들을 수 없기에
식물들이 처한 지금의 위기를 인류는 알 수 없습니다.

지금 지구 행성에는
식물들의 아우성들이 진행되고 있으며
식물들의 고통의 시간이 진행되고 있으며
식물들의 인내와 인고의 시간들이
하루하루 더해가는 가뭄과
하루하루 심해지는 폭염과 함께
고통의 강도는 임계점을 향해 가고 있습니다.
전에는 쉽게 견디어 낼 수 있었고
전에는 쉽게 감당할 수 있었던 세균이나 바이러스 등에도
면역력이 떨어진 식물들은
시간이 흐를수록 생명력을 잃게 될 것입니다.
여름을 지나면서
광자대의 빛이 더 강해지면 강해질수록
식물들의 아우성은 점점 더 광범위하게 나타나게 될 것이며
생명력은 점점 더 감소될 것입니다.
녹색식물들의 광합성에 문제가 발생하게 될 것입니다.
지금은 미미하게 나타나지만 시간이 흐르면서
식물의 광합성의 이상이 수확량의 감소로 확인될 때가 되면
시한폭탄이 핵폭탄의 위력으로 인류에게 다가올 것입니다.

지금 이 시기는
태양의 고도가 높아짐에 따라
광자대의 영향이
광자대의 부작용이
식물의 광합성 작용 기전에 시한폭탄으로 설치되고 있는
슬프고도 아픈 시간입니다.
이 시한폭탄들은 시간이 되면
하나 둘씩 터지기 시작할 것이며
식량난으로 나타날 때가 되면
그때는 아무도 손을 쓸 수 없을 것입니다.
지금 이 시기는 식물들의 아우성 소리를 듣고
의식을 깨우고 재난을 준비해야 하는 절체절명의 시간입니다.

광자대의 빛은
인류가 한 번도 경험하지 못한 빛입니다.
식물에 설치된 시한폭탄들이 터지기 전까지
인류들은 눈치채지 못할 것입니다.
정치적인 혼란과 혼돈 속에
옳고 그름을 가르는 소모적인 논쟁에 매몰되어
식물들의 경고를
식물들의 아우성을 듣지 못하게 될 것이며
아무도 알려고도 하지 않을 것입니다.
정의의 함정에 빠진 인류들은
아픔의 세월을 겪고 난 뒤에
옳고 그름을 가르는 것이
부질없음을 알고 난 뒤에야
비로소 그때서야 식물들의 경고를 눈치챌 것입니다.
그때는 이미
아무것도 할 수 없는 상황들이 펼쳐져 있을 것입니다.

지금 이 시기는
바이러스에서 식물로
식물에서 동물로
동물에서 인간으로 이어지는 생명의 연결고리들을 통해
광자대의 빛의 부작용과 긍정적인 측면들이 수면 밑에서
아무도 모르게
아무도 모르게 진행되고 있는 중입니다.
식물들의 아우성을 들을 수 있는 인자들은 소수일 것입니다.

왜 인간으로 태어나 살고 있는지?
인간이 어떻게 살아야 하는지?
스스로에게 던지는 질문들이 필요한 시기입니다.
지구 차원상승을 위한 하늘의 계획은
한 치의 오차 없이 진행되고 있습니다.
지구 행성의 마지막 순간들이
아무도 모르게 아무도 모르게
하늘이 일하는 방식에 의해 준비되고 있습니다.
그때는 도둑처럼 올 것입니다.
그 시작을 알리는
식물들의 아우성과 동물들의 신음소리들을
대우주의 전체의식 속에서
대우주의 사랑 속에서
의식이 깨어 있는 인자들과
의식이 깨어나고 있는 빛의 일꾼들에게
그때가 이미 시작되었음을 알리는 징표로서
우데카 팀장이 이 글을 기록으로 남깁니다.

당신의 건승을 빕니다.

지구 차원상승의 수레바퀴

대우주의 수레바퀴는 한순간도 멈춘 적이 없습니다.
지구 행성의 수레바퀴 역시 단 한순간도 멈춘 적이 없습니다.
지구 차원상승을 위한 하늘의 계획 역시
단 한순간도 멈춘 적이 없습니다.

지구 행성에 살고 있는 인류가
인간이 상상할 수 없는 속도로
지구 행성이 자전과 공전을 한다는 것을
감각적으로 눈치채는 것이 불가능합니다.
지구 차원상승을 위한 하늘의 정교한 계획을
인간의 눈높이로 이해한다는 것은 불가능한 것입니다.

지구 행성의 차원상승을 위한
우주의 수레바퀴는 너무나도 크고 원대하여
그동안 아무도 이해할 수 없었으며
안다고 해도 제한된 정보일 수밖에 없었습니다.
지구 차원상승을 믿으며
기다림에 지쳐 있는 영성인들과
개벽을 기다리는 민족 종교인들과
새 하늘과 새 땅을 간절히 기다리는 종교인들에게
지금 마주하고 있는 현실은
눈이 부시도록 평화로운 시기가 계속되고 있습니다.
때를 알리는 변화가 오기를 기다리고
그때를 알리는 상징적인 변화를 기다리고
기다리며 산다는 것은 힘들고 고단한 삶입니다.

세상은 종말의 징조가 보이지 않습니다.
지금 세상은 물질의 풍요로움 속에 있습니다.
세상의 모순을
세상의 방식으로 해결할 수 있다는 믿음들로 가득 차 있으며
정의의 이름으로 정의의 방식으로
세상의 모순을 제도의 개혁과 혁명을 통해
해결할 수 있다는 믿음들로 가득 차 있습니다.
인간의 의지로 안 되는 일도 없으며
과학적 합리주의 범위 내에서 세상은 이해될 수 있으며
어떠한 모순도 해결될 수 있다는 믿음 속에서
물질문명의 정점에 와 있습니다.

보이는 것만을 진실이라고 믿고 있으며
언론 보도의 눈높이로 사실과 진실을 이해하고 있으며
보이지 않는 세계에 대해서는 아무것도 모르고 있으며
눈에 보이는 것만을 믿으며
오늘 같은 내일을 살고 있습니다.
새로운 세상에 대한 믿음들은
종교의 경전에나 있는 것이 되어 버렸습니다.
왜 살고 있는지
어떻게 살아야 하는지
무엇을 하며 살아야 하는지
가슴속에서
마음속에서
인류들은 하늘을 잃어버린 지 오래 되었습니다.

고단한 삶 속에서
보이지 않는 세계를 믿고 있으며
하늘을 가슴에 품고 살아가고 있으며

그때가 다가왔음을
그때가 시작되었음을 알고 있는
의식이 깨어나고 있는 빛의 일꾼들에게
시절인연에 의해
우데카 팀장이 기록을 위해 이 글을 남깁니다.

지구 행성의 차원상승(개벽)은 진행 중이며
7년 주기 중에서 터닝 포인트(반환점)를
2017년 5월에 통과했습니다.
지구 행성의 본격적이고 가시적인 물리적 변화를 상징하는
7개의 봉인 중 6번째의 봉인이 머지않아 해제될 예정입니다.
대우주의 사랑의 씨앗은 이미 뿌려졌으며
그 열매들을 수확할 시간이 도래하였습니다.
지구 행성은 차원상승을 위한 대우주의 프로그램 속으로
대우주의 전체의식 속으로 함께하기 위한 대장정에 들어가 있습니다.
지구 차원상승을 위한 3년 6개월의 준비 과정을 위한 전반전이 끝나고
지구 행성의 매트릭스의 균열과 붕괴가 시작되는
후반부가 시작되었음을 전합니다.

후반기에는
본격적인 자연의 변화(대형 지진)가 있을 예정이며
행성의 물질 매트릭스의 균열과 붕괴가 있을 예정이며
전염병(온열 질환)인 바이러스 난이 있으며
지축 이동이 7회에 걸쳐 준비되어 있으며
역장(안전지대 = 피난 지역)이 하늘에 의해 설치될 예정입니다.
마지막으로 행성의 문명을 정리하고
인류의 의식을 교정하기 위한 아보날의 수여가
최소 2년 정도 역장 안에서 있을 예정입니다.
인류의 의식 상승을 위한 교정 시간들이 주어질 것입니다.

지금 이 시기는
지축 이동을 위한 보이지 않는 하늘의 준비 과정들이
아무도 모르게 진행되고 있습니다.
지구 대기권 밖에서는 거대한 우주 함선에 의해
지구 행성을 둘러싸고 있는 거대한 막이 설치되어 있습니다.
이 거대한 에너지막은
지구 행성의 차원상승 과정에서 일어나는
거대한 변화들이 다른 행성에 영향을 미치지 않도록
보호하는 역할을 하고 있습니다.
극 이동과 지축 이동이 동시에 준비되어 있는 지구 행성에서
자기장은 지속적으로 감소할 수밖에 없습니다.
거대한 에너지막은 감소하는 자기장의 역할을
대신해주는 기능이 있습니다.

지구 대기권을 벗어나 금성과 화성에 설치된
이 거대한 막은 지축 이동을 준비하는 막입니다.
이 막의 또 하나의 역할은
지축 이동 후 얼음천공이 설치되기 전까지
지구 행성을 보호하는 역할입니다.
하늘은 이렇게
아무도 모르게
하늘이 일하는 방식에 의해
지구 행성의 차원상승을 준비하고 있으며
극 이동과 지축 이동을 준비하고 있으며
지구 행성의 대격변을 준비하고 있으며
새 하늘과 새 땅을 준비하고 있습니다.

후반기에는 지구 행성의 어둠의 정부 인자들 내부에서
매트릭스 관리자들의 균열과 분열이 먼저 일어날 것입니다.

권력 투쟁으로 보이고 선거를 통한 정권 교체로 보이지만
어둠의 정부 내부에서 매트릭스 관리자들의
역할 조정들이 시작되었으며 마지막 때를 향해 가고 있습니다.
한 번도 경험하지 못했던 자연 재해들이 시작되면서
지구 행성의 매트릭스들이 흔들리기 시작할 것입니다.
어둠의 역할자들은 마지막 순간까지
지구 행성의 매트릭스를 유지하고 관리하기 위해 최선을 다할 것입니다.
처음에는 작게 시작하던 자연재해들이
전 세계적으로 동시다발적으로 규모가 커질 것입니다.

지구 차원상승의 최대 하이라이트는
지축의 이동이며
역장(안전지대)의 설치이며
아보날의 수여가 될 것입니다.

눈이 부시게 아름다운 지구 행성에는
물질문명의 종결을 앞두고 마지막 만찬이 펼쳐지고 있으며
평화로운 시기를 통과하고 있습니다.
짧고도 아쉬운 이 시기가 지나고 나면
지구 차원상승을 위한
하늘의 정교한 프로그램들이 작은 변화부터
아무도 모르게 아무도 모르게 펼쳐질 것입니다.
하늘은 깨어날 인자들만을 깨워 하늘의 뜻을 땅에서 이룰 것입니다.

대우주의 수레바퀴는 한 번도 멈춘 적이 없습니다.
지구 행성의 차원상승이라는 수레바퀴 역시
한 번도 멈춘 적이 없으며
하늘의 계획대로 하늘의 뜻대로
한 치의 오차 없이 이루어질 것입니다.

인류의 눈높이가 아닌 하늘의 일하는 방식에 의해
지구 차원상승은 준비되고 있음을
가슴에 하늘을 품고 있는 인자들과
보이지 않는 세계를 믿고 있는 하늘 사람들에게
우데카 팀장이 전합니다.

참고 인내하고 기다리는 인자들에게
하늘의 약속은 지켜질 것이며
하늘의 뜻을 땅에서 이루기 위해 육화한 빛의 일꾼들에게
하늘의 뜻이
그대와 함께 펼쳐질 날이 얼마 남지 않았음을 전합니다.
빛의 일꾼들은 자신이 있어야 할 곳에 있게 될 것이며
깨어날 타임라인에 맞추어 의식이 깨어나게 될 것입니다.
지구 차원상승을 위해 준비되어 있는
하늘의 의지가
땅에서 이제 곧 펼쳐질 것입니다.

하늘 사람들인 빛의 일꾼들과
기다림에 지쳐있는 영성인들과 종교인들
새 하늘과 새 땅에서 살아가야 할 인자들
지금은 깨어날 인자들이 깨어날 때입니다.
이 평화로운 이 시기에 하늘에서는 지축 이동을 위해서
에너지 포털 지점들에 대한
에너지 조정 작업들이 진행되고 있습니다.
하늘은 아무도 모르게 아무도 모르게
하늘이 일하는 방식으로
지구 차원상승을 한 치의 오차 없이 진행하고 있다는 것을
우데카 팀장이 전합니다.
빛의 일꾼들의 건승을 빕니다.

보이지 않는 세계

물질세계에서 펼쳐지는 모든 것은
비물질세계의 보이지 않는 원리
보이지 않는 손이 있기에 펼쳐질 수 있는 것입니다.
보이지 않는 세계를 누군가는 하늘이라고 말하며
누군가는 미신이라고 말하며
누군가는 신이라고 말하며
누군가는 비과학적이라고 말하며
누군가는 대우주의 법칙이라고 말하며
누군가는 그런 것은 없다고 말하며
누군가는 자연의 순리라고 말하며
누군가는 꾸며낸 이야기라고 말합니다.

보이지 않는 세계를 믿는 사람들과
보이지 않는 세계를 믿지 않는 사람들 사이에서
보이지 않는 세계를 믿지 않는 사람들은
모든 논쟁에서 갑일 수밖에 없습니다.
보이지 않는 세계를 믿지 않는 사람들에게는
아주 강력한 무기들이 있기 때문입니다.
비과학적, 비합리적, 비현실적
사이비, 공상과 망상 같은 강력한 무기들을 가지고
보이지 않는 세계를 믿는 사람들을 가볍게 제압할 수 있습니다.
서울을 가본 사람과 서울을 가보지 않은 사람들이 논쟁을 하면
서울을 가보지 않은 사람이
갑이 되고 승자가 되는 것이 세상사의 이치입니다.
이 글은 보이지 않는 세계를 믿는 사람들을 위한 글입니다.

지축 이동을 앞두고
보이지 않는 세계에서 무슨 일이 일어나고 있는지?
보이는 물질 세상에서는 어떻게 나타나고 있는지?
시절인연에 의해
우데카 팀장이 이 글을 기록으로 남깁니다.

지축 이동은 물질문명의 종결을 의미합니다.
인류의 90% 이상이 육신의 옷을 벗어야 합니다.
3차 세계대전이 일어나지 않을 것이며
경제 대공황이 일어나지 않을 것입니다.
인류의 운명은 이미 정해져 있습니다.
무질서와 혼란을 최소화하고
자신이 죽는 마지막 순간까지 무슨 일이 일어나고 있는지
무슨 일이 일어날 것인지 아무것도 모르는 채
남 죽을 때 같이 죽게 하는 것이
인류를 배려하는 하늘의 최선의 선택입니다.
최소한의 혼란과
최소한의 공포와 두려움 속에서
최소한의 고통을 겪게 하면서
최소한의 기간에 속전속결로 진행할 수밖에 없습니다.
9시 뉴스에 광고를 하며
지축 이동을 진행할 수는 없는 것입니다.
인류의 대부분은 지축 이동 마지막 날까지
아무것도 모르는 채
출근을 하고 결혼을 하고
휴가를 가고 주식을 살 것입니다.
사람이 죽고 사는 것은 하늘에 달려 있습니다.
하늘은 살 사람은 반드시 살릴 것입니다.
이 글은 살 사람을 위한 메시지입니다.

마지막 때를 알리는 상징이며
눈에 보이지 않는 세계를 믿는 인자들을 위해
하늘이 준비한 상징입니다.
믿음의 본질은 보지 않고 믿는 것이며
영혼의 언어는 느낌이며 직관입니다.
진리는 논리가 아닌 느낌으로 먼저 다가오는 것입니다.
지금 보이지 않는 세계에서 결정된 일들을 전합니다.

식물계에서는 갑목(교목과 관목)의 경우에는
최소한의 생명 에너지(신神 에너지)만 남겨 놓고
모두 회수되었습니다.
정령들이 대부분 철수하였습니다.
에너지에 민감한 분들이나
눈에 보이지 않는 정령들을 보실 수 있는 분이나
요정들과 식물과의 대화가 가능하신 분들은
이미 알고 있는 내용들입니다.
나무들의 녹음이 예년과 다르며
나무들의 생기가 예전과 다르게 축소되었습니다.
인류들이 내뿜는 부정적인 에너지를 흡수하여
정화하는 나무들의 기능이 상실되었습니다.
더 이상 식물들의 에너지 정화 기능이 작동하지 않으면서
인류들의 감정선들이 더욱더 불안정해질 것입니다.
이 과정은 2017년 6월 1일부터 시작하여 2017년 7월 31일까지
지축 이동을 위한 6번째 봉인 해제가 준비되는 동안
하늘에 의해 진행되었습니다.

을목(초목)의 경우에는 인류의 식량과 직결되어 있습니다.
초목의 경우에는 지축 이동 직후에 지구 행성을 떠나게 될
식물들에 대한 정기신 에너지들이 모두 회수될 예정입니다.

지구 행성에 남겨질 식물들의 정기신 에너지 역시
최소한의 생명 유지를 위한 에너지만 남겨둔 채
모두 회수될 예정입니다.
꽃을 피우는 식물들 중 일부는
생체 시스템이 바뀌기 시작하였습니다.
변화되고 있는 지구 환경에
적응하기 시작한 식물들이 나타나기 시작하였습니다.
봄에 피는 꽃이 한여름에 다시 꽃을 피우고
가을에도 다시 꽃을 피우는 상황들을 현실에서
목격할 수 있을 것입니다.

산과 들의 경우에도 큰 산이나 큰 강에는 모두
자연의 보이지 않는 생명 에너지들이 있습니다.
이 에너지를 인류들은 정기(精氣)라고 불렀습니다.
백두산의 정기, 한라산의 정기, 팔공산의 정기라는
이 정기 역시 최소한의 에너지만 남겨 놓고
이 기간 동안에 모두 회수되었습니다.
명산이나 이름난 기도처들에서 느껴지는
생명 에너지들(정기)의 감소가 나타나고 있습니다.
외부 에너지에 민감한 인자들부터 이 변화를 느끼게 될 것입니다.

산신그룹, 해신그룹, 지신그룹들에 대한 에너지 정리(회수)가
아무도 모르게 진행되었습니다.
지구 환경을 둘러싸고 있는 생명 에너지(정기)의 조정 작업이
지축 이동을 앞두고 아무도 모르게 진행되었습니다.
산천초목들은 겉으로 보면 예전과 달라진 것이 없어 보일 것입니다.
지구 행성에서 일어날 대격변을 앞두고
먼저 생명체들과 생명체들을 둘러싼 환경의
에너지 조정 작업이 마무리 되었습니다.

사찰이나 성당이나 교회나
성스럽다고 알려져 왔던 곳의 에너지들도
최소한의 에너지만을 남겨 놓은 채 모두 정리(회수)되었습니다.
지구 행성의 뿌리 깊은 종교 매트릭스들을 설치하고
관리하고 유지하기 위해 설치되었던 에너지체들이
재조정되었으며 회수되었습니다.
사찰마다 하늘의 에너지체(주불主佛)들이 배치되어
에너지를 관리하고 있었습니다.
이 에너지 관리자들에 의해 하늘은
인류의 의식의 눈높이에서
종교 매트릭스를 운영하고 관리하고 있었습니다.
영적인 체험이나 신비로운 현상들을 관리하고
사찰이나 성당이나 교회를 찾는 신앙인들의
부정적인 에너지들을 정화시켜 주었으며
기복신앙인들의 의식의 눈높이에서
종교적 신비체험 등을 가능하게 해주는
하늘의 에너지체들이 활동하고 있었습니다.
하늘은 이러한 에너지체들을 통하여
종교 매트릭스를 유지하고 관리하고 있었습니다.

교회마다 12지파의 천상의 에너지체(성령聖靈)가 배치되어
기독교와 천주교의 종교 매트릭스들을 유지하고 관리하여 왔습니다.
지구 행성에는 다양한 영혼들이 입식되었는데
입식된 영혼들의 스펙트럼이 다양한 만큼
다양한 종교들이 탄생할 수 있도록 하였으며
다양한 의식의 층위를 가진 종교 매트릭스들이
하늘에 의해 설치되고
하늘에 의해 관리되고
하늘에 의해 운영되었습니다.

종교 매트릭스들을 운영하고 관리하던 에너지체들에 대한
에너지 회수(정리) 작업들이 완료되었습니다.
이 에너지체(하늘의 관리자 그룹)들의
에너지 조정(회수)으로 인하여 머지않아
종교들은 힘을 잃게 될 것이며
자연의 대변화와 함께 사회적 변동이 가속화됨에 따라
종교의 아마겟돈과
종교 매트릭스들의 해체가 가속화될 것입니다.

지축 이동 후
인류들의 생존을 위해 하늘에서 준비한 안전지대가 있습니다.
바이러스(괴질)와 대륙의 침몰과 융기
대형지진과 쓰나미로부터 살아남은 인류들이 머물며
새로운 정신문명을 펼칠 곳인 역장이
지금 하늘에 의해 설치되고 있습니다.
에너지 조정으로 회수된 정기신의 에너지들은
역장 안으로 재배치되고 있습니다.
지구 행성 전체에
보이지 않는 에너지 회수를 통한 재조정 작업들이
전 세계적으로 이루어지고 있습니다.
특정한 곳에서
강한 생명력을 느끼거나
요정들이 무리를 지어 있거나
가슴으로 공명되는 에너지를 느끼거나
신성한 느낌이 다가오거나
나무와 꽃들이 말을 걸어오는 지역은 신성한 지역입니다.
아무도 모르게 아무도 모르게
하늘이 일하는 방식으로
하늘은 새 하늘과 새 땅을 이렇게 준비하고 있음을

시절인연이 있는 인류들을 위해
이 글을 기록으로 남깁니다.

지축 이동을 앞두고
마지막 때를 앞두고
새 하늘과 새 땅의 출현을 앞두고
보이지 않는 세계에서 에너지 조정 작업들이 이루어졌습니다.
하늘은 한 치의 오차 없이
아무도 모르게 아무도 모르게
개벽을 준비하고 있습니다.
귀 있는 자는 하늘의 소리를 듣게 될 것이며
눈 있는 자는 마지막 때의 징조를 보게 될 것입니다.

보이지 않는 세계를 믿으며
마음속에 하늘을 잃어버리지 않고 살아가고 있는
하늘 사람에게
새 하늘과 새 땅을
마음속에서
가슴속에서
한 번이라도 꿈을 꾸었고
한 번이라도 품어본 하늘 사람에게
영혼의 언어인 느낌으로 하늘의 소식을 전합니다.

하늘이 뜻이 땅에서 이루어지리라
진리가 너희를 자유케 하리라

그렇게 될 것이며
그렇게 예정되어 있으며
그렇게 되었습니다.

에너지 편

하늘을 잃어버린 인류가 생각하는 하늘은
인류의 착각 속에서만 존재할 뿐입니다.
하늘은 하늘 스스로 정한 법칙에 따라
하늘은 우주의 법칙과 공리(公理)에 따라
하늘은 창조주의 의지에 의해 하늘의 길을 가고 있을 뿐입니다.

인류가 믿고 기대하고 바라고 의지하는 하늘은
하늘 그 어디에도 존재하지 않습니다.
우주 그 어디에도 존재하지 않습니다.
오직 여리고 여린
인간의 마음속에서만 존재하고 있을 뿐입니다.
세상에 존재하는 모든 만물들 중에
인간만이 하늘에 대해
하늘이 하는 일에 불평불만을 가지고 살아가고 있을 뿐입니다.

지구 차원상승을 앞두고
바이러스 난(괴질)을 앞두고
지축 이동을 앞두고
새 하늘과 새 땅의 출현을 앞두고
보이지 않는 세계에서 지금 무슨 일이 일어나고 있는지
우데카 팀장이 이 글을 기록으로 남깁니다.

새로운 정신문명을 열기 위해
새 하늘과 새 땅을 열기 위한 하늘의 일들이
하늘이 일하는 방식에 의해 땅에서 펼쳐지고 있습니다.

식물과 동물들의 몸의 진동수 조정이 이미 이루어졌으며
지구 행성을 떠나갈 식물과 동물들에 대한
영 에너지의 회수가 있었으며
낙엽이 질 때 떠날 식물들과 동물들은
지구 행성을 떠나게 될 것입니다.
지구 행성을 떠나게 될 식물과 동물들은
지구 영단을 떠날 준비들을 하고 있습니다.
지구 행성을 떠나게 되는 식물과 동물들은
다른 행성으로 이주하게 될 것이며
모든 준비들이 눈에 보이지 않는 세계에서
지금 이루어지고 있음을 전합니다.

지구 행성을 떠날 인류들과
지구 행성에 남을 인류들에 대한 분류는
1년 전에 마무리되었습니다.
경계선 상에 있는 영혼들에 대한 마지막 분류 역시
6번째 봉인의 해제와 함께 모두 완료되었습니다.
지구에 남을 식물들에게는
새로운 시스템이 적용되어 운용 중에 있습니다.
지구에 남을 동물들 역시
새로운 시스템이 적용되어 운용 중에 있습니다.

지구에 살아남을 인류들에게도
하늘의 작업들이 이루어지고 있습니다.
차원상승된 지구에 살기 위해서
바이러스 난(괴질)에서 살아남기 위해
지축 이동 후
안전지대인 역장에 출입하기 위해서 반드시 필요한
인간의 몸의 진동수를 높이는 하늘의 작업들이

아무도 모르게 아무도 모르게
지금 이 시기에 이루어지고 있습니다.

격변의 시기를 지나
차원상승된 지구 행성에서 살아갈 수 있으려면
몸의 진동수가 높아져야 합니다.
산 자와 죽은 자의 하늘의 심판이 지금
아무도 모르게
아무도 모르게
결정되고 있으며 실행되고 있습니다.
몸의 진동수를 올리는 작업들이
하늘에 의해 진행되고 있음을 전합니다.

몸의 진동수를 높이기 위해
빛의 샤워를 통해 몸청소가 이루어지고 있습니다.
몸의 진동수를 높이는 일은
하늘의 빛에 의해서만 이루어집니다.
외부의 고(高)에너지가 유입되면서
세포와 조직들에 있는
사기와 탁기가 몸에서 빠져나가게 됩니다.
유입되는 하늘의 빛은
7차원 이상의 빛의 진동수를 가지고 있습니다.
하루아침에 이루어지는 것이 아니라
몇 달에 거쳐
몇 년에 걸쳐 점차적으로 이루어지고 있습니다.
우주적 신분이 높을수록
빛의 일꾼들일수록
그 시간이 오래 걸리며
에너지 조정이 강하게 이루어집니다.

몸의 진동수를 높이는 과정은
오직 하늘에 의해서만 이루어집니다.
인간의 의지와 노력으로 이루어지지 않습니다.
수행을 30년을 해도
기도를 30년을 해도
명상을 50년을 해도
선행을 50년을 한다고 해도
삼천배를 삼천 배 한다고 해서
몸의 진동수가 높아지지 않습니다.
채식을 한다고 해서 몸의 진동수는 높아지지 않습니다.
육식을 하지 않으면 몸이 맑아집니다.
몸이 맑아지는 것과
몸의 진동수가 높아지는 것은 전혀 별개의 문제입니다.
영성계 책을 읽는다고 해서
특정 종교를 믿는다고 해서
신비한 체험을 했다고 해서
하늘의 소리를 듣는다고 해서 몸의 진동수가 높아지는 것은 아닙니다.

의식이 깨어나고 의식이 상승되어야
몸의 진동수가 높아진다고 믿고 있는
착각 속에 살고 있는 낭만적인 영성인들이 많이 있습니다.
대단한 착각 속에 살고 있는 것입니다.
물질의 시대에는
몸의 진동수가 높아져야 의식이 높아지는 것입니다.
건강한 육체에 건강한 정신이 깃드는 것입니다.
음식을 먹어야 하고
육신의 감옥 속에 살고 있는 영혼이
높은 의식에 도달하려면
몸의 진동수가 높아지지 않으면 불가능한 것입니다.

임맥과 독맥이 열려야 하며
기경팔맥이 열려야
높은 의식을 구현할 수 있습니다.
몸이 먼저 되지 않고서는 높은 의식의 구현은 불가능합니다.

성인들은 지상에서 만들어집니다.
빛의 일꾼들 또한 지상에서 만들어집니다.
미륵과 부처들 또한 지상에서 만들어집니다.
육신의 옷을 입고 오는 성인은 반드시
지상에서 몸이 먼저 만들어진 이후에
높은 의식을 땅에서 펼칠 수 있는 것입니다.
몸의 진동수가 높아지지 않는 한
지식이 많다고
똑똑하다고
성인이 되는 것은 아닙니다.
높은 차원의 하늘의 문을 열기 위해서는
그만큼 높은 진동수를 가진 몸이 먼저
하늘에 의해 완성되어야 가능한 것입니다.
몸의 진동수를 높이는 과정 역시
하늘의 보이지 않는 손이 작용해야지만 가능한 것입니다.
몸의 진동수가 높아지지 않는 인류들은
모두 육신의 옷을 벗고 떠나게 될 것입니다.

의식을 높여야
몸의 진동수가 높아진다고 믿는 것이
영성인들의 현재 의식 수준이며
죽음길로 숨가쁘게 뛰고 있는 형국입니다.
의식이 상승되고 난 후
몸의 진동수가 높아지는 것이 아닙니다.

의식이 높아지는 것과 몸의 진동수가 높아지는 것은
동시에 일어나지 않습니다.
반드시 몸의 진동수가 먼저 높아지고 난 뒤에
의식의 상승이 뒤따라오는 것이
육신을 입고 살고 있는
인류의 슬프고도 슬픈 숙명인 것입니다.

지식이 많다고 의식이 상승된 것이 아닙니다.
지식을 쌓는다고 의식이 상승되지 않습니다.
의식이 상승된다고 몸의 진동수가 높아지지 않습니다.
좋은 음악을 듣는다고
좋은 음식을 먹는다고
좋은 환경에 산다고 해서
똑똑하다고 해서
지혜롭다고 해서
몸의 진동수가 높아지지 않습니다.

몸의 진동수는
오직 하늘의 빛이 있어야만 가능합니다.
이 빛은 하늘의 의지이며
하늘의 계획이며
하늘의 법칙이며
우주의 공리이며
창조주의 의지에 의해서
공평무사하게 주어지는 생과 사의 심판입니다.
그 심판이 지금 이 시기에
아무도 모르게
아무도 모르게
집행되고 있음을 전합니다.

얼마 남지 않은 이 시기가 끝나고 나면
인류들 대부분은 육신의 옷을 벗고
자신의 타임라인에 맞추어
지구 행성을 떠나게 될 것입니다.
높아진 몸의 진동수는 쉽게 떨어지지 않습니다.
육식을 많이 한다고 떨어지지 않으며
성행위를 많이 한다고 떨어지지도 않으며
법이나 규칙을 어겼다고 떨어지지도 않습니다.
오직 가슴 속에서
사랑과 자비와 연민의 에너지를 잃어버릴 때만
몸의 진동수는 떨어질 뿐입니다.
몸의 진동수가 하늘에 의해 높아진 소수의 인자만이
지구 차원상승 과정에서 격변의 과정들을
무사히 통과하게 될 것입니다.
몸의 진동수가 높아진 살아남은 소수의 인자만이
하늘의 문(차원의 벽)을 넘을 수 있을 것입니다.
하늘문을 연 소수의 인자들은
새 하늘과 새 땅에서
새로운 정신문명을 꽃피우게 될 것입니다.
인명은 재천이라
사람이 죽고 사는 것은
오직 하늘에 있다는 것을
인류들은 머지않아 체험하게 될 것입니다.

하늘에 의해 몸의 진동수가 높아진 인류들만이
살아남게 될 것입니다.
몸의 진동수가 높아질 때 나타나는 증상들은
빛의 생명나무에서 출간한
<의식상승 시리즈>를 참고하시기 바랍니다.

목숨은 돈으로 살 수 없습니다.
생명은 지식으로 살 수 없습니다.
생명은 아파트 평수로 계산될 수 없습니다.
어떤 생명도
하늘의 뜻 없이
한순간도 생명을 유지할 수 없습니다.
아무도 모르게 아무도 모르게
인류의 생사를 결정짓는
몸의 진동수를 높이는 하늘의 작업들이
지금 이루어지고 있음을 전합니다.
인명은 재천이라
낙엽처럼 떨어지는 죽음 앞에
모든 논쟁들은 사라질 것이며
모든 시비들 또한 사라질 것입니다.
하늘을 잃어버린 인류가
하늘 무서운 줄 알게 될 것입니다.

인명은 재천이라
낙엽처럼 떨어지는 인류의 죽음을 보며
인류들은
물질의 허망함을 체험하게 될 것입니다.
과학의 허망함을 목격하게 될 것입니다.
낭만적인 영성인들과 종교인들은 통곡하게 될 것입니다.
모든 인류들은 하늘 무서운 줄 알게 될 것입니다.
새 하늘과 새 땅에 살아갈 인류들에 대한
진동수를 높이는 작업들이
오늘 현재(2017년 8월 25일) 63% 진행되었음을
하늘과의 소통 속에서
이 글을 기록으로 남깁니다.

빛의 일꾼과 소주천 대주천과의 관계

한 행성의 물질문명을 종결짓고
새로운 정신문명을 건설한다는 것이 갖는 의미는
그리 가벼운 것이 아닙니다.
지구 행성의 물질문명의 매트릭스 구조들이
하늘에 의해 강제 철거되는 것이며
해체되는 매트릭스 구조에 대한 해답지
즉 우주적 진리가 반드시 펼쳐져야
낡은 물질문명을 청산하고 새로운 정신문명을 열 수 있기 때문입니다.
많은 아픔과 고통을 수반할 수밖에 없습니다.

지구 행성의 물질문명을 종결하기 전
대우주의 주재자이며 창조주인 나는
우데카 팀장을 통하여
다음과 같이 하늘의 계획을 전하고자 합니다.
빛의 일꾼들에게 하늘은
물질문명을 종결하고 새로운 정신문명을 열기 위해
상상도 할 수 없는 영적인 능력들을
자신의 임무와 역할에 맞게 준비하였습니다.

빛의 일꾼들이 자신의 타임라인에 맞추어
의식이 깨어남과 동시에
역할과 임무에 따라 영적인 능력들이 부여될 것입니다.
하늘이 준비하고 있는 영적인 능력들을
땅 위에서 펼치기 위해서는
다음과 같은 것들이 하늘로부터 사전에 준비되어져야 합니다.

첫째, 12 차크라가 하늘에 의해 열려야 하며
둘째, 최종 상위자아 합일이 이루어져야 하며
셋째, 영혼백의 에너지 정렬이 이루어져야 하며
넷째, 상념체와 혼의식이 정리되어야 하며
다섯째, 소주천이 열려야 하며
여섯째, 대주천이 열려야 하는 인자들도 있습니다.

소주천은
하늘이 도가의 수행 매트릭스를 위해 설치한 것이며
지구 역사 250만 년 동안에
소주천을 열고 자신의 임무와 역할을
하신 분들은 1,200명 정도 됩니다.
소주천은 수행과 기도의 매트릭스를 유지하기 위해
상승하는 영혼들 중 노란빛 영혼 그룹에게도 열렸으며
수행과 기도를 하는 과정에서
다양한 신비 체험과 영적인 능력들이 주어지면서
오랜 역사 동안 수행과 기도를 통하여
깨달을 수 있다는 강한 신념을 갖게 하였으며
그만큼 강한 종교 매트릭스가 형성되었습니다.
남이 갖지 않은 초인적인 능력을 갖는다는 것에 대한
인간의 욕망이
수행을 통한 깨달음에 대한 집착과 생각들이
종교 매트릭스화 되었습니다.

깨달음의 중심에 소주천이 있었으며
깨달음의 증표로 영적인 능력들이 있었습니다.
소주천이 열렸을 때와 대주천이 열렸을 때의 강한 신비 체험과
그것을 이루기까지 인간의 육체적인 한계와
인간의 욕망의 한계를 넘어서는 과정을 통해

인간은 보이지 않는 하늘이 있음을 체험하였으며
하늘은 수행과 기도의 매트릭스를 통해
깨달음에 대한 종교 매트릭스를
하늘이 일하는 방식으로 운영할 수 있었습니다.
그 과정에서 대우주의 차원의 벽을
실감나게 경험할 수 있었으며
인간과 하늘이 서로 아름다운 간격을 통해
공존할 수 있었으며
물질 체험을 통한 영혼의 여행의 난이도를 체험할 수 있었습니다.

지구 차원상승 과정에서
무극과 태극의 세계에서 온 빛의 일꾼들 144,000명은
차크라와 함께
소주천은 반드시 열어야 하는 필수 과정입니다.
차크라는 역장이 설치되기 전에 열리게 될 것이며
소주천은 역장 안에서
수행과 기도의 과정 없이도
하늘에 의해 열리게 될 것입니다.
빛의 일꾼들과 노란빛 영혼들의 수뇌부에게
아무 조건 없이
아무 노력이 없어도
차크라와 소주천이 열리게 되면서
인류들은 수행과 기도를 통해
궁극적인 깨달음에 도달하려는 인간의 노력이
얼마나 부질없는 것인가를 알게 될 것이며
수행과 기도를 통해 복을 얻고
신이 되고자 하는 수행 문화와 관련된
모든 신념과 믿음들이 무너져 내릴 것입니다.

대주천을 연다는 것은
수행하는 수행자들의 최종 목표입니다.
진인(眞人)이 되는 것이며 양신(陽身)이 되는 것입니다.
지구 250만 년의 역사 동안
대주천을 열고 하늘과의 소통 속에서
하늘의 뜻을 땅에서 온전하게 펼치고 간 인자는 36명입니다.
대표적으로 「황제내경」의 손진인과
석가모니 부처님과 예수님이 있습니다.

대주천은 무극의 세계나 태극의 세계에서
하강한 영혼들만 가능한 것이며
상승하는 영혼들 중에는 단 한사람도 없었습니다.
대주천을 연다는 것은
하늘의 뜻을 땅에 온전하게 펼치기 위해서이며
하늘의 정보를 온전하게 땅에 전하기 위해
정보 수신자의 몸의 진동수를 높이는 과정입니다.
소주천과 대주천은 인간이 노력한다고
누구나 이룰 수 있는 것이 아닙니다.
매트릭스의 관리나
매트릭스의 유지를 위해
하늘에서 준비한 인자들이거나
자신의 임무와 역할을 땅에서 이루기 위해
고차원에서 하강한 영혼들에게만 주어지는 특수한 권능일 뿐입니다.

지구 차원상승 과정에서 빛의 일꾼 모두에게는
12 차크라의 개통과 최종 상위자아 합일
영혼백의 에너지 정렬
상념체와 혼의식의 정화가 이루어지고
소주천이 열리게 될 것입니다.

소주천이 열린 빛의 일꾼들은
하늘과의 소통 속에서 자신의 우주적 신분에 따라
빛의 일꾼들에게 주어지는 영적인 능력들을
자신의 임무와 역할에 따라 사용할 수 있게 될 예정입니다.
처참하게 무너져 내리는 현실 앞에
물질문명이 종결되는 비참한 현실 속에서
인류들은 하늘 무서운 줄 알게 될 것입니다.
하늘에 인격성을 부여하면서 시작된
하늘에 대한 오해와 진실의 왜곡들이
무너지는 건물들과 함께 무너져 내릴 것입니다.

하늘의 진리에 대한 오염과
하늘에 대한 무지와 기복 신앙의 눈높이로
하늘을 인식하고 있는 인류들에게
하늘은 천둥과 번개로 말할 것이며
모든 것이 무너져 내릴 것입니다.
한 치 앞도 볼 수 없는 참혹한 현실 속에서
하늘은 빛의 일꾼들과 역할자와 사명자들을 통해
하늘이 일하는 방식을 통해
사랑을 전달할 것입니다.
하늘이 준비한 영적인 능력들을 펼치면서
한 행성의 물질문명이 종결되는 것이며
이러한 체험을 거치면서
하늘과 인간 사이에 새로운 관계들이 정립될 것이며
이것을 기반으로 새로운 정신문명이 탄생될 것입니다.
인간이 상상할 수 없는
인간이 한 번도 경험하지 못한 재난과 함께
영적인 능력 또한 다양하게 화려하게 준비되어 있음을
우데카 팀장을 통해 전합니다.

대주천이 열리는 빛의 일꾼들은 다음과 같습니다.
18차원에서 육화한 열여덟 분은 대격변 후
안전지대인 역장 안에서 아보날의 수여를 위해
대주천이 열릴 예정입니다.
빛의 일꾼 144,000명 중 144명의 마스터 그룹 또한
대주천이 열릴 예정입니다.
창조근원의 패밀리 그룹 일부와
특수한 능력을 부여하기 위해 필요한 일부의 빛의 일꾼들에게도
역장 안에서 대주천이 열릴 예정입니다.

차크라가 열리고
소주천이 열리고 대주천이 열린다고
누구나 같은 영적 능력이 부여되는 것이 아닙니다.
차원이 높을수록
우주적 신분이 높은 인자들일수록
더 높은 수준의 영적인 능력이 부여되는 것은 우주의 순리입니다.

지구 행성의 물질문명의 종결과
역장의 설치와 운영
아보날의 수여
새로운 정신문명의 건설의 중심에
빛의 일꾼 144,000명이 있으며
지구 차원상승의 주관자는
대우주의 주재자인 창조근원이라는 것을
우데카 팀장을 통해 전합니다.

그렇게 될 것이며
그렇게 예정되어 있으며
그렇게 되었습니다.

상위자아에 대한 정리

당신은 우주에서 혼자가 아닙니다.
당신은 지구 행성에 홀로 내던져진 존재가 아닙니다.
지구 행성에서 생명을 받아 살고 있는 모든 생명체들은
모두 본영(本靈)이 있으며
상위자아(上位自我)들이 존재하고 있습니다.
식물과 동물들 역시 높은 차원의 본영이 있으며
하위 차원에는 집단영의 형태로 존재하고 있습니다.

인간은 우주적 신분을 가진 존재입니다.
자신의 우주적 신분을 결정하는 것은 본영이며
본영이 있는 차원이 당신의 우주적 신분이 되는 것입니다.
하강하는 영혼들인 빛의 일꾼의 대부분은
12차원과 14차원에 있는 본영들입니다.
상위자아 분화가 이루어지는 원리는 다음과 같습니다.

14차원 12단계의 본영이
3(4)차원 물질세계에 아바타를 보내기 위해서는
다음과 같은 복잡한 절차를 거쳐 이루어집니다.
14차원 12단계의 본영
　→ 13차원 12단계(최종 상위자아)로 영의 수직 분화
　→ 11차원 12단계(4차 상위자아)로 영의 수직 분화
　→ 9차원 12단계(3차 상위자아)로 영의 수직 분화
　→ 7차원 12단계(2차 상위자아)로 영의 수직 분화
　→ 5차원 영계의 12단계(1차 상위자아)로 영의 수직 분화
　→ 3(4)차원에 아무것도 모르고 살고 있는 나(아바타)

당신 하나를 3차원 물질 체험을 하기 위해서
본영은 자신의 에너지를 나누고 나누어서
대우주의 차원의 벽을 넘고 넘어서
당신을 이곳에 보낸 것입니다.
빛의 일꾼으로서의 역할과 임무가 있기에
당신을 이곳 지구 행성에 보낸 것입니다.
영혼들은 모두 자신의 본영이 있습니다.
본영들은 상위자아 분화를 통해 아바타와 연결되어 있습니다.
상위자아들은 아바타와 본영을 연결하는
사다리 역할이며 중개자의 역할입니다.
당신은 상위자아를 통해 우주의 고차원과 연결되어 있습니다.
당신은 상위자아를 통해서만 대우주의 전체의식과 연결될 수 있습니다.

상위자아는 당신의 내면의 소리를 주관합니다.
상위자아는 당신의 여시아문의 세계를 주관하고 있습니다.
당신이 귀신의 소리를 듣고
당신이 귀신을 만나고
당신이 신비체험을 하고
당신의 가이드 천사의 소리를 듣게 되고
당신이 어둠의 천사인 사탄이나 마귀를 만나게 되는 것도
당신이 내면의 소리를 듣게 되는 것도
당신이 빛을 보고 형상을 보는 것도
모두 당신의 상위자아가 주관하고 있습니다.
당신에게 일어나는 모든 일들은
당신의 상위자아의 동의 없이 일어나는 일은 아무것도 없습니다.

당신의 상위자아는 당신의 이번 삶을 위해
프로그램 된 특수한 형태의 에너지체입니다.
당신의 상위자아는 비물질 에너지체입니다.

당신의 상위자아는 당신의 한 번의 삶을
안내하고 관리하고 조절하는 프로그램이 설치되어 있는
특수한 에너지체입니다.
당신의 이번 삶을 위해
당신을 안내하고 관리할 수 있도록 최적화된 프로그램이
상위자아에게 설치되어 있습니다.
상위자아는 당신 인생에 프로그램 되어 있는 일정대로 계획대로
길을 잃지 않도록 아바타를 안내하고 있는 존재입니다.
당신의 상위자아는 오직 당신을 위해서만 존재하는
특수 프로그램된 에너지체입니다.

당신의 삶의 프로그램이 한 치의 오차 없이
진행될 수 있도록 안내하고 있습니다.
상위자아는 자신에게 부여된 하늘에서의 권리를 사용하여
천상정부와의 조율을 통해
당신의 삶에 보이지 않는 손으로 작용합니다.
당신의 삶의 변곡점들이 있을 때마다
당신의 상위자아는 당신의 자유의지를 제한하고
당신의 욕망을 좌절시키기도 합니다.
당신의 영혼의 삶의 프로그램에 없는
일들이 일어나지 않도록 변수를 제거하는 것도
당신의 상위자아의 중요한 역할입니다.
당신이 사기를 당하고
당신이 사업에 실패하고
당신이 사랑을 하고 이별을 하고 이혼을 하는 모든 과정에서
당신의 상위자아는
당신 인생의 프로그램대로 체험하고 경험할 수 있도록
보이지 않는 손이 되어 역할을 하고 있습니다.
이것이 당신의 상위자아가 존재하는 이유입니다.

당신의 자유의지와 당신의 인생의 프로그램 사이에서
당신의 상위자아는 긴장 속에 있습니다.
당신의 자유의지는
상위자아에 의해 최대한 보장되고 있습니다.
이것은 대우주의 법칙이기 때문입니다.
당신이 하는 모든 기도(祈禱) 역시
상위자아를 통해서만 높은 차원으로 전달될 수 있습니다.
당신은 당신의 상위자아의 도움 없이는
높은 차원의 의식에 접근할 수도 없습니다.
정보 하나 느낌 하나도 당신의 상위자아의 도움 없이는
아무것도 당신에게 일어날 수 없습니다.

당신의 삶이 프로그램이 진행되어야 할 때
아바타의 욕망과 자유의지와 충돌될 때가 있습니다.
이때에는 상위자아는
상위자아에게 주어진 모든 권한을 총동원하여
원판대로 프로그램대로 당신이 살아가게 안내합니다.
감정선을 조절하여 당신의 감정을 통제하고
의식선을 조절하여 당신의 생각을 통제합니다.
당신의 메타 의식구현 시스템을 통하여
당신의 무의식을 지배하고
당신의 잠재의식을 관리하고
당신의 현재의식을 통제하면서
당신이 가야할 곳으로
당신이 있어야 할 곳에 있게 하고 있습니다.
모든 악역을 하고 있는 존재와
모든 축복을 주고 있는 존재는
하늘에 있는 신이 아니라 당신의 상위자아입니다.

당신의 자유의지와 당신의 상위자아는
늘 아름다운 간격을 유지하고 있습니다.
마주보는 철길처럼 늘 아름다운 간격을 유지한 채
당신의 삶이라는 열차는 오늘도 멈추지 않고 운행되고 있습니다.
당신의 자유의지는 욕망과 에고를 대변하고 있습니다.
당신은 땅의 사람이며 땅의 일을 하려고 합니다.
당신의 상위자아는 하늘 사람이며
본영의 대리자이며
대우주의 전체의식과 공명하고 있는
하늘의 의지와 하늘의 뜻을 전하는 것은
신이 아니라 당신의 상위자아입니다.

당신이 상위자아와의 합일을 이루는 것은
당신의 기도와 수행으로 이루어지지 않습니다.
당신의 주문수행과 찬송가로 찬불가를 부른다고 해서
상위자아 합일이 일어나지 않습니다.
삼천배를 삼천 배를 한다고 이루어지지 않습니다.
당신과 상위자아와의 합일은
당신의 삶의 프로그램에 예정되어 있다면
자동문처럼 이루어지게 될 것입니다.
당신이 상위자아와의 합일이 이루어지려면
당신의 높은 상위자아가 있는 차원의 진동수를
당신의 몸이 견딜 수 있어야 가능합니다.
당신이 5차원에 있는 상위자아와 합일이 되고
당신이 7차원에 있는 상위자아와 합일이 되고
당신이 9차원의 상위자아와 합일이 되려면
당신의 몸이 3(4)차원의 진동수에서
5차원과 7차원과 9차원의 진동수를 담을 수 있는
그릇이 되어야 합니다.

몸의 진동수가 먼저 높아져야 합니다.
하늘의 빛에 의해 인간의 몸에 있는 차원 간 공간에
높은 빛의 진동수를 담을 수 있는
공간 속의 공간이 먼저 창조되어야 합니다.
공간 속의 공간에 높은 진동수의 빛이 채워지고
인간의 장부들이 적응하는
지루하고 오래 걸리는 과정을 마친 사람들만
상위자아 합일이 이루어지는 것입니다.

당신이 상위자아 합일이 이루어질수록
당신은 높은 의식을 구현할 수 있습니다.
당신이 높은 차원의 상위자아와의 합일이 이루어질수록
당신은 우주의 차원의 벽을 넘을 수 있으며
당신이 상위자아가 있는 차원의 문을 열 수 있으며
고차원의 정보를 지구 행성에 전달할 수 있습니다.
당신이 높은 차원의 상위자아와 합일이 이루어질수록
당신은 우주의 권능을 사용할 수 있으며
대우주의 법칙 내에서
자신의 상위자아와 합일이 된 차원 내에서만
이적과 기적을 행할 수 있으며 신통력을 가질 수 있습니다.

빛의 일꾼들은 자신의 최종 상위자아와의 합일이
반드시 이루어져야 합니다.
최종 상위자아와의 합일을 통해서만
빛의 일꾼들의 임무와 역할을 수행할 수 있으며
144,000가지의 퍼즐 중 자신의 퍼즐을 맞출 수 있습니다.
최종 상위자아의 합일을 이룬 사람만이
생과 사의 갈림길에서 상위자아의 안내에 따라
새 하늘과 새 땅에서 살아갈 수 있습니다.

빛의 일꾼들의 최종 상위자아 합일 차원 정리

빛의 일꾼들은 창조주의 빛
144,000가지 한조각 퍼즐을 가지고 왔습니다.
빛의 일꾼들의 의식의 각성을 위해
빛의 일꾼들의 원활한 임무 수행을 위해
최종 상위자아 합일이 일어나고 있으며
자신의 타임라인에 따라 자신의 우주적 신분에 따라
최종 상위자아 합일이 일어날 예정입니다.

빛의 일꾼들의 상위자아 합일 차원 분포
- 18차원의 18분의 창조주
  → 18차원의 자신이 속한 단계의 본영과 합일이 이루어질 예정
- 18차원의 관리자 그룹
  → 15차원의 상위자아 합일이 이루어질 예정
- 18차원의 12주영 그룹
  → 15차원의 상위자아 합일이 이루어질 예정
- 17차원의 창조주 그룹
  → 14차원의 상위자아 합일이 이루어질 예정
- 17차원의 12주영 그룹
  → 12차원의 상위자아 합일이 이루어질 예정
- 14차원의 아보날 그룹과 빛의 일꾼 그룹
  → 13차원의 상위자아 합일이 이루어질 예정
- 12차원의 아보날 그룹과 빛의 일꾼 그룹
  → 11차원의 상위자아 합일이 이루어질 예정
- 10차원 차원상승 대상인 노란빛 영혼 그룹
  → 9차원의 상위자아 합일이 이루어질 예정

2천 년 전 예수님이 이적과 기적을 행하실 때
12차원의 상위자아 합일이 이루어졌습니다.
2천 년 전 인류들의 의식 수준으로 볼 때
2천 년 전 인류의 과학기술 수준으로 볼 때
17차원의 본영과의 합일이 없이도 충분히
그 역할과 임무를 수행하는데 큰 불편함이 없었습니다.
하늘은 효율적으로 일합니다.
자신의 우주적 신분에 맞게
땅의 일을 할 수 있을 만큼 최적화되어
최종 상위자아 합일이 이루어질 예정입니다.
기록을 위해 이 글을 남깁니다.

그렇게 될 것이며
그렇게 예정되어 있으며
그렇게 될 것입니다.

성인이 탄생하는 과정 :
성인은 지상에서 만들어집니다

성인(聖人)은 지상에서 만들어집니다.
성인은 하늘에서 어느 날 갑자기
뚝 떨어지거나 '짠'하고 나타나지 않습니다.
성인은 우주선을 타고 나타나지 않습니다.
성인은 구름을 타고 오지 않으며
성인은 구름 속에서 나타나지도 않습니다.
성인은 알에서 태어나지도 않습니다.
성인은 여인의 자궁을 빌어 태어나며
성인은 여인의 자궁을 빌린 인자에게
워크인(walk-in)의 방식으로 들어옵니다.

성인은 자신의 우주적 신분이 있습니다.
성인은 자신이 온 우주적 차원이 있습니다.
성인은 육신의 옷을 입는 순간 차원의 벽에 갇히고 맙니다.
차원의 벽은 성인에게는 견딜 수 없는 감옥이며
재미없는 영화를 의무적으로 봐야만 하는 그런 일입니다.
차원의 벽에는 중력에 갇히고
시간과 공간에 갇히고 지구 자기장에 갇히고 그것도 모자라
경락에 설치되는 수십 가지의 경락 봉인에 갇히게 됩니다.

성인이 지상에 육신의 옷을 입는 순간
자신이 누구인지 기억하지 못하도록
수많은 봉인들이 일반인들보다 더 많이 설치됩니다.
성인의 삶은 일반인들보다
더 어려운 조건으로 오는 경우가 많습니다.

성인들은 우주의 에너지를
행성으로 운반하는 정보전달자의 역할이 있습니다.
성인들이 운반하는 에너지는
행성의 게임체인저의 역할을 하는 에너지입니다.
성인이 운반하는 정보는
한 행성의 진화 과정에서 패러다임의 변곡점이나
패러다임의 전환기에 꼭 필요한 것들입니다.

성인은 하늘이 일하는 방식에 의해
자신의 임무와 역할을 수행하고 가는 것입니다.
인간의 눈높이에서 성인의 정보는 펼쳐지고
이 정보들은 행성의 문명에 중요한 사상이 되거나 이정표가 됩니다.
성인의 출현에 의해 행성의 문명들 속에는
하늘의 뜻이 담겨져 땅에서 펼쳐지는 것입니다.
성인은 고차원의 에너지를 땅으로 전하는
에너지 전달자이며
정보전달자이며
영혼을 운반하는 영혼운반자이기도 합니다.

성인은 시대 상황에 따라
시대정신을 구현하고 새로운 시대의 매트릭스를 설치하기 위해
정교한 프로그램을 미리 가지고 옵니다.
자신을 도울 협력자 그룹들이 선정이 되고
프로그램의 내용에 따라 철저하게
관련된 상황이나 사건에 맞게 유년 시절을 보내도록 설정이 됩니다.
성인마다 전하는 정보의 내용이 다르고
성인마다 해야 하는 역할과 사명이 다르지만
성인이 일하는 방식은
하늘이 일하는 방식에 맞게 삶의 프로그램들이 짜여져 있습니다.

차원의 벽에 갇힌 성인은
무명(無明)의 시절이 가고 자신의 역할과 임무가 시작되기 전에
하늘에 의해 몸의 진동수를 끌어올리는
에너지 조정 작업들이 일어나게 됩니다.
의식이 높아지기 위해서
높은 차원의 정보를 땅에 전달하기 위해서는
성인이 전달하기로 된 정보가 있는 차원의 문을 열어야 합니다.

성인이 자신이 전달하기로 한 정보가 있는
차원에 도달하기까지
몸에서 일어나는 복잡하고 정교한 에너지 조정 작업들이 있습니다.
성인은 몸에 진동수를 높이는 에너지 조정 작업이
하늘에 의해 진행됩니다.
하늘의 에너지 조정 작업이
성인이 지상에서 만들어지는 과정입니다.
이 과정은 매우 지루하고 오래 걸리는 과정이며
성인은 자신의 몸에서 이루어지는 과정을
이해할 수도 없으며 눈치챌 수도 없습니다.

성인은 때가 되기 전에는
자신이 누구인지
자신이 해야 할 일이 무엇인지
아무것도 알지 못한 채 평범한 사람으로 살아가게 됩니다.
의식이 높아진다고 진동수가 높아지지 않습니다.
몸의 진동수는 몸에 설치되는
무형의 에너지 저장 공간을 만드는 과정과
설치된 에너지 공간에 에너지를 주입하는 과정과
주입된 에너지들이 몸 안에서 적응하는 과정들로 나누어
세부적으로 진행이 됩니다.

성인이 성인이 되기 위해
성인이 우주의 높은 차원의 문에 접속하기 위해
성인이 차원의 문을 열기 위해
성인이 차원의 벽을 넘기 위해
성인이 신인합일 또는 인신합일을 이루기 위해
성인이 자신의 상위자아와의 합일을 위해
성인이 일반인보다 다른 생각 다른 정보
차원이 높은 생각과 말을 하기 위해
눈에 보이지 않는 하늘에 의해
진동수를 높이는 과정이 이루어지고 있습니다.

성인의 몸에 진동수를 높이는 과정은 다음과 같습니다.
이 과정에 의해 성인은 높은 우주 차원에 접속할 수 있으며
대우주의 전체의식 속에
대우주의 진리 속에 접속할 수 있는 것입니다.
이 과정에 기도와 수행은 필요하지 않습니다.
호흡 수련과 명상 역시 필요하지 않습니다.
좋은 기를 받으러 명당을 찾을 필요도 없습니다.
좋은 음식과 좋은 집도 필요하지 않습니다.
여자인지 남자인지도 중요하지 않으며
많은 지식도 필요하지 않습니다.
인간의 자유의지는 아무런 영향을 미치지 못합니다.
성인은 태어날 때부터 정해져 있습니다.
성인의 역할을 하기로 예정된 인물이
예정된 시간에 하늘에 의해 깨어나
준비 과정을 거쳐 예정된 일을 하고 가는 것입니다.
이 과정에 성인의 자유의지는 반영되지 않으며
성인 스스로 하늘에서 기획하고 약속한 인생의 프로그램대로
한 치의 오차 없이 진행되는 것입니다.

성인은 지상에서 하늘의 에너지 조정 작업에 의해
몸에 대우주의 정보를 다룰 수 있는
정교한 기계장치들이 설치되는 것입니다.

성인은 우주적 신분이 있습니다.
예를 들어 네바돈 우주의 창조주인 크라이스트 마이클이
지상에서 성인으로 만들어지기 위해서는 다음과 같은
우주적 행정 절차를 통과해야 합니다.
크라이스트 마이클은 17차원 18단계에 있는 영이며
네바돈 우주 창조주입니다.
육신의 옷을 입은 마이클은
3차원에 있는 호모 사피엔스의 육신의 옷을 입고
상위자아의 안내를 받아 인간으로 살아가게 됩니다.

3차원의 인간의 몸은
3차원의 영혼백의 에너지로 되어 있습니다.
3차원 지구 행성에 최적화된 인간의 몸은
3차원의 차원의 벽에 갇혀 삶을 살아가야 합니다.
3차원에 살고 있는 네바돈 우주의 창조주가
차원의 문을 열고
차원의 벽을 열기 위해서는
하늘의 에너지 조정 작업이 있어야 합니다.
성인의 몸에 4차원의 에너지를 담을 수 있는
차원 간 공간을 설치하는 작업이 이루어져야 합니다.
4차원은 다시 1단계에서 15단계의 층위로 되어 있습니다.
인간의 몸에 4차원의 에너지 스펙트럼을 가진
1단계에서부터 15단계의 에너지 모두를 담을 수 있는
차원 간 공간이 설치됩니다.

4차원의 차원 간 공간을 설치하고
4차원의 15 층위에 4차원의 에너지를
인간의 몸이 견딜 수 있도록
진동수를 조정하여 주입하게 됩니다.
주입된 에너지는 인간의 세포 하나하나에 흡수되어
빛의 몸이 됩니다.
몸의 진동수가 4차원으로 된 것이며
몸의 진동수가 4차원으로 전환이 되고 난 후에
네바돈 우주의 창조주는 비로소 이때서야
4차원의 대우주의 전체의식에 접속할 수 있으며
4차원의 의식과 정보를
그냥 아는 방법으로 구현할 수 있는 것입니다.
이 과정에 네바돈 우주의 창조주의
자유의지는 아무런 영향도 주지 못합니다.

같은 방법으로
5차원 15단계의 진동수가 몸에 설치되고
6차원 15단계의 진동수가 몸에 설치되고
7차원 15단계의 진동수가 몸에 설치됩니다.
이 과정을 통해 네바돈 우주의 창조주는
낮은 차원의 상위자아 합일이 이루어지게 됩니다.
이 과정을 통해 네바돈 우주의 창조주는
5차원의 정보를 지구 행성에 전달할 수 있으며
6차원의 진리를 의식으로 구현할 수 있으며
7차원의 진리를 말로 표현할 수 있습니다.

높은 차원으로 갈수록 오랜 시간이 걸립니다.
몸에 차원 간 공간을 설치할 때마다
몸에 우주의 높은 에너지가 주입될 때마다

몸이 높은 차원의 빛에 적응할 때마다
사람마다는 다르지만 극심한 몸살을 앓거나
이유를 알 수 없는 오한을 앓기도 합니다.
몸에 말로는 설명할 수 없는 고통이 있으며
말로는 설명할 수 없는 몸의 불편함을 동반합니다.
머리가 아프기도 하고
이명이 심해지기도 하고
배가 너무 아프기도 하고
몸살 기운이 한두 달 이상 가기도 하고
피부에 이상한 증상이 나타나기도 하고
불안 증세가 한동안 지속되기도 하고
평소와는 다른
몸의 다양한 증상들이
다양한 방식으로 나타납니다.

힘들고 지루한 고통의 시간들이 지나고
자신의 우주적 신분을 상징하는
최종 상위자아가 있는 차원까지
이 과정은 쉬지 않고 이루어집니다.
이 모든 과정을 마친 네바돈 우주의 창조주는
17차원의 18단계까지의 진동수를 가진 빛이
몸에 저장되는 것입니다.
17차원 18단계의 빛의 몸이 완성된 것입니다.
네바돈 우주의 창조주는 비로소
최종 상위자아 합일이 이루어진 것입니다.
신인합일을 이룬 것이며
인신합일을 이룬 것입니다.
성인이 완성된 것입니다.

17차원의 문을 여는 동안
17차원 아래에 있는 1차원에서 1단계에서부터
17차원 18단계에 있는 모든 차원의 빛을
몸에 담고 있다는 것을 의미합니다.
몸에 담겨져 있는 이 빛이
차원의 문을 여는 열쇠가 되는 것입니다.
차원이 문이 열리고 차원의 벽이 무너져야
네바돈 우주의 창조주는 비로소
자신이 필요한 모든 정보를 구현할 수 있으며
자신이 전달하고자 한 대우주의 정보를
땅에 전달할 수 있게 됩니다.
차원의 문이 열리고 차원의 벽이 무너져야
이적과 기적을 이룰 수 있도록 지원하는
보이지 않는 우주 함선들의 도움을 받을 수 있는 것입니다.

성인이 지상에서 만들어지는 과정은
빛의 몸이 되어지는 과정입니다.
몸의 진동수가 높아지는 과정입니다.
이 과정이 성인이 만들어지는 과정입니다.
성인이 만들어지는 과정에
수많은 우주공학적 기술들이 적용되며
인간의 상상으로는 이해할 수 없는
많은 빛의 작용들이 몸에서 일어나고 있습니다.
수많은 무형의 기계장치들이 설치되며
정교한 무형의 기계장치들에 의해서
높은 의식을 구현할 수 있는 것이며
높은 차원의 정보를 땅에서 펼칠 수 있는 것입니다.
이적과 기적을 행할 수 있으며
성인이 성인으로 드러나게 되는 것입니다.

성인이 지상에서 만들어지는 2개의 과정이 있습니다.
하나는
성인의 몸에 진동수를 높이는 과정으로
하늘에 의해 진행되는 하늘의 에너지 조정 과정이 있습니다.
또 하나는
어려운 환경 속에서 시련을 이겨내고
강한 의지를 세우기 위한 고난의 시간을 겪어야 합니다.
현실의 문제를 직접 체험을 통해 겪으면서
그 시대의 문제를 해결할 수 있는
지혜를 갖추는 과정이 준비되어 있습니다.
성인과 빛의 일꾼들 또한 이 과정을 똑같이 겪으면서
성인과 빛의 일꾼은 지상에서 만들어지는 것입니다.

지구 차원상승을 앞두고
지구 행성의 물질문명의 종결을 앞두고
아보날의 수여를 앞두고
빛의 일꾼 144,000명의 신들의 귀환을 앞두고
지구 행성 위를 육신의 옷을 입고 걸었던
모든 성인들의 귀환을 앞두고
우데카 팀장이
하늘과의 소통 속에
하늘과의 조율 속에
대우주의 진리를
인류 의식의 눈높이에 맞추어 전합니다.
144,000명의 일꾼들과 의식이 깨어나고 있는 인류에게
시절인연에 따라 대우주의 비밀을 전합니다.

신에 대한 정리 :
신들의 귀환

인류의 의식 수준에서 신은
나에게 복을 주는 존재이며
신은 우리 가족의 건강과 행복을 위한 도우미로
24시간 항시 대기하고 있다고 믿고 있습니다.
인류의 의식 수준에서 신은
나의 죄를 심판하고
나의 죄를 용서해 주는
외부의 존재로 인식하고 있습니다.
인류의 의식 수준에서 신은
나에게 깨달음을 이루게 해주고
나에게 치유 능력을 주시고
나에게 미래를 볼 수 있는 능력을 주고
남들이 갖지 못하는 특수한 능력을 주시는
특별한 존재로 알고 있습니다.

인류의 의식 수준에서 신은
인간이 가진 나쁜 것들을 다 제거하고 나면
순수하고 깨끗한 것만 남게 되는데
이것을 신이 가진 속성이라고 믿고 있습니다.
인류의 의식 수준에서 신은
하늘에 있으면서 모든 것을 알고 있는
전지전능한 존재로 알고 있습니다.
인류의 의식 수준에서 신은
사랑과 자비와 연민의 에너지를 가지고
세상을 다스리는 초월적인 존재로 알고 있습니다.

인류의 의식 수준에서 신은
만물에 불성이 깃들어 있듯
삼라만상에 깃들어 있다고 믿고 있으며
자연은 신의 옷을 입고 있다고 그렇게 알고 있습니다.

인류가 생각하는 신은 하늘 어디에도 없습니다.
하늘에도 없는 신을 인류들은
하늘에 대한 두려움과 하늘에 대한 무지와
하늘에 대한 경외감과 감사함을 더해
인류 의식의 눈높이에서
다양한 신들을 스스로 창조했을 뿐입니다.
하늘에는 신이 없습니다.
하늘에는 차원을 관리하는
차원 관리자들이 존재하고 있을 뿐입니다.
우주의 차원을 관리하는 차원 관리자들은
비물질체의 에너지체로 존재하는 천사들입니다.
천사들은 3단계로 존재합니다.
• 하품 천사 : 7차원
• 중품 천사 : 9차원
• 상품 천사 : 11차원
천사들은 그냥 천사일 뿐입니다.
천사들과 관리자 그룹들은 우주 함선에서
함장과 대원으로 하늘의 임무와 역할을 충실히 수행하고 있습니다.

• 태극의 세계 : 13차원, 14차원, 15차원
• 무극의 세계 : 16차원, 17차원, 18차원
차원이 높은 곳에 계신 비물질 에너지들인
우주의 최고 관리자 그룹들을 굳이
신이라고 부를 이유가 어디에 있습니까?

예수님이 신입니까? 부처님이 신입니까?
예수님과 부처님은 지구 행성이 속해 있는
네바돈 우주의 창조주이십니다.
네바돈 우주를 관리하는
최고 관리자 그룹이며 최고 책임자입니다.
인류가 생각하는 신은 우주 어디에도 존재하지 않습니다.
인류의 생각이나 관념 속에서 존재하고 있으며
인류가 만든 종교의 경전 속에서 존재하고 있을 뿐입니다.

인류가 생각하는 그런 신은 우주 어디에도 없습니다.
인류가 생각하는 신은 모두
대우주를 관리하는 관리자 그룹이며 천사들일 뿐입니다.
우주 함선에 근무하고 있는 함장과 대원들이
인류들이 생각하는 신의 실체에 가장 가까울 뿐입니다.
천사들과 관리자들은 영혼들의 물질 체험을 위해
행성에 연극 무대를 설치하고
종교 매트릭스를 설치하고
문화와 문명의 매트릭스를 설치하고 운영하며 관리하고 있습니다.
영혼마다 고유한 삶의 프로그램이 있습니다.
삶의 프로그램대로 연극이 잘 진행될 수 있도록
관리하고 봉사하는 역할이 있습니다.
연극을 하는 배우(영혼)들이
자신이 연극을 하고 있는지 모르게 해야 되고
자신이 배우인지도 모르게 하여
연극을 연극답게
영혼의 물질 체험을 아주 극적이고 재미있고 드라마틱하게
연출하게 도와주는 역할이 우주의 관리자들이 하는 역할입니다.
연극 대본에 같이 참여하고
공정하게 배우들의 배역을 정하고

배우들이 연기에만 몰두할 수 있도록 하는
모든 행정적 절차를 지원하고 관리하는 역할이 있습니다.

예수님이 부처님보다 하늘에서 더 높은 분이라고 생각하십니까?
부처님이 예수님보다 하늘에서 더 높다고 생각하십니까?
예수님에 비해 알라신이 더 낮은 신이라고 믿고 있습니까?
부처님이 무속인이 모시는 관우 장군보다
더 도력이 세다고 믿고 계십니까?
우주는 전체의식 속에 함께 공명하고 있습니다.
우주의 전체의식 속에 차원의 벽과 차원의 문이 있습니다.
차원의 벽과 차원의 문은 누구에게나 공평하게 작동되며
어느 곳에서도 하늘의 공리로써 작동합니다.
창조주의 의식이 대우주의 전체의식입니다.
한 치의 오차 없이
우주는 창조주의 의식 속에서 진화하고 있습니다.
당신의 기도가 우주의 법칙에 맞고
당신의 인생의 프로그램에서 일어날 일이라면
기도를 하지 않아도
기도를 하기 전에 이미 이루어지는 것입니다.
당신의 기도를 들어주기 위해
당신만을 특별히 사랑하여
누군가를 통해서 하는 기도만을 하늘이 들어주지 않습니다.
당신의 기도를 들어주기 위해
당신의 특별한 기도를 들어주기 위해
하늘이 하늘의 법칙을 바꾸는 일은 없습니다.

인간의 기도를 들어주는 존재는 하늘의 신이 아닙니다.
하늘에 있는 천사들이나 고차원의 존재들은
인간의 기도를 들어주지 않습니다.

당신의 기도를 하늘이 들어주었다면
그 기도는 당신의 인생에 일어나기로 예정된 일들이
예정된 시간에 기도를 가장하여
우연을 가장하여 일어났을 뿐입니다.
외부에 있는 신을 만나는 체험을 하거나
내부에 있는 신을 만나는 체험을 한 경우는
그 영혼에게 일어날 일들이 일어난 것입니다.
그 영혼이 이러한 체험을 통해 배워야 할
삶의 프로그램이 있기에 일어날 일이 일어난 것뿐입니다.
하늘이 당신을 특별히 사랑해서가 아닙니다.
하늘이 당신의 기도를 들어준 것이 아닙니다.
당신의 영혼이 물질 체험을 통해
배우고 체험하는 과정이 타인과 다를 뿐입니다.
당신의 기도와 수행의 결과가 아닙니다.
당신의 정성과 치성이 하늘에 닿은 것이 아닙니다.
당신의 삶에서 당신이 체험하고 경험하기로
약속하고 온 것들이 한 치의 오차 없이
기도를 가장하여
수행을 가장하여
우연을 가장하여
하늘은 일어날 일을 일어나게 하는 것이
하늘의 역할이며 하늘이 존재하는 이유입니다.

신의 은총이라 알고 있는 모든 것들과
신의 선물이라고 알고 있는 모든 것들과
신의 축복이라고 알고 있는 모든 신비 체험들은
신에 대한 인간의 믿음과 신념 속에서
인류의 의식의 눈높이에서
하늘과 인류가 공동 창조한 이야기일 뿐입니다.

당신이 더 높은 우주의 차원의 문을 열기 위해서는
경험하고 배우고 체험해야 하는 것들이 참 많습니다.
영혼은 물질 체험을 통해서 진화하고 성장할 수 있습니다.
지금 당신이 이 순간 여기에서
경험하고 있는 모든 것들은
당신의 영혼이 진화에 필요한 것들을 체험하고 있는 것입니다.

하늘은 시치미를 뚝 떼고
인류의 의식의 눈높이에서
당신의 의식의 눈높이에서
다양한 층위의 종교의 매트릭스를 설치하고 운영하고 있었습니다.
영혼들의 물질 체험을 위해
영혼의 진화를 위해
영혼의 나이에 따라 학교마다 다른 신들이 탄생하였으며
같은 학교 내에서도 학년마다 다른 신들이 탄생시켰습니다.

유아원생들의 눈높이에 맞춘 신이 탄생하였으며
유치원생들의 눈높이에 맞는 신이 탄생하였으며
초등학생용 눈높이에 맞는 종교와 신이 탄생하였습니다.
중학생용 눈높이에 맞는 종교가
매트릭스를 유지하기 위해 하늘에 의해 설치되었습니다.
고등학생의 의식의 눈높이에 맞는 종교 매트릭스들을
하늘이 영적인 체험을 하게 하고
계시도 주면서 설치하였습니다.
대학생의 의식의 눈높이에 맞추고
성인의 의식의 눈높이에 맞추어
다양한 하늘과 다양한 신들이
다양한 종교 매트릭스들이
인간과 하늘에 의해 탄생하였습니다.

영혼들의 물질 체험을 위한 교과 과정으로
영혼들의 물질 체험을 위한 장애물로
영혼들의 물질 체험을 위한 무대장치로서
모든 종교와 모든 신들이 우연을 가장하여
신비체험을 통하여 계시를 통하여
여시아문의 세계(나는 이렇게 보았고
나는 이렇게 들었노라)를 통하여
인류의 의식의 눈높이에 맞추어 탄생되었습니다.
이것이 종교가 이 세상에 존재했던 이유입니다.

신들의 철수가 시작되었습니다.
사원이나 성당이나 종교 단체에 배치되어
종교 매트릭스를 유지하고 관리하던
하늘의 관리자 그룹들의 에너지들이
최소로 남겨 두고 모두 회수되었습니다.
지축 이동을 앞두고
새로운 정신문명의 출현을 앞두고
새 하늘과 새 땅의 출현을 앞두고
하늘과 인간이 공동 창조한 종교 매트릭스에서
하늘이 먼저 에너지를 회수하였으며
하늘이 설치한 모든 종교 매트릭스들의 철거가
자연의 변화와 함께 이루어질 것입니다.
새로운 정신문명에 맞는
새로운 진리들과 대우주의 법칙들이
지구 행성에 펼쳐지고 있습니다.
종교에 존재하고 있던 신들은
자신의 임무와 역할을 마치고 하늘로 돌아갈 것입니다.
인류가 생각하는 신들의 철수가 시작되었습니다.

신들의 철수와 함께
지구 행성 위를 걸었던 모든 성인들과
종교에서 신이라 추앙받던 모든 신들이
빛의 일꾼이라는 이름으로 신들의 귀환이 시작되었습니다.
새 하늘과 새 땅을 열기 위해
인류의 의식 수준을 넘어서는
인류의 상상 속에서나 생각 속에서만 존재하던
신들의 귀환이 시작되었습니다.
하늘이 땅으로 내려오고 있습니다.
빛의 일꾼 144,000명들의 최종 상위자아 합일과 함께
우주의 최고 관리자 그룹들이
육신을 입고 땅으로 땅으로 내려오고 있습니다.
대활령(大活靈)으로 설설히 내리고 있습니다.

3천 년 전 부처님이 제자들과 함께 온 것처럼
2천 년 전 예수님이 제자들과 함께 온 것처럼
대우주의 최고 관리자 그룹들이 빛의 일꾼 144,000명의 이름으로
일만이천 도통군자의 이름으로
육신을 입은 인간의 모습으로
전세계에서 신들의 귀환이 시작되었습니다.
대활령으로 설설히 내리고 있습니다.

빛의 일꾼들의 귀환을 축하합니다.
신들의 귀환을 축하합니다.
우주 최고 관리자 그룹들의 귀환을 축하합니다.
아무도 모르게 아무도 모르게
지구 차원 상승(개벽)은 이렇게
신들의 귀환과 함께 준비되고 있음을 전합니다.
신들의 귀환과 함께 시작되고 있음을 전합니다.

2부 매트릭스에 대한 정리

영혼의 물질 체험을 위한 우주학교가 개설되어 있는 다차원 행성에는
학생들의 배움을 위해 인간의 머리로는 상상할 수 없는
다양한 매트릭스들이 촘촘하게 설치되어 있습니다.
영혼의 물질 체험이란 하늘과 인류 간에 벌이는
끊임없이 진리와 진실을 찾아가는 게임이며
하늘이 숨겨 놓은 매트릭스의 비밀들을 찾아가는 보물찾기와도 같습니다.

하늘과 인간의 숨바꼭질

땅에 펼쳐져 있는 모든 것은 하늘에서 온 것입니다.
땅에서 펼쳐졌던 모든 인류의 역사는
우연히 일어난 것이 아니라
일어날 일들이 일어난 것일 뿐입니다.
세상에 우연히 일어나는 일은 없습니다.
모든 것은 하늘에서 계획되고 준비되었던 것이
우연인 것처럼 보이고
당연한 것처럼 보이고
자유의지처럼 보이지만
하늘의 계획 없이
하늘의 승인 없이
세상에서 일어나는 일은 아무것도 없습니다.

영혼의 물질 체험을 위한
우주학교가 개설되어 있는 다차원 행성에는
학생들의 배움을 위해 인간의 머리로는 상상할 수 없는
다양한 매트릭스들이 촘촘하게 설치되어 있습니다.
영혼의 물질 체험이란
하늘과 인류 간에 벌이는
끊임없이 진리와 진실을 찾아가는 게임이며
하늘이 숨겨 놓은 매트릭스의 비밀들을 찾아가는
보물찾기와도 같습니다.

영혼의 여행에서
영혼들은 사랑과 자비와 연민을 배워가는 배우이며

옳고 그름을 넘어서는 승화의 미학을 배우는 학생들입니다.
자신의 의식 수준에서
하늘이 펼쳐 놓은 종교 매트릭스에 있는
다양한 신에 대한 속성을 체험하는 것입니다.
자신의 의식 수준에서 자기 의식의 그릇의 크기만큼
삶의 신성함을 배우는 체험장입니다.
자신의 의식 수준에서
삶이란 하늘의 진리를 찾는 숨바꼭질이며
자신의 영혼의 진화 여정에 꼭 맞는 보물찾기와도 같습니다.

하늘이
물질 체험을 하고 있는 영혼들을 위해
하늘의 보물(진리)들을 수많은 매트릭스 속에 감추어 놓았으며
숨바꼭질을 하듯 숨겨 놓았습니다.
진리를 안다고 하는 것은
진리를 말한다는 것은
하늘이 숨겨 놓은 보물을 자신의 의식 수준에서
우연을 가장하여
시대정신을 가장하여
정의의 이름으로
자신의 임무와 역할이 주어진
역할자와 사명자들에 의해 펼쳐지는 것입니다.
내가 진실을 원한다고
내가 진리를 찾겠다고 찾아지는 것이 아니라는 것입니다.

하늘이 3(4)차원의 매트릭스를 유지하고 관리하기 위해
얼마나 많은 공을 들이고 최선을 다하고 있는지를 아는 인자들만이
하늘을 안다고 할 수 있으며
하늘 무서운 줄 아는 사람들입니다.

하늘은 천둥과 번개로 말합니다.
하늘이 천둥과 번개로 말하기 전에는
하늘 스스로 설치한
물질의 매트릭스들을 최선을 다해서 운영하고 있는 것입니다.

당신이 사이비라고 부르는 사람들과
당신이 이단이라고 부르는 사람들과
당신이 나쁜 사람이라고 하는 사람들과
당신이 종말론자라고 하는 사람들과
당신이 사기꾼이라고 하는 사람들과
당신이 거짓 선지자라고 하는 사람들과
당신이 천벌을 받을 사람이라고 하는 모든 사람들 또한
자신의 영혼의 여행을 하는 영혼의 여행자들이며
하늘이 매트릭스를 설치하고 유지하고
관리하는데 꼭 필요한 존재들입니다.
세상에 태어나 육신의 옷을 입고 살고 있는 인류들은 모두
자신의 영혼의 여행을 하고 있는
창조주의 신성한 자녀들입니다.

하늘은 옳고 그름을 평가하지 않습니다.
하늘은 천당과 지옥을 말하지 않습니다.
하늘은 좋은 사람과 나쁜 사람을 구별하지 않습니다.
하늘은 착한 사람과 나쁜 사람을 심판하지도 구분하지도 않습니다.
하늘은 어둠과 빛을 구분하지도 않습니다.
땅에서 펼쳐지는 모든 것은
하늘에서 온 것이며 하늘의 것이기 때문입니다.
인류들의 의식을 성장시키고
영혼의 진화 과정상 꼭 필요한 체험들을 위해 필요한
연극의 무대들이며

연극이 실제처럼 보이게 하기 위한 특수 분장과 소품들이
종교의 매트릭스 형태로
과학의 매트릭스 형태로
의료 매트릭스 형태로
옳고 그름의 매트릭스 형태로
화폐 매트릭스 형태로 나타나 있는 것일 뿐입니다.

영혼에게 삶은 실제가 아닌 연극이며
영혼에게 삶은 실제가 아닌 환상이며
영혼에게 삶은 하늘과의 숨바꼭질이며
영혼에게 삶은 보물찾기와도 같으며
영혼에게 삶은 갈아입는 옷과도 같으며
영혼에게 삶은 체험하고 배울 수 있는 학교이며
영혼에게 삶은 주연 배우의 삶인 것입니다.

하늘은
영혼들이 물질 체험을 통해
배움과 극적인 체험을 통해 성장할 수 있도록 하기 위해
인간이 상상할 수 없는 난이도의
매트릭스를 설치하고
매트릭스를 관리하고
매트릭스를 운영하고 있습니다.
하늘이 매트릭스를 유지하기 위해
얼마나 많은 공을 들이고 있는지를 알고 있는 깨달은 소수만이
하늘의 실체를 알고 있는 것이며
하늘의 맨얼굴을 알고 있다고 할 수 있습니다.

하늘과 인간 사이의 숨바꼭질이
인류가 진리를 찾아가는 과정이며 인류의 역사입니다.

하늘과 인간 사이의 보물찾기 과정이
인류의 과학의 역사이며
인류의 학문의 역사이며 인류의 문화인 것입니다.
하늘과 인간의 아름다운 간격이
종교가 탄생되는 이유이며
정의가 필요한 이유이며 삶의 창조성이 펼쳐지는 이유입니다.

하늘과 땅의 숨바꼭질은
보이지 않는 세계를
여시아문의 세계를 통하여 경험하는 것입니다.
인간이 보이지 않는 세계를 보고
인간이 보이지 않는 세계를 듣는다는 것이
얼마나 위험한 것인지를 아는 인자들이 세상에는 많지 않습니다.
하늘이 내려치는 천둥과 번개보다도
더 무섭고 두려운 것이
하늘의 소리를 듣고 보는 것임을
인류들은 그동안 알 수도 없었으며 눈치챌 수도 없었습니다.

하늘은 인류들의 물질 체험을 위해
하늘 스스로 설치한 매트릭스들을
여시아문의 세계를 통해 일부분만을 알려 주었으며
보이지 않는 하늘이 존재한다는 것을
인류에게 눈치챌 수 있도록 하였습니다.
수많은 가짜와 거짓 선지자들을 통해
하늘의 진리들을 감추었으며 왜곡하게 하였으며 오염시켰습니다.
하늘이 설치한 매트릭스들을 유지하기 위해
종교의 이름으로
정의의 이름으로
물질에 대한 인간의 욕망을 이용하여

어둠의 역할을 하는 배우들을 지구 행성에 투입하여
그들을 통해 물질(어둠)의 매트릭스를 관리하게 하였습니다.
짙은 어둠 속에서
짙은 물질 매트릭스의 베일 속에서
한 줄기 빛의 소중함을 배우기 위한 삶의 체험들이
지구 행성에 살고 있는 영혼들에게 주어진 숙명이었습니다.

세상 사람들은 옳고 그름을 말하고
세상 사람들은 진짜를 좋아하고
세상 사람들은 진리를 찾아다니고
세상 사람들은 깨달음을 위해 살고
세상 사람들은 복을 받기 위해 기도를 하고
세상 사람들은 자신의 에고에 맞는 하늘을 원하고 있습니다.
깨달음을 향한 인간의 욕망과
물질적 풍요로움을 향한 인간의 욕망은
지구 행성을 지탱해 온 매트릭스들의 핵심 축이었습니다.
이제는 때가 되어
지구 행성의 차원상승을 위해
하늘 스스로 설치한 모든 매트릭스들을
하늘 스스로 철거할 것입니다.
지구 행성은 이미 매트릭스들의 철거가 시작되었으며
그 혼란들을 지금 전 세계적으로 겪고 있는 것입니다.

세상에 존재하는 모든 것은 에너지로 존재하고 있습니다.
삼라만상은 모두 에너지의 세계입니다.
진리도 에너지이며 거짓도 에너지이며
좋은 것과 나쁜 것도
하늘의 입장에서는 그저 에너지일 뿐이며
에너지의 변형일 뿐입니다.

사랑 역시 에너지이며
정의 역시 에너지이며
미움과 증오 역시 에너지이며
슬픔과 걱정 근심 역시 에너지일 뿐입니다.
이 우주는 에너지로 되어 있으며
진동수의 세계이며
파장의 세계입니다.
에너지가 아닌 것은 아무것도 없습니다.

영혼이 물질 여행을 한다는 것은
창조주께서 펼쳐 놓으신
다양한 에너지들을 체험하고 배우는 것입니다.
이것이 당신의 영혼이 존재하는 이유이며
창조주께서 모든 영혼들에게 주신 선물이자 축복인 것입니다.
진리가 너희를 자유케 하리라
에너지의 층위별로 다양한 스펙트럼이 있는데
이것을 '우주는 이야기로 되어 있다'라고 합니다.

그 이야기 속에
이 글을 읽고 있는 당신과
우데카 팀장의 에너지의 층위 속에
인류들은 공명하고 있는 것입니다.
깨어나고 있는 빛의 일꾼들과
의식이 깨어나고 있는 인류들의 가슴속으로
우데카 팀장의 진보라빛 파장의
에너지를 함께 보냅니다.

여러분들의 건승을 빕니다.

모든 사람이 진리를 알 필요가 없는 이유

인간의 행동을 결정하는 근원적인 에너지는
두려움과 사랑입니다.
인간의 행동을 결정하는 바탕 생각에는
두려움을 회피하려는 방식과 사랑의 방식이 작용하고 있습니다.
인간은 두려움 앞에 무기력하고 나약한 존재입니다.
인간은 사랑의 에너지를 품으면 품을수록
더 높은 수준의 의식을 깨울 수 있으며
내면의 기쁨을 확장할 수 있습니다.

하늘이 일하는 방식은 냉정함과 뜨거움입니다.
대우주는 사랑이라는 수레바퀴와 냉정함이라는 수레바퀴로
순행하고 있습니다.
하늘의 냉정함을 경험하지 못한 인류들은
정말 하늘 무서운 줄 모르는 사람이며
하늘을 사랑지체로 잘못 알고 있으며
하늘에 온갖 미사여구를 갖다 붙여 놓고
자신의 믿음 속에서 그렇게 믿고 싶은 신념 속에서
대단한 착각 속에 살고 있는 것입니다.

하늘은 순진하지 않습니다.
하늘은 순수하지도 않습니다.
하늘은 착하지도 않습니다.
하늘은 온화하지 않습니다.
하늘은 자비롭지도 않습니다.
하늘은 인자하지 않습니다.

하늘은 냉정할 뿐이며
하늘은 누구의 편도 될 수 없으며
하늘에는 옳고 그름도 없습니다.
하늘은 누구에게나 공정할 뿐입니다.
하늘은 스스로 정한 길을 갈 뿐입니다.

인간은 같은 하늘 같은 곳에 살고 있어도
생긴 얼굴이 다 다르듯이
생각하는 것이 다르며 의식의 수준이 다 다릅니다.
인간은 같은 공간 같은 시간에
똑같은 이야기를 듣고
동일한 체험을 해도
상황을 인식하고 받아들이는 수준이 다릅니다.
인간은 태어날 때부터
의식을 구현하는 시스템의 성능이 다르며 달란트가 다릅니다.
인간은 태어날 때부터 불평등하게 태어납니다.

겉으로 보면 다 같은 사람으로 보이지만
사람마다 처한 심리적 환경이 다릅니다.
겉으로 보면 똑같은 사람이지만
사는 이유와 목적이 다르고
나와는 다른 생각을 가지고 있습니다.
사람마다 비슷하게 살아가는 것처럼 보이지만
살아가는 이유가 다르고
살아가는 목적이 다르고
사물을 보는 의식의 층위는 다 다릅니다.
같은 사람처럼 보이지만
그 사람의 영혼이 온 곳이 다르며
그 사람의 영혼이 갈 곳이 다릅니다.

사람마다 영혼의 크기가 다르고
사람마다 영혼의 밝기가 다르고
사람마다 영혼의 나이가 다르고
사람마다 영혼의 프로그램이 다르고
사람마다 영혼의 진화 과정이 다 다릅니다.

겉으로 보면 다른 것처럼 보이지만
생각이나 행동하는 수준은 비슷하고
집단의식과 집단무의식이 비슷하고
물질 매트릭스 속에서
우물 안 개구리의 행복을 즐기는 인자들이 너무나 많습니다.

냉정하게 생각해 보십시오.
앞으로 펼쳐질 새 하늘과 새 땅이
기독교인들의 믿음의 방식으로 펼쳐진다면
당신은 만족하시겠습니까?
불교인들의 믿음의 방식으로 펼쳐진다면
당신은 얼마나 받아들일 수 있겠습니까?
새 하늘과 새 땅에 펼쳐질 미래의 모습이
특정 민족 종교나 특정한 종교의 교리에 따라 펼쳐진다면
당신은 그런 하늘을 하늘이라 믿고 따르시겠습니까?

하늘은 누구의 편도 아닙니다.
누구의 편도 될 수 없습니다.
하늘은 빛의 생명나무만의 하늘이 아니며
우데카 팀장을 위한 하늘도 아닙니다.
하늘은 누구의 하늘도 될 수 없으며
하늘은 누구를 위해 존재하지도 않습니다.
하늘은 인류의 에고를 만족시켜 주기 위해 존재하지도 않습니다.

하늘은 당신의 행복을 위해
당신 가족들의 건강과 행복을 위해 존재하지도 않습니다.
하늘은 정의사회를 구현하기 위해 존재하지도 않으며
하늘은 복지사회를 위해 이상사회를 위해서도 존재하지 않습니다.
하늘은 당신의 편도 아니며
하늘은 내 편도 아닙니다.
하늘은 누구의 편도 아니기에
하늘이 하늘다운 것입니다.

하늘을 아십니까?
하늘은 누군가의 하늘일 수는 있지만
누군가의 하늘을 위해 존재하지 않습니다.
하늘을 자신의 입맛대로 이해하고
하늘을 자신의 이익에 이용하고
하늘의 이름으로
하늘의 뜻을 빙자하여
수많은 하늘들이 땅으로 내려와 있으며
하늘의 눈높이가 아닌
인간의 눈높이로 하늘이 내려와 있으며
인간의 눈높이에서 본 하늘이 진짜라고 믿고 있을 뿐입니다.

모두가 진리라고 할 수 있는 것이
세상에 있다고 믿으십니까?
모든 사람들이 진리라고 할 수 있는 것이
세상에 있을 수 있다고 보십니까?
모든 사람들이 진리라고 믿는다고 그것이
진리가 되는 것은 아니듯
모든 사람이 만족할 만한 진리는 존재할 수 없습니다.
사람마다 살아온 경험의 내용이 다르고

사람마다 사물을 인식하는 생각이 다르고
사람마다 옳다고 믿는 가치관이 다르고
사람마다 의식 수준이 다르고
사람마다 삶의 목적이 다르고
사람마다 살아가는 이유가 다르고
사람마다 죽어야 하는 이유도 다릅니다.

하늘이 하는 일을 인류가 다 알 필요도 없습니다.
하늘이 무슨 일을 계획하고 있는지 인류 모두가 알 필요도 없습니다.
하늘이 왜 이런 일을 준비하고 있는지 모든 사람이 알 필요도 없습니다.
하늘이 하는 일은 굳이 인간이 알아야 할 이유도 없으며
알 방법도 없습니다.
하늘이 인류에게 친절할 이유도 없습니다.

모든 사람이 진리를 알 필요도 없으며
알 사람만 알면 되는 것입니다.
모든 인류가 차원상승의 때와 방법을 알 필요가 없으며
인연이 있는 사람만 알면 되는 것입니다.
하늘은
모든 사람이 진리를 알기를 바라지 않습니다.
하늘은
모든 사람이 진리를 받아들이기를 바라지 않습니다.
진리에 인연이 있는 인자들과
영혼의 진화 과정상 알아야만 하는 인자들에게만
진리를 알게 할 뿐입니다.
이것이 하늘이 일하는 방식이며
하늘의 사랑이며
하늘의 냉정함이며
하늘이 하늘답게 일하는 것입니다.

하늘은 친절하지 않습니다.
하늘은 인자하지도 않습니다.
하늘은 인연이 있는 인자들과
역할자와 사명자들에게 하늘의 좁은 문을 허락할 뿐입니다.

모든 사람이 진리를 알 필요가 없습니다.
산 자와 죽은 자가 구분되어 있듯이
알맹이와 쭉정이가 구분되듯이
살아남을 자와 떠나야 하는 인자들 모두가
하늘의 뜻을 알 필요도 없으며
알아서도 안 되는 것입니다.
이것이 지구 행성의 모든 매트릭스를 관리하고 주관하는
하늘의 입장입니다.
아무도 모르게
아무도 모르게
진리는 하늘의 인연이 있는 인자들만이 알면 되는 것입니다.
살아남을 인자들과
살아야 할 인자들과
깨어나야 할 인자들은
반드시 하늘이 깨어나게 할 것이며
죽을 자는 반드시 죽게 하는 것
이것이 하늘이 일하는 방식입니다.

진리가 너희를 자유케 하리라

그렇게 될 것이며
그렇게 예정되어 있으며
그렇게 되었습니다.

로보토이드에 대한 정리

인류의 대부분이 로보토이드들이라고 주장하는
영성계 내부에서 회자되는 담론들이 있습니다.
마사지되고 왜곡되어 있는 개념들을 바로잡을 때가 되었습니다.
영성인들의 의식의 각성과
깨어나는 인류의 의식 각성을 위해
지축 이동 후 펼쳐질 새로운 정신문명을 위해
인류의 교정시간(아보날의 수여)을 위해
이 글을 우데카 팀장이 기록으로 남깁니다.

보이지 않는 세계가 있다고 믿는 부류들은
크게는 종교인들이 있으며
종교인들과는 다른 관점에서
보이지 않는 세계를 믿고 있는 사람들을 영성인이라고 합니다.
보이지 않는 세계를 믿고 있는 종교인들은
종교 매트릭스 속에서 결코 자유로울 수 없습니다.
보이지 않는 세계를 믿는 영성인들은
어둠의 정부
그림자 정부
외계인의 존재
UFO의 존재
채널링 메시지
음모론까지
종교인들이 종교 매트릭스에서 자유로울 수 없듯이
영성인들 또한 거짓 채널링 메시지와
마사지되고 왜곡되어 있는 영성 매트릭스 속에서 자유로울 수 없습니다.

보이지 않는 세계를 믿고 있지만
혼란과 혼돈 속에서 살고 있는 영성인들에게
잘못된 진실들을 바로잡고
영성인들이 갇혀 있는 매트릭스들의 구조를
시리즈를 통하여 지속적으로 밝힐 것입니다.
로보토이드들에 대한 잘못된 정보와
복제인간에 대한 불편한 진실과
스타시스에 관한 진실
행성 X에 관한 불편한 진실
일루미나티와 프리메이슨에 관한 진실
어둠의 정부의 일하는 방식 등
음모론 뒤에 숨어 있는 진실들을 밝혀 놓을 것입니다.
영성계에 만연하고 있는 '아니면 말고'식의 논쟁이나
낭만적 영성인들이 좋아하는
기도와 수행 문화의 함정과 오류
채널링 메시지에서 마사지되고 왜곡된 진실들을
영성인들의 의식의 눈높이에서 밝혀 놓을 것입니다.
진실은 늘 불편한 것입니다.

로보토이드(Robotoid)란 용어를 만들어낸 쪽은
어둠의 정부 인자들이 아닙니다.
로보토이드란 용어는
채널링 메시지에서 사용되는 용어이며
인류를 비하하고 형편없는 존재라는 관점을 심어 주기 위해
채널링 메시지를 주는 천상의 존재들의 작품입니다.
은하연합의 메시지
피닉스 저널(Phoenix Journals)에 등장하는 음모론
어번던트 호프(Abundant Hope)에 등장하는 채널링 메시지
서양의 각종 채널링 메시지 등은

지구 차원상승을 위해
현재 지구 행성에 살고 있는
인류 의식의 눈높이에서 진행되고 있습니다.
하늘에 의해 치밀하게 준비된 고도의 군사작전입니다.
거짓 속에 진실을 담고
진실 속에 거짓을 담아
지구 행성에 설치된 매트릭스들에 영향을 최소화하면서
의식을 깨울 인자들을 위해
하늘이 벌이는 고도의 군사작전입니다.

인류는 자신이 믿고 싶은 것을 믿는 경향이 있으며
인류는 자신이 경험한 것만을 믿는 경향이 있으며
인류는 자신이 바라는 대로 원하는 것을
선택적으로 받아들이는 경향이 강합니다.
인류는 자신의 지적 수준에서
인류는 자신의 의식 수준에서
세상을 이해하고 받아들이고 있으며
진실이라고 믿고 있으며
사실이라고 믿고 있으며
거짓이라고 믿고 있을 뿐입니다.
현상 뒤에 있는 본질을 볼 수 있는 눈이 없으며
보이지 않는 세계의 본질을 알지 못하며
보이지 않는 세계의 모든 것을
관리하고 통제하는 보이지 않는 손이 바로
하늘이라는 것을 알지 못하고 있습니다.
하늘이 보이지 않는 세계를 어떻게 움직이는지
하늘이 어떠한 원리로 보이지 않는 세계에 관여하고 있는지
하늘이 왜 이렇게 시치미를 뚝 떼고 있는지
인류는 하늘이 일하는 방식을 모르는 채

인류는 하늘이 일하는 방식을 알려고도 하지 않으며
인류는 하늘이 일하는 방식을 이해하지 못하고
눈에 보이는 현상만을 세상의 전부로 알고
살아가고 있을 뿐입니다.

로보토이드의 의미는 다음과 같습니다.
생명이 있는 모든 생명체들은 의식을 구현할 수 있습니다.
감각을 인지할 수 있는 감각 통합과
감정과 의식이 통합되는 창조력 등이
그 생명체의 진화 정도를 결정하게 됩니다.
생명체들이 의식을 구현할 수 있도록 도와주는 장치가
메타 휴머노이드 의식구현 시스템입니다.
모든 생명체에는 이러한 기계장치들이
인간의 눈에는 보이지 않지만
심포가 있는 곳에 공간 속의 공간에 설치되어 있습니다.

인간의 의식을 구현하는 메타 의식구현 시스템은
무의식의 공간과
잠재의식의 공간
현재의식의 공간이라는
3층의 영역으로 되어 있습니다.
현재의식의 영역으로 활성화된 정보만을
우리는 인지할 수 있으며 의식할 수 있습니다.
인간의 능력은 메타 의식구현 시스템에 달려 있습니다.
태어날 때부터 재능을 가지고 있거나
태어날 때부터 천재인 사람들은
무의식과 잠재의식의 층위에
그와 관련된 정보가 다운로딩 되어 있거나
폴더의 형태로 가지고 온 경우를 말합니다.

화가는 화가에 맞는 정보의 폴더를 가져온 것이며
음악가는 음악가에 맞는 정보의 폴더를 가져온 것이며
과학자들은 자신의 분야에 맞는 정보를 가져온 것이며
무의식과 잠재의식 영역에 다운로딩 되어 있던 정보나 폴더가
때가 되어 활성화되는 것입니다.

메타 의식구현 시스템에 다운로딩 되어 있는 정보와 폴더는
상위자아와 하늘에 의해 엄격하게 관리되고 통제되고 있습니다.
메타 의식구현 시스템에서 현재의식으로 드러날 때
누군가에게는 재능이 되고
누군가에게는 천재가 되고
누군가에게는 그냥 아는 것처럼 느끼고
누군가에게는 기시감(旣視感 데자뷰 Déjà Vu)이나
직관처럼 느끼게 됩니다.
사람마다 자신의 영혼의 진화 과정에 맞게
영혼의 3차원 인생의 프로그램 내용에 따라
메타 의식구현 시스템에 저장된
하드웨어와 소프트웨어의 층위가 다양하게 설치됩니다.
폴더의 내용이 다르고 폴더의 용량이 다릅니다.
메타 의식구현 시스템의
잠재의식과 무의식의 층위에 저장되는
정보의 양과 정보의 질이 다릅니다.
폴더가 활성화되는 시기 역시
그 영혼의 프로그램에 따라 다르게 정해져 있습니다.

현재 인류의 의식의 눈높이에서 보면
뇌 기능 저하로 보이고
뇌 기능이 좋은 것처럼 보이고
복을 많이 가지고 태어난 것처럼 보일 것입니다.

천재와 바보를 결정하는 것은
뇌 기능의 좋고 나쁨이 아닙니다.
사람마다 다르게 세팅되어 있는
메타 의식구현 시스템의 효율성과
메타 의식구현 시스템에 다운로드 되어 있는
정보의 양과 질에 있습니다.
학습된 지식이나 경험으로 인식하는 감정과 의식들은
메타 의식구현 시스템 속에서 통합됩니다.
마치 정교한 컴퓨터의 장치처럼 정보를 처리하게 됩니다.
정보를 처리하는 존재를 뇌로 인식하고 있지만
정보를 실제로 처리하는 것은
무형의 시스템으로 존재하는데
우주에서는 메타 휴머노이드 의식구현 시스템이라고 합니다.

인생의 프로그램(삶의 내용)에 따라
성능이 모두 다른 메타 의식구현 시스템이
그 영혼의 진화 과정에 맞게 최적화되어 장착됩니다.
신분제 사회에서 농부의 삶을 프로그램 하고 온 영혼에게
고급 정보는 필요하지 않습니다.
높은 효율을 가진 메타 의식구현 시스템은
오히려 그 영혼이 농부로서 삶을
극적으로 체험하는데 필요하지 않으며 방해가 되기 때문에
꼭 필요한 만큼만 설치되는 것입니다.
교사의 삶을 프로그램하고 온 사람에게
의료 정보나 예술가로서의 폴더는 그리 많이 필요하지 않으며
불편하지 않을 정도로만 있으면 충분하기 때문입니다.
불평등하게 보이고 불합리하게 보이는 현상 뒤에 있는
보이지 않는 세계의 원리입니다.
보이는 세계는 보이지 않는 세계에서 결정이 되는 것입니다.

보이는 세계에서 천재와 바보 뒤에 숨어 있는
보이지 않는 세계의 진실입니다.

로보토이드란
의식을 구현하는 메타 의식구현 시스템의 작동 효율이
매우 낮은 경우를 말합니다.
인류가 메타 의식구현 시스템을 구현할 수 있는
최대치가 10이라고 한다면
지구 인류의 평균은 6.2 정도에 해당됩니다.
메타 의식구현 시스템의 작동이 낮으면 낮을수록
사물의 인지에 문제가 발생합니다.
언어의 습득이 어려우며
타인의 말을 따라하기(반향어 反響語 echolalia)와
같은 말을 지속적으로 반복하는 수준이 레벨 2 정도가 됩니다.
레벨 3단계는 연속된 단어를 사용할 수 있는 수준입니다.
레벨 4단계는 학습은 가능하나
창조적인 행동을 하는 것은 불가능합니다.
레벨 4 이하를 발달장애라고 하며
자폐아동의 경우 5를 넘지 못합니다.

로보토이드란
메타 의식구현 시스템이 5.8 이하로 작동될 때를 말합니다.
5.8 이하로 메타 의식구현 시스템의 작동이 떨어질 때는
다음과 같은 행동과 의식의 패턴이 나타납니다.
타인의 말을 잘 알아듣지 못하는
인지 부조화(認知不調和 cognitive dissonance)가 발생합니다.
상황에 맞는 말이나 행동을 하지 못하고
엉뚱한 말을 하거나 상황을 자기의 의식 수준에서
왜곡하여 받아들입니다.

행동이 굼뜨고
타인의 말을 따라하는 경우가 많습니다.
어떤 일을 주체적으로 하지 못하고
시키는 것을 자기 방식으로 이해해
엉뚱한 결과를 초래하게 됩니다.
인지 부조화가 생활의 전부분에 걸쳐 나타납니다.
겁이 많고 두려움이 많습니다.

현재 인류 중 로보토이드라고 할 만한 인구는
전체 인구의 약 3% 미만이며
이들은 전생에 죄를 지어서도 아니며
카르마(karma, 업業)가 많아서
카르마를 해소하기 위해서도 아닌
그 영혼의 진화 과정상 반드시 장애인의 삶을 체험해야 하는
영혼의 프로그램에 따라
지금의 모습으로 살아가고 있는 것입니다.
로보토이드 수준의 삶을 살고 있는 영혼들은
젊은 영혼보다는 오래된 영혼들이 주류를 이루고 있습니다.
장애인의 삶을 체험하고 있는 영혼들 역시
젊고 어린 영혼들보다는
오래되고 우주의 신분이 높은 영혼들이 많습니다.
그 이유는 그렇게 힘들고 어려운 삶의 체험을
감당할 수 있는 영혼들이기에
그런 삶의 프로그램이
우주의 축복 속에 주어져 있는 것입니다.
빛의 일꾼들 중 일부는
메타 의식구현 시스템을 통한 봉인에 의해
로보토이드 수준으로 삶을 살아야 하는 프로그램을
가지고 온 경우도 있습니다.

이것이 하늘이 일하는 방식이며
로보토이드와 장애인들의 모습 뒤에 숨어 있는
대우주의 비밀입니다.
대우주가 우주의 법칙 속에서
한 치의 오차 없이 순행하고 있는
보이지 않는 세계의 참모습입니다.
눈에 보이는 것이 전부가 아니며
눈에 보이지 않는다고 없는 것이 아닙니다.
이 우주에서 잘못되는 것은 아무것도 없습니다.
모두가 배움을 위해
극적인 물질 체험을 통해
모순돼 보이고 불합리해 보이는
치열한 현실을 살고 있는 것입니다.
로보토이드들은
자신의 영적 진화를 위해
대우주의 축복 속에서
대우주의 사랑 속에서
생명이라는 외투를 입고 의식을 구현하며
자기 영혼의 진화 과정에 최적화된 삶을 살아가고 있는
우주에서 아주 귀한 영혼들입니다.

진리가 너희를 자유케 하리라

그렇게 될 것이며
그렇게 예정되어 있으며
그렇게 되었습니다.

복제 인간에 대한 정리

인류의 생명공학 기술들이 발전하면서
줄기세포를 이용한 치료 기술들이 등장하였으며
복제 동물들이 탄생하게 되었습니다.
유전자 가위를 이용한 유전자 치환기술들이
광범위하게 이용되고 있습니다.
인간의 과학기술이 유전자를 조작하여
새로운 유전 형질을 가진 생명체들을 탄생시킬 수 있을 만큼
생명공학 기술들은
매우 빠른 속도로 발전하고 있습니다.
그림자 정부나 어둠의 정부의 존재를 믿고 있는 지식인들 사이에서는
복제 인간이나 로보토이드에 대한 음모론들이
광범위하게 퍼져 있었습니다.

복제 인간에 대한 음모론은 매우 구체적으로
지금도 온라인상에 떠돌고 있습니다.
'어떤 배우가 복제 인간이고
어떤 대통령이 복제 인간 몇 호다'라는
구체제인 정보에 이르기까지
복제 인간에 대하여 떠도는 소문은 무성합니다.
심증적으로는 믿을 수 있지만
공개적으로는 말할 수 없었던 영역이
복제 인간에 대한 정보들이었습니다.
어둠의 매트릭스 관리자들에 의해 생성되고 확산되고 마사지된
복제 인간에 대해 정리의 필요성이 있어
기록을 위해 이 글을 남깁니다.

인간이 인간일 수 있게 하고
내가 나임을 인지할 수 있는 것은 기억이 있기 때문입니다.
내가 경험한 일들이
나의 기억 속에 남아 있기 때문에
나라는 존재가 나일 수 있는 것입니다.
나는 기억의 연속성 속에서 삶을 살고 있기 때문에
내가 나라는 확고하고도
고유한 인격성이 형성되는 것입니다.
내가 나임을 인지하는 것은
내가 나임을 기억하는 것에서 출발합니다.
기억이 없다면
기억이 사라진다면
기억이 통제된다면
내가 나로서 인지되는 것은 불가능하기 때문입니다.

지구 행성에 살고 있는 인류들은
영혼의 나이에 맞게 순차적으로 지구에 입식되었습니다.
250만 년 동안 원시 인류에서부터
호모 사피엔스를 거쳐
호모 아라핫투스 모델에 이르기까지
다양한 외투를 입고 영혼의 물질 체험을 하였으며
지금 이 순간에도 살고 있습니다.
전생의 기억이 없기에
다른 행성에서의 기억이 없기 때문에
내가 나로서의 정체성을 잃어버리고
우주의 영혼의 여행자로서의
우주에서의 자신의 신분을 기억하지 못하고
이번 생에 학습하고 경험한 기억 속에서만
내가 나로서 인지하고 살아가고 있을 뿐입니다.

어둠의 정부 내부 과학기술들은 분명
현재의 과학기술보다는 한 세대 이상 앞서 있습니다.
생명공학 기술 분야에서는
이미 세포 분열의 속도를 조절하는 유전자의
정보를 다루는 기술을 습득하였습니다.
죽음을 연장하거나 피할 수 있는
생명공학 기술들을 이미 확보하고 있습니다.
세포 분열의 속도를 조절하여
노화를 조절할 수도 있는 내부 기술들이 이미 개발되어 있습니다.

어둠의 관리자들은 과학 분야의 매트릭스를
유지하고 관리하고 확장하는 역할들이 있기 때문에
이들은 항상 인류의 과학기술에 비해 한 세대 이상
앞서가는 것이 관례이며
그렇게 하늘에 의해 준비되었으며
이것이 어둠의 관리자들에게 주어진 어둠의 권세입니다.
어둠의 정부 인자들의 과학기술자들이 가진 기술들은
인류가 상상할 수도 없는 것이며 알 수도 없습니다.
적어도 인류가 누리고 있는 과학기술보다 30년 이상은
앞서 있다고 할 수 있습니다.

어둠의 정부의 생명공학자들에게
인간을 복제하는 것은 그리 어려운 것이 아닙니다.
외형을 똑같이 만들어 내는 것은 아주 쉬운 일입니다.
그러나 인간이 생각을 하고 의식을 구현하고
창조 활동을 하는 고도의 창조력을 갖추도록
생명체를 복제하는 것은 창조의 영역입니다.
생명을 복제하는 기술과
생명을 창조하는 기술은 전혀 다른 것입니다.

어둠의 관리자들에게 하늘은
생명을 복제할 수 있는 권한을 주었습니다.
유전자 조작을 통한 새로운 형태의 생명들을
탄생시킬 수 있는 권한은
인류와 어둠의 관리자들에게 주어진 자유의지의 영역입니다.
하늘은 지상에 존재하는 누구에게도
생명을 창조할 수 있는 권한을 주지 않았습니다.

어둠의 관리자들에게
하늘이 허용한 자유의지는
생명의 복제와 유전자 재조합을 통한
생물종들의 다양성입니다.
생명체들의 하드웨어는 충분히
생명공학 기술자들에 의해 복제가 가능하지만
생명이 의식을 구현할 수 있도록 뒷받침하는
눈에 보이지 않는 소프트웨어인
메타 의식구현 시스템과 경락 시스템과
생명회로도와 같은 것들은
복제의 대상이 될 수 없습니다.
대우주의 법칙상
지구 행성의 매트릭스 관리자들에게는
허용되지 않는 기술들입니다.

식물의 경우는 의식구현 시스템들이 정교하지 않고
생명회로도 등이 복잡하지 않기 때문에
유전자 가위 기술로 조작된 유전자를 통한 복제가
하늘에 의해 일부 허용되어 있습니다.
동물들에게는 매우 엄격하게 복제 기술들이
제한적으로 허용되어 있으며

복제 동물이 원래 동물보다 의식구현 시스템이나
경락 시스템, 생명회로도 등
눈에 보이지 않지만 생명 활동에 꼭 필요한
장치들의 업그레이드는 허용되지 않습니다.
유전자공학 기술과 생명공학 기술 분야의
매트릭스를 유지하고 관리하는 수준에서
하늘의 보이지 않는 손에 의해
대우주의 법칙 속에서 제한적으로 지원되고 있을 뿐입니다.

복제 인간을 만드는데 가장 중요한 포인트는
기억을 기호화하여
기억을 정보화하여
컴퓨터에서 컴퓨터로 정보를 다운로딩 하듯이
인간의 뇌에 저장된 기억을 모두 기호화하여
복제 인간에게 다운로딩을 자유롭게 할 수 있어야 합니다.
그리고 경락시스템이 설치되어야 하고
생명회로도가 설치되어야 합니다.
이것이 불가능하게 되어 있습니다.
경험은 곧 영혼의 진화이며
기억은 영혼의 경험이며 기록이기에
하늘에 의해 엄격하게 관리되고 통제되어 있습니다.

음모론에서 말하는 복제 인간의 생산은 불가능합니다.
생명체로서 외형을 가진 하드웨어
인간을 꼭 닮은 인간을 복제는 할 수 있지만
생명체가 의식을 구현하기 위해 꼭 필요한
메타 의식구현 시스템이나 생명회로도
경락시스템 등의 눈에 보이지 않는
정교한 시스템들은 장착할 수 없습니다.

생명이 의식을 구현한다는 것은
우연히 되는 것이 아니며
의식을 구현할 수 있는 정교한
눈에 보이지 않는 장치들이 장착되어야 하는데
지금 인류의 의식 수준으로는 이러한 것들이 있다는 것조차
인지하지 못하고 있을 뿐입니다.

고도의 의식과 창조 능력을 가진 인간을
인간이 창조한다는 것은 불가능합니다.
낮은 단계의 의식을 구현하는 동물들을
복제한다고 해도 그들에게
의식을 구현하는 시스템이나
눈에 보이지 않는 경락시스템들을
장착할 수 없기 때문에 온전할 수 없는 것입니다.
생명은 눈에 보이는 장부만으로
생명 현상이 유지되는 것이 아니며
눈에 보이지 않는
생명을 유지하고 지원하는
수많은 소프트웨어들이 설치되어야
온전한 생명이라 할 수 있습니다.

인류의 생명 과학기술로
생명을 복제할 수는 있지만
이것은 말 그대로 복제일 뿐이며
생명 창조가 될 수는 없는 것입니다.
생명은 눈에 보이는 것만이 아닌
눈에 보이지 않는 수많은 기계장치들에 의해
눈에 보이는 장부들이 그 기능을 수행할 수 있는 것입니다.
생명의 창조는 인간에 의해 이루어질 수 없습니다.

복제 인간은 그 한계가 명확한 것이며
매트릭스 관리자들에게도 엄격하게 제한되고
통제되어 있기 때문입니다.
복제 인간에 대한 수많은 담론이나 음모론들은
과장되고 마사지된 것임을 전합니다.

복제 인간은
눈에 보이는 것만을 믿는 인자들과
과학적 합리주의의 관점에서 보면
실현 가능한 것처럼 보이고
미래의 희망처럼 보일 것입니다.
복제 인간이 존재한다면
그것은 매우 불안정한 생명체일 수밖에 없을 것입니다.
복제 인간이
임신과 출산의 과정을 통해 탄생한
인간과 같은 경쟁력이 있다면
그것은 매트릭스를 유지하고 관리하기 위해
보이지 않는 손이 움직인 것입니다.
복제 동물들과 복제 인간에게는
생명체에서 나타나는
오라(Aura) 에너지가 발산되지 않습니다.

지축 이동 후 살아남은 인류를 위해
하늘에서 준비하고 있는
교정 시간(아보날의 수여)을 위하여
우데카 팀장이
이 글을 기록으로 남깁니다.

일루미나티와 프리메이슨에 관한 정리

인류의 의식의 눈높이에서 보면
일루미나티(illuminati)와 프리메이슨(freemason)들은
어둠의 정부 또는 그림자 정부를 구성하는
중요한 그룹들이라 할 수 있습니다.
지구 행성을 실질적으로 지배하고 있지만
그 실체는 알 수 없고
음모론의 단골 주제이기도 합니다.

인류의 의식의 눈높이에서 보면
이들은 지구 행성의 지배 엘리트들이며
막강한 자본력으로 정치와 경제를 움직이고 있으며
언론과 검찰을 장악하고 있으며
커튼 뒤에서 온갖 어둠의 일들을
행하는 사람들로 알려져 있습니다.

인류의 의식의 층위에서 보면
일루미나티와 프리메이슨들은
철저한 비밀주의를 통해 운영되고 있으며
자신들만의 이익을 위해
부자들만을 위한 카르텔을 형성하고 있습니다.
이 세상을 자신들만의 세상으로 만들기 위해
비밀 조직을 운영하고 있는데
신세계 질서 또는 세계 단일 정부를
수립하기 위해 존재하는
참 나쁜 사람들이라고 알고 있습니다.

인류의 현재의 의식의 수준으로 보면
이들(일루미나티와 프리메이슨)은
그림자 정부 또는 어둠의 정부를 이루는 중심 세력이며
이들은 세계 인구를 5억 이하로 줄이기 위해
온갖 나쁜 일들을 하고 있다고 알고 있습니다.
세상에서 일어나는 모든 나쁜 일에는
이들이 관여하고 있으며
이들 중 일부는 파충류 외계인들과 협력관계에 있거나
그들의 지배를 받고 있다고 알고 있습니다.
일루미나티와 프리메이슨을 모르고
인류의 역사를 논하지 말라고 말하는
지식인들이 있는가 하면
일루미나티
프리메이슨
어둠의 정부
그림자 정부라는 단어조차
한 번도 들어본 적이 없는 사람들이
더 많이 존재한다는 사실이
인류의 다양한 의식의 층위를 보여주고 있습니다.

지구 행성은 영혼의 물질 체험을 위해
우주학교가 개설되어 있는 다차원 행성입니다.
에너지체로서 지구 행성을 관리하는
천사님들로만 구성되어 있는 천상정부만 가지고
행성을 유지하는 데는 한계가 있습니다.
땅에서 육신의 옷을 입고
하늘의 일을 대행하는 존재들을 필요로 합니다.
행성에 물질(어둠) 매트릭스를 설치하고
행성의 종교 매트릭스를 운영하고

행성의 의료 매트릭스를 관리하고
행성의 화폐 매트릭스를 보수하고
행성에 필요한 모든 매트릭스를 설치하고 관리해주는
일꾼들이 반드시 필요한 것입니다.

하늘의 계획에 의해
임진왜란(1592년)을 전후로 하여
전 세계에 매트릭스를 설치하기 위해
어둠의 역할을 맡고 있는 13개 가문이
전 세계 주요국에 동시에 뿌려졌습니다.
지구 행성의 물질 매트릭스를 설치하고
물질 매트릭스를 관리하고
물질 매트릭스를 운영하고
물질 매트릭스를 유지하고
보수하는 역할이 주어졌습니다.
호모 사피엔스의 영혼의 물질 체험이 고도화되는 시기를 앞두고
사회가 복잡해지는 시기를 앞두고
인구 팽창기의 산업 혁명을 앞두고
근대의 출현을 앞두고
중세의 끝자락에
지구 행성의 물질 매트릭스 관리자들이
전 세계에 동시에 뿌려졌습니다.

13가문은 지구 행성의 매트릭스를 관리하고
운영하기 위해 파견된 전문화된 그룹입니다.
13가문은 가문을 상징하는 상징코드가 있으며
서로의 역할과 임무를 정확하게 알고 있으며
하늘의 필요에 의해 만들어진 조직이기에
단일 명령체계 속에 있기에 다툼이나 갈등이 존재하지 않습니다.

13가문의 매트릭스의 관리자들은
자신의 우주적 신분을 알고 있으며
인류가 상상할 수 없는 능력들이 있습니다.
인류보다 3배 이상의 지능을 가지고 있으며
혈연(가문) 중심으로 운영되며
매우 엄격하고 혹독한 가문의 교육 과정을 이수해야 하며
가문과 가문끼리의 혼인을 통해
지분을 나누는 방법으로 연결되어 있습니다.

인간의 지능과 창조 능력들을 뛰어넘는
영적인 능력과 지적 능력을 가지고 있으며
우주의 진화된 과학기술들을 접할 수 있었기에
하늘의 것을 땅에
하늘이 원하는 대로
연극 무대를 설치하듯
지구 행성에 물질 매트릭스와
종교와 정치 매트릭스들을
지금까지 한 치의 오차 없이 설치하고
운영하고 있습니다.

땅에 펼쳐진 모든 것은
하늘에서 온 것입니다.
하늘이 있기에 땅이 있으며
하늘의 계획이 있기에
땅에서 펼쳐짐이 있는 것입니다.
눈에 보이지 않는 하늘이 있기에
눈에 보이는 땅에서 생명체들을 통한
영혼들의 물질 체험이 존재할 수 있었습니다.

지구 차원상승이 이제 반환점을 지났습니다.
13가문의 매트릭스 관리자들에게는
하늘의 큰 계획들이 통보되어 있으며
이들은 인류의 의식이 마지막까지
깨어나지 못하도록
과학적 합리주의를 앞세우고
정의를 앞세우고
종교의 매트릭스를 끝까지 유지할 것이며
의료 매트릭스 또한 마지막 순간까지 유지하려고
최선을 다할 것입니다.
이것이 하늘에서 부여한 어둠의 역할이며
인류의 의식이 깨어나지 못하도록
아무것도 모르는 채
이 세상이 영원할 것처럼 느끼고
진리와 진실보다는 물질의 풍요로움 속에
매트릭스 안에서 가공된
오염된 진실과 진리 속에서
아무 문제의식 없이 살아가도록
지구 물질문명이 종결되는 마지막 순간까지
인류의 의식이 깨어나지 못하도록 하는 것이
그들의 역할인 것입니다.

지구 행성의 매트릭스를 관리하는 이들을
훈련하고 관리하는 최고의 차원은 18차원 15단계이며
우리에게 오메가라고 알려져 있는 창조주입니다.
일루미나티와 프리메이슨 그 외의 음모론에
등장하거나 어둠의 정부나 그림자 정부에
등장하는 조직들과 인물들은
13가문을 보호하기 위한 장치일 뿐입니다.

대중에게 알려진 조직이나 인물들은
13가문의 하부조직이나 방계 조직에 불과할 뿐입니다.
어둠의 정부와 그림자 정부는 실체가 없습니다.
13가문들 역시 하늘에 의해 움직이고 있기에
어둠의 정부의 실체가 있다면
그것은 바로 하늘입니다.

13가문의 수장들이나 핵심 인자들은
전 세계에 극소수로 존재하며
최고의 엘리트들입니다.
우주의 신분 또한 높습니다.
지구 행성을 운영하고 있는 최고 엘리트들은
하늘과의 소통 속에서
매트릭스를 유지하고 관리하고 있기에
이들을 인류가 알아보거나
이들을 인류가 심판하거나
이들의 실체를 알아낸다는 것은 불가능합니다.
이것이 어둠의 정부의 실체이며
하늘의 맨얼굴입니다.

하늘의 눈높이에서
우데카 팀장이 시절인연에 의해
깨어나고 있는 빛의 일꾼들과
의식이 깨어나고 있는 인류들을 위해
기록을 위해
지구 행성의 매트릭스 관리자들에 대한
어둠의 정부의 실체에 대한
대우주의 비밀을 전합니다.

행성 X에 대한 정리

인간의 상상력의 기원은
물질에 대한 기억과 경험입니다.
상상력은 철저하게 물질에 기초하며
이것을 물질적 상상력이라고 합니다.
물질에 기초하지 않는 상상력은 존재할 수 없으며
인간이 상상할 수 있거나
인간이 상상하는 모든 것들의 기초는
인간의 의식이 아니라
인간이 경험하고 체험한 물질을 기반으로
형성되는 것입니다.

우주는 이야기로 되어 있습니다.
우주는 진리로만 존재하지 않습니다.
우주는 진실로만 존재하지 않습니다.
우주는 정의로만 존재하지 않습니다.
우주는 사랑으로만 존재하지 않습니다.
우주는 오직 이야기로만 전해질 수 있으며
우주는 오직 이야기 속에
이야기로 펼쳐질 수밖에 없습니다.

우주는 인간의 의식의 범위를 넘어 존재하며
우주는 인간의 상상력의 범위를 넘어서 존재하기 때문입니다.
우주의 진리를 모두 알려면
우주에 존재하는 모든 것을 체험하고
경험할 수밖에 없는 것입니다.

인식의 범위를 넘어서 존재하기에
우주는 그 행성의 의식 수준에서
우주는 그 생명체들의 의식 수준에서
우주는 인류의 의식 수준에서
우주는 개별 인간의 의식 수준에서 결정되어지는 것입니다.
이것이 우주가 이야기로 존재할 수밖에 없으며
이야기 속에 부분적인 우주의 모습이 담겨져 있을 뿐인 이유입니다.

인류의 의식이 아무리 높다고 할지라도
개별 인간의 의식이 아무리 높다고 할지라도
3차원에 살고 있으면서
4차원과 5차원에 대해 알면 얼마나 알겠습니까?
10차원과 12차원에 대해
인간이 무엇을 안다고 할 수 있으며
무엇을 모른다고 할 수 있겠습니까?
삼태극의 세계(물질계 : 1차원~12차원)도
다 알지 못하는 인류가
태극의 세계(비물질 세계 : 13차원~15차원)는
어찌 알 수 있을 것이며
무극의 세계(궁극의 세계 : 16차원~18차원)를
논리적으로 무엇을 어떻게 설명할 것이며
상상력을 동원한들 어떻게 표현할 수 있겠습니까?

현재 인류의 의식 수준은
지구 대기권을 벗어나지 못하였으며
인류의 상상력 또한
지구 대기권을 벗어나지 못하고 있습니다.
현재 인류의 의식 수준은
현대 과학의 의식 수준이며

현대 철학의 의식 수준 내에서
진실이 결정되고
진리가 결정되고
정의가 결정되고
사랑의 수준도 결정될 뿐입니다.
지구 행성에 떠도는
모든 대기권 밖의 정보들은
진실이 될 수 없으며
진리가 될 수 없으며
오직 이야기로서 존재할 뿐입니다.
그것도 현재 인류의 의식 수준에서
현대 과학의 의식 수준에서
현대 지성의 의식 수준에서
펼쳐지고
마사지되고
오염된 이야기 속의 이야기들일 뿐입니다.
우주의 진리는
이야기 속에 존재할 수밖에 없는 이유입니다.

지구 차원상승을 위해
지구 대격변을 위해
개벽을 위해
새 하늘과 새 땅을 열기 위해
무언가 외부의 큰 힘이 작용되어야 이루어질 수 있다는
인류의 의식의 눈높이에 맞는 이야기 속에
행성 X가 있습니다.
수많은 이야기들 속에 니비루 행성이 있습니다.
인류의 의식의 눈높이에서 각색된
대표적인 시나리오들 중에

천상의 존재들에 의해 가공된 거짓 정보들 중에
행성 X가 있으며
니비루 행성이 있으며
아이손 행성이 있습니다.
이 모든 것은 실재하지 않으며
이야기 속에서 이야기로
우주의 소식들을 전하고 있으며
우주의 소식들을 이야기 속에 상징으로서
메시지를 전하고 있을 뿐입니다.

행성 X
니비루 행성
아이손 행성
일루미나티 카드
각종 음모론
666에 대한 담론 등은
인류의 의식의 눈높이에서 펼쳐진
재미있는 이야기일 뿐입니다.
이야기 속에
우주의 소식을 바람처럼 전하고 있을 뿐입니다.
고대 인류들이 자신들이 알고 있었던
우주의 진리들을
신화와 전설로
이야기의 형태로 전달할 수밖에 없었습니다.
논리적으로 설명하고 이해하고 표현할 수 없었기에
이야기 속에서
상징으로 전달할 수밖에 없었습니다.
원시인이 콜라병을 보고
이야기 속에 상징을 표현하듯이

고대 인류가 신비한 현상을 체험하거나
우주선을 보게 된다면
그들의 의식의 눈높이에서
신화가 되고 상징이 되고
기호가 되고 이야기되어 전해지는 것입니다.
지금 지구 대기권 밖과 대기권 안에
수많은 우주 함선들이 활동 중입니다.
이들 중 어떤 함선은 행성 X의 역할을 하고 있으며
어떤 함선은 니비루 행성의 역할이 있으며
어떤 함선은 아이손 행성으로 보일 뿐입니다.

우주적 시각에서 보면
지구 인류는 유치원 정도의 의식 수준입니다.
우주의 부모를 하늘이라 한다면
어린 아이의 의식 수준의 눈높이에서
이야기 속에 진실을 담아
이야기 속에 거짓을 담아
이야기로 전해줄 수밖에 없는 것입니다.
지축 이동은
행성 X나 니비루 행성과 같은
행성의 충돌이나
접근으로 이루어질 수 없습니다.
12차원 이상의 정교한
우주 공학기술로써 이루어지며
우주연방 함선이라는 대형 함선의 지휘하에
한 치의 오차 없이 진행되고 있습니다.

지축 이동을 위해
행성 X는 출현하지 않을 것이며

니비루 행성 또한 돌아오지 않을 것이며
아이손 행성 또한 나타나지 않을 것입니다.
우리 눈에는 보이지 않지만
수많은 우주 함선들에 의해
지구 차원상승은 준비되고 있으며
개벽은 준비되고 있으며
보이지 않는 손으로
하늘이라는 이름으로
보이지 않는 세계를 움직이고 있는 실체가
우주 함선이 갖는 진실입니다.

인류의 의식 수준이
지구 대기권을 벗어나지 못한 현실에서
현대 과학의 수준에 있는 인류들에게
종교 매트릭스에 갇혀 있는 인류들에게
자신의 경험 속에 갇혀 있는 인류에게
행성 X와 니비루 행성은
입맛에 맞는 메뉴가 될 것입니다.
이 정도의 눈높이에서 설명되고 이해되고 있는
내용을 받아들일 수 있는 인류는 1%도 되지 않을 것입니다.
하물며 우주 함선을 이야기하고
에너지 격자점을 이용한 지축 이동을 설명하는
우데카 팀장의 이야기를 이해할 수 있는
인자가 과연 몇 명이나 될까요?

지축 이동을 위해
행성 X가 오고
니비루 행성이 오고
아이손 행성이 오고

우주 함선이 동원된다는 말의 진위 여부는
큰 틀에서는 아무 의미가 없는 담론들일 뿐입니다.
인간의 인식의 범위를 넘어서서 일어나는 일들은
그때가 되어야
상식으로 받아들일 수 있기 때문입니다.
그때가 올 것이며
그때를 위해
지구의 차원상승이 필요한 것이며
고도의 물질문명을 바탕으로 한 정신문명이 필요한 것입니다.
지축 이동 후
안전지대인 역장 안에서 교정 시간을 통하여
인류의 의식은 급속도로 깨어나게 될 것이며
지구 대기권을 벗어나
대우주의 시스템 속으로 합류하게 될 것입니다.

이 우주에서 잘못되는 것은 아무것도 없습니다.
그때가 오기 전
우주는 이야기로 되어 있으며
이야기 속의 우주의 소식과 정보와 단서들을
자신의 의식 수준에서 받아들이면 되는 것입니다.
우주는 이야기로 되어 있습니다.
그 이야기 속에
지구 행성의 차원상승이 있으며
개벽이 있으며
새 하늘과 새 땅이 있습니다.
이 이야기를 믿든 믿지 않든
이 우주에서 잘못되는 것은 아무것도 없습니다.

서양 채널링 메시지에 대한 정리

종교적 가르침에서
마음의 위안을 찾고 진리를 찾는 사람들을
종교인(宗敎人)이라고 합니다.
기존 종교의 관점에서가 아닌
영혼의 신성함을 믿고
우주의 비밀과 진리를 찾는 사람들을
영성인(靈性人)이라고 합니다.
종교의 중심에는 경전이 존재하고 있으며
경전에 있는 말씀이 믿음의 근거가 됩니다.
영성의 중심에는 서양에서 유래한
채널링(channeling) 메시지와 신지학회(神智學會)가 있습니다.

지구 행성의 과학기술은
지구 대기권을 벗어난 지 오래되었습니다.
지구 행성에 살고 있는 인류의 의식은 아직
지구 대기권을 벗어나지 못하고 있습니다.
지구 행성이라는 우물 안에서 하늘을 쳐다보며
자신이 알고 있는 하늘이
하늘의 전부인 것처럼 알고 살아가고 있으며
자신이 믿음 안에서
대우주가 어떻게 존재하고 있는지도 모르는 채
왜 살고 있는지도 모르는 채
어떻게 살아야 하는지도 모르는 채
남들이 가는 대로 남들이 하는 대로
태어났으니까 살아가는 사람들이 많습니다.

별빛하나 비추지 않는 캄캄한 밤에는
반딧불의 불빛도 어둠을 밝히는 빛이 됩니다.
한 치 앞도 보이지 않는 암담한 현실과
전쟁과 가난과 같은 참혹한 현실을 경험한 사람들 사이에서는
내가 누군지 내가 어디에서 왔는지
내가 어떻게 살아야 하는지를 말해주고 있는
종교의 말씀은 큰 위안을 얻을 수 있는 빛이 되어 주었습니다.
종교의 가르침은 절망이라는 암흑 속에서
희망의 빛을 보게 해 주었습니다.
평화의 시대가 지속될수록
나의 의식과 인류의 의식이 성장하게 됩니다.
평화의 시대가 지속되면서
인류의 과학기술 문명이 발달하면 할수록
인류들은 종교의 가르침을 잃어버리거나
믿음이 식어 가게 됩니다.
과학기술 문명의 발달 속도가 빨라질수록
물질의 풍요로움이 주는 달콤함을 체험할수록
인류의 의식 또한 빠르게 물질화되었습니다.
돈을 벌어 더 편안하게 살고 싶은 인류의 욕망이 커지면서
종교에 대한 믿음의 체계가 흔들리기 시작하게 됩니다.

하루가 다르게 발전하고 있는 과학기술과
다양화되고 다층화되는 사회 문화가 형성이 됩니다.
기존의 지식으로는 이해할 수 없는 것들이 생겨나기 시작하고
기존의 믿음 체계로는 해석할 수 없는
새로운 의식의 영역들이 생겨나게 됩니다.
기존 종교의 가르침을 벗어나서
새로운 세계의 가치관에 눈을 뜨게 한 사건들이
먹고 사는 문제가 해결된 서양에서 탄생됩니다.

신과 인간이 대화를 주고받는
채널링이라는 형식의 소통 방식이 출현하게 됩니다.
침묵하는 신이
침묵하던 하늘이
대화의 방식을 통해
여시아문의 세계를 통해
인류에게 새로운 지식과 정보를 주는
친절한 존재로 등장하게 됩니다.
신과 인간이 대화를 나누고
그들이 주는 메시지의 내용에 놀라고
그들이 주는 메시지의 내용의 논리들은
새로운 것에 목말라 있던 종교인들이나
새로운 진리를 찾던 사람들에게는
단비와도 같은 메시지였습니다.
영성인들은 이렇게 하여 세상에 형성되었습니다.

종교의 믿음에서 이탈한 사람들의 마음에
서양의 채널링 메시지들은 신선한 충격이었습니다.
종교의 논리와는 차원이 다른 논리에
많은 사람들은 기뻐하였으며 열광하였습니다.
신을 바라보는 다양한 시선들이 형성되었으며
우주를 바라보는 의식들이 확장되었습니다.
지구 대기권을 벗어난 정보들을
과학의 논리가 아닌
채널링이라는 형식을 빌어
자유롭게 자유분방하게 검증할 수도 없으며
이해할 수도 없으며
한 번도 들어본 적도 없는 우주의 구조와 층위들이
다양한 이야기의 형태로 인류에게 소개되고 전해졌습니다.

하늘의 계획에 의해
하늘의 의도대로
물질문명의 정점에 있으며
눈에 보이는 것만을 믿으면서 살고 있으며
물질화된 서양인들의 의식의 눈높이에서 펼쳐졌습니다.
지구 행성의 차원상승의 타임라인에 맞추어
눈에 보이지 않는 세계와
지구 대기권을 벗어난 이야기들을
서양인들의 형식적인 논리에 맞추어서
인류의 의식을 깨우고자
채널링이라는 형식을 빌어
내면과의 대화라는 형식을 빌어
여시아문이라는 세계의 형식을 빌어
서양의 채널링 메시지는 세상에 등장하게 되었습니다.

원시반본이라
지구 행성에서 펼쳐졌던 물질문명은
한반도에서 시작되었습니다.
지구 행성에서 펼쳐졌던 정신문명의 출발은
한반도였습니다.
지구 행성에서 펼쳐졌던 영성의 시대는
북두칠성 민족인 한민족에서부터 기원하였습니다.
250만 년이라는 시간이 흐르고 흘러
한반도와 한민족에게서 뿌려진 문명들이 돌고 돌아
한반도에서부터 물질문명이 붕괴되고 난 후
새로운 영성의 시대가 시작될 것입니다.
누군가는 이 시대를 개벽이라고 알고 있으며
누군가는 용화세계라고 알고 있으며
누군가는 차원상승이라고 알고 있으며

누군가는 새 하늘과 새 땅으로 알고 있습니다.
자본주의와 물질문명의 중심지는 서양입니다.
지구 행성의 종교의 중심은
동양은 불교이며 서양은 기독교입니다.
우리나라에는 사찰의 숫자보다
기독교를 상징하는 십자가의 숫자가
비교를 할 수 없을 만큼 더 많습니다.
채널링 메시지 역시 서양이 중심입니다.
영성의 중심지 역시 서양입니다.
물질의 시대의 중심은 서양입니다.
한반도에서 시작한 모든 물질문명과 정신문명은
250만 년을 돌고 돌아서
마지막 시기를 통과 중에 있습니다.

영성의 시대를 열기 위해
지구 행성의 차원상승을 위해
지구 행성이 우주 속의 행성으로 개혁 개방을 하기 위해
인류의 의식을 깨우기 위한
하늘의 거대한 계획들 속에 하나가
서양의 채널링 메시지를 통한 프로그램들이 집행되었습니다.
자본주의 물질문명의 심장인 미국에서
과학적 합리주의의 심장인 미국에서
실용주의 철학의 중심인 미국에서
서양인들의 눈높이에 맞는
서양인들의 합리주의적 토대 위에서
눈에 보이지 않는 세계를 소개하고
눈에 보이지 않는 세계가 있다는 것을 알리고
전달하는 방편으로 채널링 메시지들을 중심으로 한
하늘의 프로그램들이 지금도 계속되고 있습니다.

서양의 채널링 메시지 속에는
진실 속에 거짓을 숨겨 놓았으며
거짓 속에 진실을 숨겨 놓았습니다.
아무것도 모르는 인류의 의식을 고려하여
낮은 단계의 속임수에서부터
높은 단계의 현란한 말잔치에 이르기까지
인류의 의식을 깨우기 위한
하늘의 정교한 계획들이 집행 중에 있습니다.
수많은 메시지들이 거짓으로 드러났으며
현란한 논리들이
알맹이 없는 껍데기가 되었습니다.
2012년 지구 행성의 차원상승이 빗나가면서
어둠의 3일이 일어나지 않으면서
스타시스 역시 일어나지 않으면서
많은 영성인들이 실망하였으며 떠나갔습니다.
하늘의 구조와 실체를 모르는 인류들은
그동안 서양의 채널링 메시지에 의존하여
우주의 모습을 짐작하고 있었으며
하늘의 모습을 추측하고 있었으며
종교에 비친 신의 모습과
채널링 메시지 속의 신들을 비교하면서
타는 목마름의 심정으로
진실한 하늘의 소리를 듣기를 간절히
원하고 있습니다.

2017년 12월 25일을 기점으로
서양 채널링 메시지의 시대가 끝났음을 전합니다.
오염되고 마사지된 서양 채널링 메시지의
역할과 임무가 종결되었음을 전합니다.

원시반본이라
한반도에서부터
물질문명의 종결의 시작과 함께
새로운 영성의 시대가 한반도에서부터
시작되었음을 우데카 팀장이 전합니다.
우데카 팀장은
새로운 영성의 시대가 한민족으로부터
시작되었음을 전합니다.
지구 차원상승을 위한 영적인 아마겟돈이
한반도에서 시작되었음을 전합니다.
영성의 시대에 필요한
모든 진실과 진실들이 한반도를 중심으로
한민족 중심의
빛의 일꾼들을 중심으로 펼쳐질 것임을 전합니다.
지구 행성의 격변의 시작과 함께
지구 행성의 물질문명이
빠르게 붕괴될 것임을 전합니다.
지축 이동과 함께
새 하늘과 새 땅이 시작됨을 전합니다.
지축 이동 후
바이러스와 괴질과 함께
육신의 옷을 벗고 떠날
영혼들의 카르마들이
모두 소멸될 예정임을 전합니다.
대우주의 진리와
대우주의 실체가
준비된 빛의 일꾼들을 중심으로
드러나 펼쳐질 것입니다.
하늘의 구조와 실체가 구체적으로 드러날 것입니다.

지구 행성의 물질문명의 붕괴 후
지축의 정립이 있은 후
한반도를 중심으로
한민족을 중심으로
단지파를 중심으로
빛의 일꾼들을 중심으로
창조주께서 주관하시는
아보날의 수여가 집행될 것입니다.
그 옛날 하늘빛처럼
에너지의 조율이 끝나고 나면
영성의 시대가 펼쳐질 것입니다.
한반도를 중심으로
한민족을 중심으로
빛의 일꾼들을 중심으로
영성의 시대가 펼쳐질 것입니다.

그렇게 될 것이며
그렇게 예정되어 있으며
그렇게 되었습니다.

여시아문의 세계에 대한 정리

수행을 하는 사람들의 최종 목표는 해탈이며 깨달음입니다.
해탈의 결과 깨달음을 얻고 난 후
신통력(神通力)을 얻어 그 신통력을 바탕으로
세상을 구하고 세상을 이롭게 하기 위해
기도와 수행의 길을 택하는 수행자들이 있습니다.
종교인들의 최종 목표는
신을 만나는 것이며 복을 얻는 것이며
죽어서 천당에 가는 것이며
하늘이 주는 신통력을 얻는 것입니다.
수행자들과 종교인들이 겉으로는 드러내지 못하지만
속으로 간절히 원하고 있는 것 중에 신통력이 있습니다.
나의 기도와 수행이 하늘에 닿아
하늘의 선물의 형태로
하늘의 축복의 형태로
남보다 다른 특수한 영적인 능력을 갖기를 간절히 원하고 있습니다.

종교에 대한 강한 믿음과 신념보다
인간의 의식과 행동을 지배하는 것 중에는
여시아문의 세계가 있습니다.
여시아문(如是我聞)이란
'나는 하늘의 소리를 이렇게 들었고 이렇게 보았노라'의 세계입니다.
의식이 낮은 사람일수록
의식이 깨어나지 못한 사람일수록
영혼의 경험이 적은 젊은 영혼들일수록
인간의 감각은 인간의 의식을 지배합니다.

인간이 감각으로 보고 듣고 느끼는
신비체험과 여시아문의 세계는
자신의 믿음과 신념의 체계를 하루아침에 바꿀 수 있을 만큼
강력하게 작용하게 됩니다.
종교의 논리적인 측면보다는
신비체험을 통한 체험 하나가 더 강력하게
한 사람의 믿음과 신념의 체계를 결정합니다.
신비체험과 여시아문에 세계에 빠진 사람들은
동물처럼 감각에 종속될 수밖에 없습니다.
내가 보고 들은 것이 모든 가치의 중심에 있을 수밖에 없습니다.

여시아문의 세계는 너무 위험한 세계입니다.
어린아이가 총을 가지고 있는 형국이며
어린아이가 자동차를 운전하는 것과 같습니다.
보이지 않는 세계에 대해
하늘이 일하는 방식에 대해
아무것도 모르는 인류를 위해
우데카 팀장이 여시아문의 세계에 대해 기록으로 남깁니다.

여시아문의 세계의 특징

❖ 자신의 우주적 신분을 넘어서는 존재들과는
　우주의 법칙상 소통이 되지 않습니다.
　6차원의 흰빛 영혼이 17차원의 예수님을 만나는 것은
　우주의 법칙상 불가능합니다.
　8차원의 은빛 영혼이 17차원의 부처님의
　소리를 듣거나 형상을 본다는 것은 불가능합니다.
　10차원의 노란빛 영혼이 13차원의 관세음보살을
　기도와 수행으로 만나는 것은 우주의 법칙상 불가능합니다.

14차원의 빛의 일꾼들이
14차원보다 높은 차원의 정보를 받을 수 없습니다.
이것이 차원의 벽이며
우주적 신분에 따라 펼쳐지는 것입니다.
그래서 우주는 차원의 진화입니다.
차원의 벽은 아무에게나 열리지 않습니다.
자신의 우주적 신분에 맞는
차원의 벽과 차원의 문을 열 수밖에 없습니다.
14차원 13단계에서 온 빛의 일꾼들은
14차원의 문을 열 수 있으며
14차원의 13단계의 차원의 벽을 허물 수 있으며
14차원의 13단계의 정보 네트워크에 접속할 수 있을 뿐입니다.
14차원 13단계 아래의 정보들이라 할지라도
함부로 접속할 수 없으며
상위자아를 통해
대우주의 전체의식 속에서만 접속할 수 있을 뿐입니다.
차원의 문과 차원의 벽은
매우 엄격하게 통제되고 있으며 관리되고 있습니다.

❖ 내가 예수님을 보고 부처님을 보고
창조주를 보고 말씀을 들었다면 둘 중에 하나입니다.
그 사람이 진짜 예수고 부처이고 창조주입니다.
자신의 상위자아를 만난 경우입니다.
자신이 예수와 부처와 창조주가 아니라면
7차원의 하늘에 있는 가브리엘 영상팀이
시험을 위해
정보를 주기 위해
하늘의 계획을 땅에서 펼치기 위해
여시아문의 세계를 이용하고 있는 것입니다.

지구 차원상승 과정에서 수많은 예수와 부처와 창조주가
신비체험에 의해
내면의 소리를 통해
꿈을 통해
몸의 감각을 통해 탄생할 것입니다.
여기저기에서 예수를 만났다고
자신이 재림 예수라고
자신이 예수님의 수제자인 누구라고
외치는 사람들이 넘치고 넘쳐날 것입니다.
7차원의 가브리엘 영상팀에 의해
하늘의 시험들이 여시아문의 세계가
당신의 욕망과 당신의 에고의 틈새를 파고들어 펼쳐질 것입니다.

❖ 꿈속에 예수님을 만나고
  꿈속에 부처님을 만나고
  무속인이 여러 신을 만나고
  신앙 간증에서 이루어지는 신비체험
  내면에서 들리는 소리들은
  7차원의 하늘인 가브리엘 영상팀이
  종교 매트릭스를 설치하고
  종교 매트릭스를 유지하고
  종교 매트릭스를 관리하는 방식입니다.
  하늘이 아주 오래전부터 사용하던 고전적인 방법들입니다.
  신비체험과 여시아문에서 만난 신은
  실제로 신을 만난 것이 아니라
  홀로그램(가짜 영상)을 보고 있는 것입니다.
  홀로그램을 진짜 예수나 진짜 부처라고
  내가 그렇게 믿고 있는 것이며
  내가 그렇게 인지하고 있는 것입니다.

홀로그램을 만나고 나면
홀로그램의 소리를 듣고 나면
인간은 감각에 종속되고 두려움에 갇히고
풀지 못한 에고의 감옥에 갇히게 되면
나는 특별한 사람이 되고
예수가 되고 부처가 되고
도사가 되고 용한 사람이 되는 것입니다.
여시아문의 깊은 늪에 빠진 사람이
신을 만나고 신과 대화를 나누는 사람이
세상에서 가장 무서운 사람입니다.
진짜로 자신을 신으로 생각하고
진짜로 자신이 신이라고 말하기 때문입니다.

❖ 진짜 하늘의 소리는
상위자아를 통해서만 들을 수 있습니다.
인류는 대우주의 정보 네트워크에
차원의 벽으로 인하여 접속할 수 없습니다.
대우주의 정보 네트워크에는 오직
자신의 상위자아만을 통하여 접속할 수 있습니다.
누군가가 꿈속에서 예수님을 보았다면
누군가가 부처님의 소리를 들었다면
그것은 하늘에서 준비한 홀로그램을 본 것입니다.
진짜 예수와
진짜 부처가 당신을 방문할 이유가 전혀 없습니다.
여시아문의 세계를 통해
당신이 홀로그램의 체험을 하였다면
홀로그램을 통해 당신의 상위자아와 하늘이
당신을 방문한 이유가 반드시 있다는 것을
알아채고 눈치채시기 바랍니다.

당신의 무지가 크면 클수록
당신의 착각이 오래될수록 당신은
자신도 모르는 사이에 목에 힘이 잔뜩 들어가 있을 것이며
자만과 교만이 진동하게 될 것입니다.
여시아문의 세계가 오래 될수록
당신은 보이지 않는 세계의 노예가 되어 있을 것입니다.

❖ 내가 예수를 부르면 예수님이 오시고
　내가 부처님을 부르면 부처님이 오시고
　내가 사나트 쿠마라를 부르면 쿠마라가 오시고
　내가 크라이스트 마이클을 부르면
　크라이스트 마이클이 오시고
　내가 공자를 부르면 공자님이 오시고
　내가 하늘에 있는 모든 사람과 소통할 수 있다고
　믿고 계신 분들이 참 많습니다.
　유치원 아이가 혼자 잘 놀 수 있도록
　장단을 잘 맞추어 주는 것이
　하늘이 존재하는 이유이며
　하늘이 무서운 이유이며
　당신의 영혼이 성장해야만 하는 이유입니다.

❖ 채널러가 된 사람은
　자신의 우주적 신분에 맞는
　차원의 정보만을 받을 수 있을 뿐입니다.
　여시아문으로 내려온 정보는 진실도 아니며 사실도 아닙니다.
　여시아문의 세계를 통해 전달되는 정보는
　진실 속에 거짓이 있으며
　거짓 속에 진실이 들어 있습니다.
　거짓과 진실을 분별할 수 있는 능력이 먼저 있어야 됩니다.

자신의 의지와 상관없이 여시아문의 세계에 접속되어
보이지 않는 세계의 소리를 듣고
형상을 보는 사람이 있다면
당신이 이 체험을 통해 배워야할
삶의 교훈이 있기 때문에 일어나고 있는 것입니다.

❖ '나는 이렇게 보았노라 나는 이렇게 들었노라'의
여시아문의 세계는 다운로딩 방식입니다.
다운로딩 방식으로
우주의 정보나 하늘의 정보를 받기 위해서는
반드시 몸의 진동수를 올리는 과정이 있어야 합니다.
몸의 진동수 조정이 하늘에 의해 진행이 되어야 하며
상위자아 합일을 통해
차원의 문과 차원의 벽을 넘어야 합니다.
이런 과정 없이 수행 도중에
기도 중에 명상 중에 열리는 여시아문의 세계는
7차원 가브리엘 영상팀의 거짓 영상이며
7차원 가브리엘 영상팀의 일명 뻥카(거짓) 채널이
내려오는 경우가 대부분입니다.

하늘이 일하는 방식을 모르는 인류들은
여시아문의 세계에서
하늘의 노련한 수법에 백전백패할 수밖에 없습니다.
상위자아 합일 없이 이루어지는 여시아문의 세계는
모르고 독배를 마시고 있는 것과 같습니다.
자기도 모르게 보이지 않는 세계의 노예가 되고
보이지 않는 세계에서 당신을 방문하고
보이지 않는 세계에서 당신에게
친절하게 대해주는 이유를 눈치채시기 바랍니다.

하늘 일에는 공짜가 없습니다.
하늘이 당신에게 소리를 들려주고
하늘이 당신에게 영적 능력을 주고
하늘이 당신에게 치유 능력을 주고
하늘이 당신에게 형상을 보여주는 이유가
반드시 있다는 것을 알아채고 눈치채시기 바랍니다.

이 우주에서 잘못되는 것은 아무것도 없습니다.
여시아문의 세계를 통해
당신의 영혼은 성장하고 있는 것입니다.
나는 이렇게 보았으며
나는 이렇게 들었노라
당신의 영혼의 성장을 위해
일어날 일들이 지금 당신에게 일어나고 있는 것입니다.
아무것도 잘못되는 일은 없습니다.
하늘의 소리를 듣고 본다고
당신은 결코 특별한 사람이 아닙니다.
당신에게 일어날 일들이 일어나고 있을 뿐입니다.
오시던 길
가시던 길
잘 가시기 바랍니다.
여시아문의 세계에서 잘못되는 것은 아무것도 없습니다.
하늘의 뜻대로
하늘의 계획대로
한 치의 오차 없이
살 사람은 살 것이고 죽을 사람은 죽게 될 것입니다.

이 우주에서 잘못되는 일은 아무것도 없습니다.

영혼에 대한 정리

영은 16차원의 대영 그룹의 분화에 의해 탄생됩니다.
대영 그룹 5개 영이 서로 에너지를 조합하면서
12개의 대영 그룹으로 분화되었습니다.
16차원의 대영 그룹은 창조주 그룹(18차원 1단계~18단계)의
에너지 분화를 통하여 탄생하였습니다.

영의 수평 분화를 통해 그룹 영혼들을 만들고
영의 수직 분화를 통해 패밀리 그룹을 만듭니다.
영의 수직 분화인 상위자아 분화를 통해
아바타를 물질 세상에 보낼 수 있습니다.
영의 수직 분화로 인하여 생긴 역할에 따라
관리자 그룹과 상위자아 그룹이 있습니다.
수평과 수직으로 분화된 영은 창조주(18차원 18단계)로부터
사고조절자를 부여받으면서 영의 여행이 시작됩니다.

영의 수직 분화로 생긴 관리자 그룹들은
우리가 알고 있는 천사 그룹을 말합니다.
하품 천사 ⇒ 7차원
중품 천사 ⇒ 9차원
상품 천사 ⇒ 11차원
천사 그룹은 영과 혼과 사고조절자가 결합되어 있으며
에너지체로 존재하면서 하늘의 일을 관리하는 그룹을 말합니다.
천사 그룹(관리자 그룹)에 부여되는 혼 에너지에는
물질 매트릭스(빛, 중간계, 어둠)가 설치되지 않은
순수한 11차원의 에너지인 혼 에너지가 부여됩니다.

천사 그룹들의 빛의 역할과 어둠의 역할들은
사고조절자 프로그램에 따라 결정이 됩니다.

사고조절자를 부여 받은 영은
비물질의 세계인 태극의 세계에서는
비물질 에너지체로서 영의 여행이 이루어집니다.
태극의 세계를 관세음의 세계라 하며
고도로 진화된 영들이 살아가는 곳입니다.
영혼이 육신의 옷을 입지 않으면
에너지체로서의 영혼의 여행이 이루어집니다.
영혼이 육신의 옷을 입을 때 영혼백이 결합되며
영혼백은 정기신의 에너지 형태로 전환되어
생명 활동이 시작됩니다.
영혼백 에너지의 결합에 따라
식물과 동물로 태어나기도 하며
인간의 몸을 받아 누구는 남자 사람으로
누구는 여자 사람으로 태어나 물질 체험을 하게 됩니다.

영이 12차원 이하로 하강하여 물질 체험을 하기 위해서는
혼이라는 에너지와 백이라는 에너지가 반드시 있어야 합니다.
혼은 영의 크기와 밝기 그리고 영 에너지의 밀도에
비례하여 부여됩니다.
혼은 11차원에서 주어지며
백은 5차원에서 주어집니다.
영혼백은 에너지의 형태로 결합되는데
호모 사피엔스(인간)를 기준으로 할 때는
백의 에너지는 대부분 공평하게 결합이 됩니다.
백의 에너지가 영혼백 에너지의 50%를 차지하게 되고
영의 크기와 밀도에 비례하여 혼 에너지가 결합됩니다.

🔖 차원별 영·혼·백 에너지 결합 비율

	영 : 혼 : 백
6차원에서 온 흰빛 영혼	3 : 2 : 5
8차원에서 온 은빛 영혼	2 : 3 : 5
10차원에서 온 노란빛 영혼	1 : 4 : 5
13차원에서 온 빛의 일꾼	0.8 : 4.2 : 5
15차원에서 온 빛의 일꾼	0.6 : 4.4 : 5

영혼은
상승하는 영혼과 하강하는 영혼이 있습니다.
상승하는 영혼은 1차원부터 진화해 가는
영혼의 여행을 하는 영혼을 말하는 것입니다.
하강하는 영혼은 12차원 이상에서
상위자아 분화를 통해 하위 차원으로 아바타를 보내어
영혼의 물질 체험을 하는 영혼을 지칭하는 용어입니다.

영의 크기가 클수록
혼의 크기가 비례하여 결합됩니다.
영의 밀도가 높을수록
많은 프로그램을 이수할 수 있으며
많은 달란트를 가지고 올 수 있으며
많은 능력들을 폴더의 형태로 가져올 수 있습니다.
영의 밝기가 밝을수록 의식의 깨어남이 빠릅니다.

영의 크기가 클수록
상위자아 합일이 빨리 이루어집니다.
영의 밀도가 높을수록 많은 봉인들을 설치하게 됩니다.

영의 밝기가 밝을수록
역할자나 사명자의 삶을 살아갑니다.

영의 크기가 클수록 우주적 신분이 높습니다.
영의 밀도가 높을수록
많은 정보를 전달할 수 있습니다.
정보전달자나 게임체인저 등이 맡겨집니다.
영의 밝기가 밝을수록
차원의 벽을 넘어 높은 차원의 문을 열 수 있습니다.

영의 크기가 클수록 영혼의 진화가 빠릅니다.
영의 밀도가 높을수록
많은 영혼들을 분화할 수 있습니다.
영의 밝기가 밝을수록
아바타의 영혼의 밝기가 밝습니다.

영의 크기가 클수록
상위자아 분화를 많이 할 수 있습니다.
영의 밀도가 높을수록
혼의 진화에도 영향을 미칩니다.
영의 밝기가 밝을수록 의식의 구현이 높아집니다.

영의 크기가 작거나
영의 밀도가 작거나
영의 밝기가 작으면
같은 하늘 서로 같은 곳에서
같은 것을 보고 들어도
사물을 인식하는 의식의 수준이 떨어지며
알아챔과 눈치챔이 늦어집니다.

직관이나 느낌으로 아는 것이 적고
그냥 아는 것이 적고
모든 것을 온몸으로 부딪치고 체험하고
실패를 통해서 배우게 됩니다.
영혼의 진화 역시 늦어지게 됩니다.

빛의 일꾼들은 하강하는 영혼들이며
상승하는 영혼들의 영적인 부모입니다.
빛의 일꾼들의 영혼의 크기와 밝기와 밀도는
상승하는 영혼들에 비해 최소 10배 이상 크거나 밝습니다.
빛의 일꾼들은 그만큼 많은 역할과 임무가 있으며
지구 행성의 차원상승 과정에서
부모의 역할로 이곳 지구 행성에 온 것입니다.
상승하는 영혼들의 부모로서
자녀들의 영혼의 졸업식에
꽃다발을 들고 축하 사절로 온 것이며
졸업식 행사 도우미 역할로 온 것입니다.

빛의 일꾼들의 깨어남을 위해
빛의 일꾼들의 의식의 각성을 위해
빛의 일꾼들의 역할과 사명을 위해
우주적 신분에 맞는 자신의 역할을 하시기 바랍니다.
빛의 일꾼인 당신은
하늘 사람이며
창조주의 144,000가지의 빛의 한 조각을
지구 행성에 가지고 온
위대한 영혼들입니다.

빛의 일꾼들의 건승을 빕니다.

혼에 대한 정리

영은
사고조절자를 부여받으면서
독맥에 있는 7개의 의식선을 조절하면서
영의식을 구현할 수 있습니다.
영에 부여된 사고조절자는
혼에 영향을 줄 수 없도록 엄격하게 제한되어 있습니다.
사고조절자는 생명회로도에 영향을 줍니다.

혼은
인간의 성격을 결정하는 가장 중요한 인자입니다.
혼은 11차원 관리자에 의해
빛, 중간, 어둠의 매트릭스를 부여받은 순간부터
혼의식을 구현할 수 있습니다.
혼의식은 임맥에 있는 12개의 감정선을 조절하면서
다양한 성격을 표현할 수 있습니다.
혼은 생명체를 외투로 삼고 있는 모든 영들에게 부여됩니다.
모든 생명체들은
영의식과 혼의식을 함께 구현하면서 살아가고 있는
우주적인 존재들입니다.

문명의 발달 정도에 따라
혼에 설치되는 프로그램의 종류가 다릅니다.
물질문명이 발달하지 못한 시대에서 살아가는 영혼들에게는
128개의 프로그램이
매트릭스에 설치되어 운영되었습니다.

산업화가 진행이 되고
물질문명이 발달하고
자본주의 문명이 정점에 이른 현재의 인류들은
다양한 감정과 성격을 구현할 수 있도록
혼의식을 작동하는 프로그램이
360개로 확대되어 운영되었습니다.
현재 인류들의 혼에 설치되는 프로그램은
빛의 혼의식을 구현할 수 있도록 하는
360가지 유형의 프로그램이
빛의 매트릭스 격자망 내에 설치되어 운영되고 있습니다.
중간계의 혼의식을 구현할 수 있는
중간계 매트릭스의 격자망 내에
360개의 프로그램이 설치되어 운영되고 있습니다.
어둠(물질 중심의 사고)의 혼의식을 구현할 수 있는
360개의 프로그램이
어둠의 격자망에 설치되어 운영되고 있습니다.

혼이 진화하면 할수록
프로그램의 난이도가 높아지며
복잡하고 미묘한 감정까지도 구현할 수 있습니다.
영의 크기가 크고
영의 밝기가 밝고
영의 밀도가 높을수록
혼의식도 높은 단계가 설치되어
영의 물질 체험에 최적화된 혼의식의 프로그램이 설치됩니다.
영의식과 혼의식이 함께하는
영혼의 물질 체험이
드라마틱하고 다이나믹하게 이루어지고 있는 것입니다.

옛날보다 지금이
다양한 성격을 가진 사람들이 많이 태어났습니다.
정신분열증 환자도 더 많아졌으며
정신질환을 앓고 있는 사람들도 많아졌습니다.
사이코패스와 같은 극단적인 사람들도 많아졌습니다.
범죄자의 유형들도 다양화되었습니다.
사회가 발달하면서
물질문명이 발달하면서
사회구조가 복잡해지면서 나타나는
자연스러운 사회현상들이라고 알고 있습니다.
보이지 않는 세계에서는
하늘에서는
호모 사피엔스 모델이 구현할 수 있는
360개의 다양한 혼의식의 프로그램을
다양하게 실험하고 있었습니다.
이상한 사람도 많은 이유이며
다양한 성격을 가진 사람들이 넘쳐나는 이유입니다.

새로운 정신문명에서는
혼의식을 작동하는 프로그램들이
100개 이내로 축소되어 운영될 예정입니다.
극단적인 프로그램들은 제거될 것이며
정신분열을 일으키거나
우울증을 일으키거나
지나치게 부정적인 감정을 유발하거나
지나치게 폭력적인 성격을 유발하거나
가학적이거나 피학적인 성격을 유발하는 등의
프로그램의 설치는 사라질 것입니다.
혼에 적용되는 프로그램이 줄어들지만

인간의 감정선이 12개에서 15개로 확장되고
인간의 의식선이 7개에서 9개로 확장되면서
지금보다 더 풍부하고 고도화된 의식을 구현하게 될 것입니다.
지축 이동 과정에 있는 스타시스 기간 동안에
생명회로도의 업그레이드가
살아남은 인류에게
하늘에 의해 이루어질 예정입니다.

혼에 설치되어 있는 매트릭스에 감정선이 연결되어 있습니다.
감정선들이 빛의 매트릭스를 통과합니다.
감정선들이 중간계의 매트릭스를 통과합니다.
감정선들이 어둠(물질 중심의 사고)의
매트릭스를 통과하게 되면서
혼의식에 최적화된 성격이 만들어지는 것입니다.
영의 진화 과정에 최적화된
혼의식의 프로그램이 운영되고 작동됩니다.
사람마다 성격이 다른 이유가
혼의식을 작동하는
다양한 프로그램이 설치되어 운영되고 있기 때문입니다.
영이 물질 체험을 하는 이유가
다양한 혼의식의 프로그램을 통해
드라마틱하고 다이나믹한
물질 체험을 즐길 수 있기 때문입니다.

영의식은 사고조절자에 의해 탄생합니다.
영의식은 의식을 지배합니다.
혼의식은 혼이라는 에너지에 설치되는
매트릭스의 성격(빛, 중간계, 어둠)과
혼의 매트릭스에 설치되는 360개의 프로그램에 의해 탄생합니다.

영혼의 여행이란
영의식과 혼의식의 두 개의 프로그램이
충돌 없이 진행되고 있는 것이며
이것이 생명의 실체입니다.
영혼의 물질 체험이란
영의식의 사고조절자 프로그램과
혼의식의 매트릭스 360개 프로그램이
호모 사피엔스라는 하드웨어에 설치되어
운영되고 있는 것을 말하는 것입니다.
이것이 당신의 삶이 갖는 불편한 진실입니다.
이것이 당신의 인생이 갖는 불편한 우주적 진실입니다.
이것이 당신이 지구 행성에서
육신을 입고 살아가고 있는 것에 대한
불편한 우주적 진실입니다.

영의 프로그램에 따라
혼의식의 프로그램의 내용이 결정이 되며
프로그램의 효율 또한 결정됩니다.
젊은 영들은 영 에너지가 작기 때문에
혼 에너지 또한 작습니다.
혼에 적용할 수 있는 프로그램의 개수가 제한됩니다.
오래된 영혼일수록
영의 크기가 클수록 혼의 크기가 커집니다.
혼의 크기가 클수록
많은 혼의식 프로그램을 장착할 수 있습니다.
혼에 장착되는 혼의식의 프로그램이 많을수록
복잡하고 미묘하고 다양한 감정을 느낄 수 있으며
구현할 수 있습니다.
사물을 창조적으로 인식할 수 있습니다.

오래된 영혼은
최대 23개 프로그램이 동시에 작동하며
다양한 층위의 성격이 한 사람에게 담겨 있습니다.
원시 부족민의 삶을 사는 젊은 영혼은
5개 정도의 혼의식 프로그램만으로도 한 생을 살아가게 됩니다.
시대적 상황에 따라
혼에 설치되는 프로그램은 달라집니다.
사회가 고도화될수록 문명사회일수록
다양한 혼의 프로그램이
하늘에 의해 준비되고 있습니다.
이것이 하늘이 존재하는 이유입니다.
이것이 한 생애를 통해 영혼이 배울 수 있는 것이
많지 않다는 것이 갖는 의미입니다.
영혼이 한 번의 삶에 선택할 수 있는
혼의식의 응용 프로그램이 제한되어 있기 때문입니다.
태어날 때마다 매번 다른 성격으로
다른 외모로 살다가 가는 것이
영혼의 여행이기 때문입니다.

인류의 의식의 깨어남을 위해
빛의 일꾼들의 의식의 깨어남을 위해
대우주의 비밀을
우데카 팀장이 전합니다.

상념체에 대한 정리

혼은 영의 파트너입니다.
혼은 삼태극의 물질 세상을 여행하는
모든 영들에게 부여되는 특수한 에너지입니다.
비물질 에너지체로 존재하고 있는
하늘에 있는 천사들조차도
영에 혼을 부여받아 영혼의 여행을 하고 있습니다.
영에 혼의식을 설치하는 이유는
다양한 감정을 체험하고
다양한 에너지를 경험하고
장애물을 설치하여 물질 체험이 지루하지 않고
재미있으면서 다이나믹하고 드라마틱하게
체험을 하기 위해서입니다.
연극을 연극답게 하는 것이며
연극인줄 모르고 몰입하게 하기 위해
다양한 프로그램들을 통해 풍부한 감정들을 체험하는 데 있습니다.

식물과 동물 역시 혼 에너지가 부여되고 있습니다.
혼에 설치되는 빛, 중간, 어둠의 매트릭스는 일종의 장애물이며
색안경이라고 생각하면 됩니다.
빛을 투과시키는 양과 질을 결정하며
빛을 투과시키는 굴절율을 결정합니다.
생명체들에게는 모두 혼 에너지가 설치되고
혼 에너지를 작동하는 360개의 다양한 응용 프로그램들이
영혼의 진화 정도에 따라
다양한 층위에서 수준별로 설치됩니다.

빛의 프로그램 360개
중간계 프로그램 360개
어둠의 프로그램 360개가 있습니다.
식물과 동물에게 부여된 혼 에너지는
인간에게 적용되는 혼의 프로그램에 비해
비교적 단순한 프로그램이 설치됩니다.
식물과 교감을 하고
동물과 교감을 하기 위해서는
식물과 동물과 교감할 수 있도록 하는
혼의식의 공통 프로그램이 설치되어야 합니다.
가축이나 애완동물들의 혼의식의 프로그램에는
인간과 공감하고 공명할 수 있는 프로그램이 설치되어 있습니다.

영혼의 진화 여행에 최적화하여 혼의 프로그램은 설치됩니다.
시대 상황을 고려하여
남자와 여자를 고려하여
직업을 고려하여
모든 변수들을 고려하여
영혼의 프로그램이 짜여진 후 태어나게 됩니다.
정복 전쟁을 나서는 장군이나
범죄자를 잡는 형사나
직업 군인들이나
정치인의 삶이 프로그램 된 영혼들과
창녀로서의 삶이 예정된 영혼들에게는
빛의 매트릭스를 설치하는 것보다는
중간계와 어둠(물질)의 매트릭스를 설치하는 것이
영혼의 물질 체험을 하는 데 도움이 됩니다.
빛의 매트릭스를 가진 영혼들이 감당하기에는
어려운 악역들이 너무 많기 때문입니다.

동물과 식물과 인간의 몸에 들어온 영혼들은
자신의 영혼의 진화 과정에서
이번 삶에 최적화된 매트릭스들이 혼 에너지에 설치됩니다.

혼에 설치되는 매트릭스는
영혼의 삶의 프로그램들을 이행하는 데 꼭 필요한 장치입니다.
혼에 설치되는 매트릭스의 강도는
사람마다 다 다르게 설치됩니다.
혼에 설치되는 어둠의 밀도가 촘촘하게 설치될수록
눈에 보이는 것만을 믿게 되며
어둠(물질)의 방식으로 세상을 살게 되는 것입니다.
혼에 설치되는 물질 매트릭스의 정도에 따라
영혼의 물질 체험을 하는
영혼들의 삶의 난이도가 결정이 되는 것입니다.
빛의 매트릭스를 온전하게 설치하고 온 영혼이
범죄자가 되고 살인자의 삶을 체험하는 것은
정말 어려운 난이도가 되는 것입니다.
혼에 설치된 매트릭스는
인간의 에고의 성격을 형성하는 중요한 인자입니다.

혼도 진화를 하게 되면
영처럼 영의 밝기와 밀도의 수준으로 됩니다.
혼은 사고조절자를 부여받으면 영이 되며
다시 혼이라는 파트너를 부여받아
영혼의 진화를 시작할 수 있습니다.
혼은 영의 파트너로 한번 정해지면
오랜 기간 동안 영의 파트너로 수만 년 간 동행하게 됩니다.
혼의 프로그램은 영의 프로그램을 잘 수행하도록
최적화되어 설치됩니다.

인간의 성격의 형성은
영의 사고조절자 프로그램의 내용에 따라
큰 틀에서 정해집니다.
미시적인 것들은 혼의 프로그램과
백의 프로그램들이 영의 프로그램에 맞추어
영혼백이 함께하는 한 인간의 성격이 탄생되는 것입니다.
동양학에서 말하는 천성(天性)이란
영의 사고조절자 프로그램을 말하는 것입니다.

영혼백은 윤회를 합니다.
영혼의 물질 체험은 카르마를 남길 수밖에 없습니다.
카르마의 에너지에 가장 영향을 받는 에너지는 혼 에너지입니다.
카르마의 에너지는 혼 에너지에 큰 영향을 주게 되고
백 에너지에도 영향을 주게 됩니다.
영 에너지는 창조주에게 받은 에너지이기에
영은 물질 체험을 하는 동안에는 어떠한 영향을 받지 않습니다.
혼은 카르마와 상념체 에너지에 영향을 받습니다.
혼 에너지와 백 에너지는 윤회를 준비하는
4(5)차원 영계에서 많은 휴식의 시간이 주어지며
많은 치유의 시간이 주어집니다.

영혼들의 물질 체험 과정 중에 억울한 죽음을 당할 때
가장 두려움의 에너지를 많이 느끼고
삶에 대한 강한 집착이 나타나게 됩니다.
자신의 강한 신념이 무너지거나
자신의 믿음이 배신으로 돌아올 때나
이룰 수 없는 사랑이 강한 집착으로 나타나기도 합니다.
혁명에 실패한 정치인이 허리가 잘리는 요참형으로 죽을 때
영혼이 느끼는 두려움과 공포는 상상을 초월합니다.

영혼이 자신의 죽음을 생명의 순리로서
우주의 순리로서 받아들이지 못할 때
영혼은 상념체와 카르마를 남기며 죽게 됩니다.

영은 죽은 후에 이러한 억울한 죽음이
자신의 운명이었으며
자신의 영혼의 진화 과정에
필요한 체험이었음을 알게 되면
곧바로 모든 것을 인정하고
다음 삶의 프로그램을 통한 윤회를 준비하게 됩니다.
영은 카르마를 인정하고
어떠한 원망이나 분노를 가지지 않으며
모든 것을 우주의 순리로서 받아들이게 됩니다.
나는 죽더라도 당신을 용서하지 않을 거야
나는 죽어서라도 나의 사랑을 지킬 거야
나는 죽어서라도 이 나라를 지킬 거야
나는 죽어서라도 당신에게 복수를 할 거야
나는 죽어서라도 내 자식을 지키고야 말 거야
혼은 죽음을 받아들이는 과정에서
원한과 복수와 증오와 분노라는 다양한 형태의
부정적인 에너지를 쉽게 내려놓거나
쉽게 정화되거나 쉽게 치유되지 않습니다.
혼은 고차원의 의식을 구현할 수 없습니다.
혼은 자신이 육신의 옷을 벗고
죽음을 맞이하였지만
죽음을 받아들이지 못하고
여전히 죽을 때의 상황을 진짜로 받아들이고
새로운 윤회를 준비해야 함에도 불구하고
상념체라는 에너지(홀로그램)에 갇히게 됩니다.

인간의 사후세계를 다루는 모든 이야기와
종교에서 말하는 천당과 지옥이라는 이야기도
4(5)차원 영계에 혼이 가진 상념체의 에너지가
머물고 있는 곳을 말하는 것입니다.
영은 카르마를 갖지 않습니다.
혼은 카르마를 온전히 감당해야 합니다.
혼은 죽을 때 상념체들을 형성합니다.
혼이 형성한 상념체들은 4(5)차원 영계에 모이게 됩니다.
인류가 생각하는 천당과 지옥은
혼이 만든 상념체들이 머무는
홀로그램(가상의 세계)을 말하는 것입니다.
혼은 카르마를 담당하기에
혼은 상념체의 에너지에 갇히게 됩니다.
영이 다음 생의 윤회가 결정이 되면
영은 혼을 다른 혼 에너지로 대체할 수 없습니다.
영은 상념체에 갇힌 혼 에너지와 백 에너지를
그대로 부여받게 됩니다.
영에 온전하게 결합되어야 하는
혼 에너지가 100% 결합하지 못하게 됩니다.
혼 에너지는 휴식 기간 동안 상념체들의 많은 부분이 치유됩니다.

혼이 영계에서 휴식을 취하는 동안
혼이 느끼는 상념체가 강하면 강할수록
상념체의 정화가 이루어지지 않습니다.
혼에 형성된 상념체가
공적인 카르마일 경우에는
상념체 정화가 많이 이루어집니다.
개인의 카르마로 인하여 형성된 상념체는
상념체 정화가 잘 이루어지지 않습니다.

혼 에너지의 정화가 원활하게 이루어지지 못할 때
혼 에너지의 상념체들은
영계에 있는 특수한 구역에 머물게 됩니다.
이곳이 종교에서는 천당과 지옥 그리고 연옥이라는
실체가 있는 곳으로 알려졌을 뿐입니다.
천당과 연옥 그리고 지옥은 실제로 존재하는 곳이 아닙니다.
진동수가 낮은 혼 에너지가 자신의 죽음을
받아들이는 과정에서 발생한 것입니다.

해결하지 못한 원한과 분노
해결하지 못한 원한과 희망과 소망 등의
상념체들이 특정한 곳에 머물면서
특수하게 치유받는 곳입니다.
대우주의 구조를 알지 못하는 인류의 의식으로
천당과 지옥과 연옥의 이야기는 힘을 얻었으며
종교 매트릭스를 유지하고 관리하는 데 사용되었습니다.
혼 에너지에 생긴 비정상적인 에너지를 정화하는데
특수한 공간에서 이루어지며
혼 에너지가 만든 상념체가 정화되는 시간은 매우 오래 걸립니다.
상념체의 강도에 따라 다르지만
수십 년에서 수천 년이나 가기도 합니다.
혼 에너지의 상념체가 강한 사람일수록
정신분열이나 우울증 조울증 등으로 나타나며
심할 경우 정신이상으로 나타나기도 합니다.

영은 혼에 비해 높은 진동수를 가지고 있습니다.
영은 죽음의 과정에서 어떠한 영향을 받지 않습니다.
영은 상념체의 영향을 받지 않습니다.
당신의 영은 어떠한 경우에도 보호됩니다.

당신의 영은 천당에도 연옥에도 지옥에도
축생계에도 가지 않습니다.
당신의 영은 신성하며
창조주로부터 받은 창조주의 에너지이기 때문에
손상을 입거나 없어지지 않습니다.
혼 에너지는 상념체의 매트릭스(감옥)에
최대 50%까지 묶이게 됩니다.
백 에너지는 휴식 기간 동안 약 70%까지는
회복이 되어 결합하게 됩니다.
정화되지 못한 30%의 백 에너지는
질병이나 통증의 형태로 카르마를 해소하기 위한 과정이
윤회라는 형태로 이어지게 됩니다.

상념체에 묶여 있는 혼 에너지가 많을수록
영에 결합하는 혼 에너지가 줄어들게 됩니다.
영에 결합된 혼 에너지가 부족하면
정신 활동에 많은 제약이 따라옵니다.
정신분열이 생기기도 하며
환청이나 환각이 나타나기도 하며
귀신이나 어둠의 천사들을 불러들이게 되며
상념체의 에너지가 지금의 나에게 연결되어
나의 삶에 영향을 미치게 됩니다.
죽어서 가는 천당과 지옥은 없습니다.
죽어서 천당과 지옥을 가는 것은 혼 에너지입니다.
상념체라는 홀로그램의 매트릭스에
갇힌 혼 에너지가 많을수록
정상적인 삶을 살아가기 어렵습니다.
사람이 산다는 것은 이렇게 보이지 않는 세계의
법칙 속에서 일어나고 있는 것입니다.

지구 차원상승을 앞두고
지구 행성의 물질문명의 종결을 앞두고
혼 에너지가 갇혀 있는
4(5)차원 영계의 상념체 공간은 대부분 철거되었습니다.
공적인 카르마들에 의해 생겨난 상념체들은
하늘에 의해 모두 정화되었습니다.
개인적 카르마에 의한 상념체들만이 남아서
물질 체험을 하고 있는 인류들의 삶 속에서
그 영향이 나타나고 있을 뿐입니다.
지구 행성이 물질문명을 종결짓고
새로운 정신문명이 출현하기 전에
지구 행성 250만년 동안 쌓이고 쌓아왔던
개인의 카르마로 인한 상념체들이
모두 정화되고 해결되어야 합니다.
지금 그 과정이 지구 행성에 살고 있는
모든 영혼들에게서 일어나고 있는 일입니다.

빛의 일꾼들은
우주의 십자가를 지고
지구 행성에 많은 카르마들을 가지고 왔습니다.
빛의 일꾼들은
공적인 카르마와 개인의 카르마가
더 크고 많을 수밖에 없습니다.
지구 행성의 물질문명의 종결을 앞두고
영계의 폐쇄를 앞두고
모든 카르마들이 해소되어야 했습니다.
빛의 일꾼인 당신의 삶이 그토록 힘들고
고통스러웠던 이유입니다.

천당과 지옥에 관한 정리

작가의 의식의 수준이
드라마와 영화의 이야기의 수준을 결정합니다.
지구 행성에 설치된 종교 매트릭스의 스펙트럼과
지구 인류의 의식의 수준에서
신화와 전설 등의 담론의 층위가 결정됩니다.

모래바람이 가득한 척박한 사막 문명에서
천국과 지옥 그리고 연옥이라는 이야기가 만들어졌습니다.
인간이 태어날 때부터 신분의 귀천이 구분되는 사회에서
천당과 지옥이라는 이야기가 탄생되었으며
윤회라는 이야기 역시 탄생되었습니다.

천당과 지옥은
인류가 만들어낸 이야기 중에
아주 오래된 이야기입니다.
천당과 지옥의 이야기는 세월이 흐르면서

누군가에게는 신화가 되고
누군가에게는 미신이 되었습니다.

누군가에게는 전설이 되고
누군가에게는 이야기가 되었습니다.

누군가에게는 믿음이 되고
누군가에게는 두려움이 되었습니다.

누군가에게는 신앙이 되고
누군가에게는 속임수가 되었습니다.

누군가에게는 희망이 되고
누군가에게는 통제의 수단이 되었습니다.

누군가에게는 진리가 됩니다.
누군가에게는 거짓이 되었습니다.

천당과 지옥의 이야기는 시대에 따라
힘을 얻기도 하고
힘을 잃기도 하면서
영성의 시대와 종교의 시대를 거쳐
과학의 시대와 자본의 시대를 거쳐 왔습니다.
세상에는 천당과 지옥의 이야기를 믿는 사람과
천당과 지옥의 이야기를 믿지 않는 사람들이 있습니다.

천당과 지옥의 이야기는
가장 강력한 종교 매트릭스를 형성하였습니다.
물질문명의 종결을 앞두고
종교의 시대의 종결을 앞두고
새로운 영성의 시대를 열기 위해
우데카 팀장이 천당과 지옥에 관한
우주의 새로운 이야기를 전합니다.

하늘과 인간이 소통이 이루어지는 시대를
영성의 시대라고 합니다.
인류의 가슴에서
잃어버린 하늘을 되찾고

잃어버린 신성을 회복하고
잃어버린 진리를 찾아가는 여정을
영성의 시대
개벽의 시대
새 하늘과 새 땅이라고 말합니다.

천당과 지옥은 그 어디에도 없습니다.
천당과 지옥은
우주의 어떤 차원에도 존재하지 않습니다.
천당과 지옥은
우주의 어떤 공간에도 존재하지 않습니다.
천당과 지옥은
인류의 의식 속에서
이야기 속에서만 존재하고 있을 뿐입니다.
천당과 지옥은 하늘이라는 공간에 존재하지 않습니다.
공간 속의 공간인 차원 간 공간에도
인류가 죽어서 간다는
천당과 지옥은 존재하지 않습니다.

천당과 지옥은
인간의 영혼이 죽어서 머문다는
4차원 영계에도 존재하지 않습니다.
천당과 지옥은 종교의 경전 속에 머물고 있을 뿐이며
인류의 집단무의식 속에 이야기 속에서
살아서 존재하고 있을 뿐입니다.
천당과 지옥은
보이지 않는 세계를 모르는 인류의 의식 속에서
인류가 만들어 놓은 이야기 속에 이야기로 존재하고 있을 뿐입니다.

종교 경전에 존재하는 천당과 지옥은
우주 어디에도 존재하지 않습니다.
죽어서 가는 곳은 천당도 지옥도 아닙니다.
죽어서 영혼이 존재하는 곳은 4차원 영계입니다.
4차원 영계는 1단계에서부터 15단계까지 존재합니다.
영혼의 우주적 신분에 따라
영혼의 크기에 따라
영혼의 밝기에 따라
머무르는 곳이 다를 뿐입니다.
행성에 입식된 모든 영혼들은 그 행성의 4차원 영계에 편입됩니다.
그 행성 가이아의 승인이 없이는
행성을 떠날 수도 없으며
행성에 남을 수도 없으며
행성에 공표된 우주의 법칙에 따라
4차원 영계(비물질계)와 3차원 물질세계가
엄격하게 구분되어 존재하고 있습니다.

지금으로부터 2천 년 전과 3천 년 전에
네바돈 우주의 창조주인 예수님과 부처님이
지구 행성에 육신의 옷을 입고 오셨습니다.
하늘의 진리를 전하기 위해
종교의 매트릭스를 설치하기 위해
종교의 시대를 열기 위해
물질의 시대에 필요한
종교 매트릭스를 설치하기 위해
인류의 가슴에 변하지 않는
사랑(진리)의 에너지를 심어주기 위해
하늘의 정교한 계획에 의해
종교의 시대가 펼쳐졌습니다.

자신을 잃어버려야 물질 체험을 할 수 있기에
우주적 신분을 잃어버리고
우주적 신분에 따른 능력들을 봉인한 채
영의 물질 체험을 위해 모든 기억을 봉인한 채
모든 인류들은
지구 영단에 입식되었습니다.

극적인 영의 물질 체험을 통한
영혼의 진화를 위해
많은 장애물들과 지뢰들이 설치되었습니다.
천당과 지옥이라는 트랙이 설치되었으며
구원과 영생이라는 트랙이 설치되었으며
사탄과 마귀라는 트랙들이 설치되었으며
귀신과 신장이라는 트랙들이 설치되었습니다.
마녀와 천사의 트랙들이 설치되어
하늘에 의해 운영되었습니다.
종교의 매트릭스 속에서
신비체험과 기도와 수행이라는 매트릭스(속임수)를
하늘이 시치미를 뚝 떼고
종교 매트릭스(속임수)들을 운영하여 왔습니다.

인류의 의식의 눈높이에서
인류 사회의 수준에서
눈에 보이는 것만이 전부라고 믿게 하였으며
하늘과의 소통이 끊어진 영혼이
물질 체험을 통해 고유한 영혼의 영적 진화를 위한
대장정에 들어가게 되었습니다.
하늘의 진리는
하늘에 계획과 의지에 의해 철저하게 감추어졌습니다.

하늘의 진리는 땅에서는
지구 행성의 매트릭스 관리자들에 의해
인류의 의식 수준에서 마사지되고 오염되었습니다.
그 원형조차 보존하기 어려워졌습니다.

예수님 사후에
부처님 사후에
인간의 눈높이에서
인류의 의식 층위에 맞게
지배 계층의 입맛에 맞도록
하늘의 진리들은 마사지되었으며
하늘의 진리들은 오염되었으며
하늘의 진리들은
인간의 의식의 수준에 맞추어 각색되었습니다.
많은 이야기들이 만들어졌습니다.
출처도 알 수 없는 이야기가 기록되었으며
이야기 속의 이야기들로 넘쳐나게 되었습니다.

하늘의 진리는 이야기가 되었으며
이야기를 믿는 사람과
이야기를 믿으라고 강요하는 사람과
이야기를 믿지 않는 사람과의 갈등이 생겨났습니다.
다른 이야기들이 섞이게 되면서
우리 이야기만이 진짜라는 의식이 생겨났습니다.
천당과 지옥은
우리 이야기를 믿지 않으면 가게 되는 곳이 되었습니다.
천당과 지옥은
우리의 이야기를 강요하는 수단과 협박으로 작용하였습니다.

진리가 사라진 자리에
진리는 이야기가 되었으며
이야기 속의 이야기가
천당과 지옥의 탄생이었습니다.
기독교에서 윤회의 가르침이 사라지면서
인간의 영혼이 신성하다는 가르침이 사라지면서
천당과 지옥 이야기는 더욱더 퍼져 나갔습니다.

문명이 발전할수록 영성은 쇠퇴하였습니다.
영성이 쇠퇴하면 할수록 그 자리에
제도화되고 권력화되고 물질화되는
종교의 시대가 펼쳐졌습니다.
종교의 시대가 짙어질수록
천당과 지옥의 이야기는 더욱더 퍼져 나갔으며
많은 사람들이 믿게 되었습니다.
천당과 지옥의 이야기를 믿을수록
인간의 신성은 점점 더 쇠퇴하였으며
인간은 태어나면서부터 원죄를 갖고 태어난다는
원죄 의식이 생겨났습니다.

천당과 지옥의 이야기가 힘을 얻을수록
인류는 죄인이 되었으며
하늘과의 소통은 점점 더 멀어져 갔습니다.
특별한 기도를 해야
천당의 문을 열 수 있다고 믿었습니다.
특별한 수행을 해야
하늘의 문을 열 수 있다고 믿었으며
특별한 사람들만이
하늘과 소통할 수 있다는 믿음들이 강하게 자리 잡았습니다.

많은 물질을 얻고
많은 물질을 하늘을 위해 기부해야만
천당의 문은 열리고
지옥의 문은 닫힐 것이라는 이야기를
인류들은 진짜로 믿었으며 그렇게 행동하였습니다.

천당의 문을 열고
지옥의 문을 닫기 위해
조상신이 천당에 들면 나에게 복이 오고
조상신이 지옥에 들까봐 두려움에서
수많은 민족 종교들이 탄생하였으며
화려한 성전들과 화려한 교회들이 생겨났습니다.
천당과 지옥의 이야기는 그저 이야기일 뿐입니다.
이제 이야기를 이야기로 보면 되는 것입니다.
이것이 혁명의 본질이며
의식의 각성이며
의식의 혁명입니다.

우주는 이야기로 되어 있습니다.
새로운 우주의 이야기들이 준비되어 있으며
새로운 이야기들이 펼쳐질 것입니다.
지구의 차원상승 후에
천당과 지옥 이야기는
아이들이 듣는
옛날 옛적의 옛날이야기가 되어 있을 것입니다.

그렇게 될 예정이며
그렇게 예정되어 있으며
그렇게 되었습니다.

진동수에 대한 정리

현재 인류의 의식 수준에서 회자되고 있는
진동수에 관한 담론들은 다음과 같습니다.
의식이 상승되면
몸의 진동수가 자연스럽게 높아진다고 알고 있습니다.
의식의 상승을 위해서는 기도가 필요하고
수행도 필요하며
명상은 필수이며
단전호흡이나 기공 수련을 하면
몸의 진동수가 자연스럽게 높아진다고
그렇게 알고 있으며 그렇게 믿고 있습니다.

의식이 각성되고 의식이 상승되어야
몸의 진동수가 높아진다고 믿고 있습니다.
높아진 몸의 진동수는 빛의 몸으로 된다고 믿고 있습니다.
빛의 몸이 되면 양신이 되는 것이며 진인이 되는 것입니다.
몸이 빛으로 가득차면 신비한 체험을 할 수 있으며
하늘과 소통할 수 있는 신통한 능력을 갖게 하며
이적과 기적을 행할 수 있으며
타인에게는 없는 능력을 갖게 된다고
그렇게 알고 있고 그렇게 믿고 있습니다.

빛의 몸이 되기 위해서는
먼저 의식이 높아져야 한다고 믿고 있습니다.
의식을 높이기 위해서는
내면으로 들어가기 위해 노력해야 하며

명상을 통해 자신의 에고를 끊임없이 살펴보고 관찰하고
자신의 부정성들을 정화하는 노력을 해야만 한다고 믿고 있습니다.
의식의 각성과 의식의 상승을 위해서
내면으로 들어가는 방법을 익혀야 하며
내면으로 들어가는 수행이 필요하다고 믿고 있습니다.
내면으로 들어가서
자신의 상위자아를 만나기 위해서
신을 만나기 위해서는 반드시
몸의 진동수는 높아져야 한다고 믿고 있습니다.
그래서 오늘도 기도와 수행을 하며
명상과 호흡 수행을 하며
의식의 상승을 위해
내면으로 들어가는 훈련을 멈추지 말아야 된다고
영성인들은 그렇게 알고 있으며
영성인들은 그렇게 믿고 있습니다.

명상을 통해 에고의 부정성을 정화하고
부정적인 생각이 들면 생각 멈추기를 통해
부정적인 에너지를 알아채고 눈치채어
감정으로 드러나지 않게 하고
의식으로 드러나지 않게 하고
판단으로 드러나지 않게 하면
내 안에 부정적인 에너지가 사라지고
내 안에는 긍정적인 에너지만 남게 된다고 믿고 있습니다.
내 안에 부정적인 에너지가 사라지고 나면
내 안에 긍정적인 에너지로 가득차면
내 삶이 감사함과 행복함으로 가득차게 되면
몸의 진동수가 높아지고 빛의 몸이 된다고 믿어 왔습니다.
긍정적인 마음과 행복함이 충만한 상태가 되면

자연과 교감할 수 있으며
신과도 교감할 수 있다고 믿어 왔습니다.

몸에 진동수가 높아지면 몸이 빛의 몸이 되고
빛의 몸이 되면
몸 안에 세포들이 빛으로 가득 찬다고 믿고 있습니다.
세포들이 빛으로 가득 차면
세포내에 있는 핵과 전자 사이의 회전 속도가 빨라져서
부정적인 에너지들이 머물지 못하기 때문에
빛의 몸이 된다고 믿어 왔습니다.
이런 원리에 의해
이런 방법으로 몸의 진동수가 높아진다고
순진하게 믿어 왔습니다.

의식의 상승을 위해
몸의 진동수를 높이기 위해
빛의 몸이 되기 위해
도인이 되기 위해
깨달은 사람이 되기 위해
남에게 없는 신통한 능력을 갖기 위해
진인이 되기 위해 인류는 끊임없이 노력을 하였습니다.
신을 만나기 위해 신의 소리를 듣기 위해
하늘의 소리를 듣기 위해
아는 소리를 듣기 위해 아는 소리를 하기 위해
수행을 멈추지 않았으며 기도를 멈추지 않았습니다.

빛의 몸이 되기 위해
소주천을 열기 위해 대주천을 열기 위해
도통을 하기 위해 깨달은 선인이 되기 위해

주역을 공부하기도 하였습니다.
소주천과 대주천을 열기 위해
기도터를 찾아 가고 수련을 하기 시작하였으며
기공과 단전호흡도 시작하였으며
알파 명상과 알파 호흡수련도 경험하였으며
주문수행을 한 적도 있을 것입니다.

인류가 빛의 몸이 되기 위해
인류가 신을 만나기 위해
인류가 깨달음을 얻기 위해
인류는 기도와 수행을 멈추지 않았습니다.
삼천배를 하고 또 하고
독경과 주문수행을 삼십 년을 하고도 모자라
내 정성과 기도가 부족하여 깨닫지 못했다는 생각에
독경과 주문수행을 죽을 때까지 해보겠다고
독한 마음을 먹는 수행자들이 넘쳐나고 있습니다.

하루 24시간 중 18시간을 호흡과 명상으로 수행을 하고
몸을 통한 기공수련을 하고 도인법을 하고
단전호흡을 삼십 년을 하고도
하루하루 몸에 기혈이 막히고 하루하루 몸이 망가져 가도
신을 향한 간절한 내 믿음을 담보로 하여
더 높은 깨달음을 위해
빛의 몸이 되기 위해
진동수를 높이기 위해
신을 만나기 위해
복을 구하기 위해
오늘도 기도와 수행의 고삐를 더욱더
조이고 있는 수행자들이 있습니다.

시절인연이 되어
지구 행성의 물질문명의 종결을 앞두고
지축 이동을 앞두고
새 하늘과 새 땅의 출현을 앞두고
지구 행성에 강력하게 설치되어 있는
기도와 수행의 매트릭스의 해체와 철거를 위해
종교 매트릭스의 해체와 철거를 위해
진동수와 관련된 대우주의 비밀을
우데카 팀장이 기록의 필요성이 있어 이 글을 남깁니다.

몸의 진동수가 높아지는 것은
인간의 의지로 되는 것이 아닙니다.
인간의 몸이 빛의 몸이 되는 것은
기도와 수행으로 되는 것이 아닙니다.
인간이 깨달음을 얻기 위해
소주천을 열고 대주천을 열어야 되는 것이 아닙니다.
인간이 신을 만나기 위해서
강한 믿음과 신념이 필요한 것이 아닙니다.
도통을 하기 위해 주역 공부와 한자 공부가 필요하지 않으며
수염을 기를 필요도 없으며 명상과 수행이 필요 없습니다.
전 세계적으로 오늘 이 시간에
깨달음을 얻기 위해
신을 만나기 위해
도통을 하기 위해
얼마나 많은 사람들이
무릎을 꿇고 기도를 하고 있으며
가부좌를 틀고 기도를 하고 있으며
좋은 기운(성령)을 받기 위해
명상을 하고 있는지 생각해 보십시오.

기도와 수행으로
신을 만날 수 있고 깨달음을 얻을 수 있다고
진짜로 믿으십니까?
명상과 호흡수행으로 의식이 각성이 되고
몸의 진동수가 높아져 빛의 몸이 될 수 있다고
진짜로 그렇게 믿고 있습니까?
기운이 좋은 곳에서 우주의 기운을 받으면
가장 진동수가 높은 알파 파장을 받으면
알파 파장보다 더 좋고 더 높은 파장을 받으면
몸이 진동수가 높아지고
빛의 몸이 될 수 있다고
정말로 순진하게 그렇게 믿고 계십니까?

몸의 진동수가 높아지는 것은
핵과 전자 사이의 회전수와는 아무 관계가 없습니다.
빛의 몸이 되는 것은
기도와 수행과는 아무 관련이 없습니다.
의식이 높아진다고 해서 몸의 진동수가 높아지지 않습니다.

몸의 진동수가 높아지고
빛의 몸이 되는 메커니즘은 다음과 같습니다.

❖ 우주의 높은 에너지를 내 몸에 머무르게 하고
　저장할 수 있는 차원 간 공간이 몸에 설치되어야 합니다.

❖ 내 몸 안에 대우주의 전체의식에 공명할 수 있는
　동기감응 할 수 있는 우주의 에너지가 있어야 합니다.
　대우주의 전체의식(18차원 18단계) 속에 있는 에너지 중
　내 안에 내 우주적 신분에 맞는

에너지가 준비되어 있는 사람만이
우주의 에너지와 동기감응(同氣感應) 할 수 있는 것입니다.

❖ 15차원 5단계에서 하강한 빛의 일꾼이
15차원의 상위자아와 연결되려면
15차원 5단계의 에너지가 내 몸에
저장(설치)되어 있어야 공명할 수 있습니다.

❖ 내 몸에 상위 차원의 에너지가 저장되고
축기되어 있어야 차원의 문을 열 수 있습니다.
차원의 문을 열고 차원 간의 벽을 허물 수 있는 것은
그 차원에 맞는 빛의 진동수(파장)가
그 에너지가 축소되어 내 몸에 준비되어 있어야 합니다.

❖ 높은 차원의 에너지를 몸에 설치하는 절차와 과정을
에너지 조정이라 합니다.
몸청소 과정이 있으며 차크라를 여는 과정이 있으며
무형의 공간에 무형의 공간을 설치하는 우주공학적 기술들이
하늘의 의사인 라파엘 그룹에 의해 진행되고 있습니다.

❖ 장부와 장부 사이에 차원 간 공간이 설치됩니다.
차원 간 공간이 설치되고 나면
그 공간에
그 차원에 해당되는 우주의 높은 에너지가 들어와
내 몸이 높은 에너지를 저장할 때
몸의 진동수가 높아진 것입니다.
이 에너지의 일부가 몸으로 흡수되어
편재(遍在 omnipresence)할 때
빛의 몸이 되었다고 하는 것입니다.

❖ 자신의 우주적 신분에 따라
차원 간 공간의 숫자와 정밀도가 다르게 설치됩니다.
우주적 신분이 높은 인자들일수록 차원 간 공간의 설치가
오래 걸리고 밀도가 높아지고 고도화됩니다.
우주적 신분에 맞게
차원 간 에너지들을 모두 흡수할 수 있도록 설치됩니다.
15차원 5단계의 빛의 일꾼들은
4차원 1단계에서부터 한 단계 한 단계 설치되어
15차원 5단계까지 설치됩니다.

❖ 7차원 8단계의 흰빛 영혼에게
8차원의 차원 간 공간이 설치될 수 없습니다.
자신의 최종 상위자아가 존재하는
7차원 8단계 이상의 진동수를 몸에 저장할 수 없습니다.
이것이 대우주의 법칙 속에 있는 차원의 벽입니다.

❖ 9차원 8단계의 은빛 영혼의 몸의 진동수는
9차원 8단계 이하의 빛만을 수용할 수 있으며
이 범위 안에서 하늘의 에너지 조정이 있습니다.
하늘의 에너지 조정은 차원의 문을 여는 열쇠이며
차원의 벽을 넘는 기초공사입니다.
하늘의 에너지 조정이 있은 후 그 차원 간 공간에
그 에너지가 들어올 때 몸의 진동수가 높아지는 것입니다.

❖ 하늘에 의지에 의해
하늘의 뜻에 의해
아바타의 영혼의 프로그램에 의해서만
몸의 진동수를 올리는 절차가 하늘에 의해 집행되는데
이것을 에너지 조정이라 합니다.

❖ 에너지 조정이 있은 후
  • 우주의 고차원 에너지 주입 → 몸의 진동수 높아짐
    → 몸으로 흡수되어 빛의 몸이 됨 → 의식의 상승
    → 상위자아 합일로 완성됩니다.

이 과정은 지루하고 오래 걸리는 과정입니다.
육신을 가진 인간의 장부가 견딜 수 있는 범위 내에서
이루어져야 하기 때문입니다.

몸의 진동수가 높아진다는 것은
우주의 차원의 문을 여는 것입니다.
우주의 차원의 벽을 허무는 것이며
대우주의 전체의식으로 의식이 상승되는 것입니다.
대우주의 차원의 문을 여는
우주의 행정적 절차가 진행되는 것을 의미합니다.

몸의 진동수가 높아진다는 것은
자신의 우주적 신분에 접근하는 것이며
의식이 상승되는 과정이며 빛의 몸이 되는 것입니다.
상위자아와의 합일을 이루는
눈에 보이지 않는 우주의 행정 절차들이
낮은 단계에서 일어나고 있음을 상징합니다.

기도와 수행의 시대를 마감하기 위해
새 하늘과 새 땅에서 펼쳐질 영성의 시대를 열기 위해
그동안 봉인되었던 대우주의 비밀들을
우데카 팀장이
하늘과의 소통과 조율 속에서 전합니다.
인류들의 건승을 빕니다.

스타시스에 대한 정리

서양의 채널링 메시지를 통해 스타시스는 알려졌습니다.
스타시스(Stasis)란 지구 행성의 자전이 멈출 때
지구 행성의 생명체들을 보호하기 위해
어둠의 3일(3 days of darkness)과 함께
모든 생명체들이 잠을 자게 되는 상황을 말합니다.
서양의 채널링 메시지를 통해
영성인들은 스타시스라는 용어를 접했으며
실제로 이런 일이 일어날 거라고 믿고
재난을 준비했던 경험들이 있는 분들이 있을 것입니다.

지구 행성의 자전은 멈추지 않았으며
어둠의 3일도 일어나지 않았으며
지구 행성의 차원상승도 일어나지 않았습니다.
지구 행성에서는 아무 일도 일어나지 않았습니다.
스타시스라는 말은
어둠의 3일 사건이 일어나지 않음으로써
영성인들의 기억 속에서
영성인들의 의식 속에서 잊혀져 가고 있었습니다.
잊혀진 지 오래된 스타시스에 대한 정리의 필요성이 있어
하늘의 숨은 뜻을
시절인연에 의해 우데카 팀장이 기록으로 남깁니다.

스타시스가 진행되는 동안 모든 생명체들은
곰이 겨울잠을 자는 것처럼 의식 활동이 일어나지 않으며
생체 활동도 최소한으로 일어나게 됩니다.

모든 감각들의 작용이 멈추게 됩니다.
사람이 잠을 자는 동안에는 감각 자극에 반응하지 않고
아무런 의식의 활동이 일어나지 않고
아무것도 기억하지 못하게 됩니다.

스타시스란
지축의 정립 과정에서
지구의 생명체들을 보호하기 위해
하늘에 의해 준비되고 있는 실제상황이 될 것입니다.
지축 이동 때에 스타시스가 일어날 예정입니다.
이때를 위해 하늘이 거짓 채널을 통해
스타시스라는 의미를 인류에게 알려주었습니다.
하늘의 소리(채널링 메시지)에는
거짓 속에 진실이 있으며
진실 속에 거짓이 있다는 것을 알아야 합니다.
채널에도 진실도가 있으며
인류의 의식 수준을 감안하여 메시지를 준다는 것입니다.

지축 이동은
인류가 한 번도 경험하지 못한 일입니다.
지축이 이동할 때 발생하는 소리는
굉음의 소리를 넘어
청력의 소실을 넘어
인간의 생명을 위협할 것입니다.
지축이 이동될 때 일어나는
대륙이 침몰하고 융기할 때 나는 소리와 빛은
인간의 상상을 벗어나는
죽음의 소리가 될 것이며
죽음의 빛이 될 것입니다.

지축 이동이 일어날 때 발생하는
진도 8과 진도 9를 넘어서는 지진이 일어날 때
그 소리를 듣는다면
인간은 상상할 수 없는
공포와 두려움이 몰려올 것입니다.
이때를 위해 생명체의 보호를 위해
모든 감각 기능이 중지되고
의식 기능이 중지되고
생체 활동이 최소화된 상태로 잠을 자게 하는
스타시스가 하늘에 의해 준비되어 있음을
하늘과의 소통 속에
하늘과의 조율 속에
우데카 팀장이 전합니다.

하늘에 의해 준비된
스타시스가 일어나는 때는 다음과 같습니다.
지축 이동 1차와 2차는
일상생활을 하다가 인류들은 맞이하게 됩니다.
지축이 정립될 때 나는 하늘의 찢어지는 듯한
굉음을 듣게 될 것입니다.
쓰나미와 지진들이 일어날 때 나는 소리 등을
대부분의 인류들은 듣게 될 것입니다.
지축 이동 1차에는 준비된 스타시스가 없습니다.

지축 이동 2차 때에
재난이 집중적으로 일어나는 지역에서
꼭 살아야 할 인자들에 한해서
부분적이고 개별적으로 진행되는 인자들에 한해
스타시스가 일어나게 될 것입니다.

대부분의 인류들은 지축 이동 1차와 2차에
공포와 함께 굉음과 함께
몰려오는 쓰나미와 무너지는 건물과 함께
육신의 옷을 벗게 될 것입니다.

인류는 지축 이동이 시작되면서
살아남기 위해서는 안전지대인 역장으로 모두 들어가야 합니다.
지축의 3차 이동 전에 대피해야 합니다.
지축 이동 3차와 4차는
대륙의 침몰과 융기가 일어나는 시기입니다.
3차 지축 이동시에는 지축 이동 1차와 2차에서
살아남아 있는 인류의 40%를
순간적인 혼절을 통해
자연스럽게 스타시스가 일어날 것입니다.
3차 지축 이동 기간은 길지 않으며
때가 되면 스타시스에서 깨어나게 됩니다.

지축 이동 4차는 시간이 길게 일어납니다.
이 기간에는 모든 생명체들에게 스타시스가 일어날 예정입니다.
약 3달 정도 스타시스가 진행될 예정입니다.
지축 이동 5차가 끝날 때까지 스타시스가 이어질 예정입니다.
이 기간 동안 대륙은 융기와 침몰이 진행되며
지구 행성의 리모델링의 큰 틀이 완성되는 시기입니다.
이 기간 동안 모든 생명체들의
생명회로도의 업그레이드가 진행될 것입니다.
살 사람과 죽을 사람이
스타시스가 진행되는 동안
하늘에 의해 결정이 될 것입니다.
지축 이동 6차에서부터 7차까지는 스타시스가 진행되지 않습니다.

지축 이동 4차 때에 일어나는 스타시스 동안에
모든 생명체들은 하늘에 의해
생명회로도의 업그레이드가 있을 것입니다.
새 하늘과 새 땅에
생명회로도를 구성하는
모든 보이지 않는 시스템들의 업그레이드가
모든 생명체들에게 일어날 것입니다.
지구에서 살아갈 식물들과 동물들이 결정되는 시기입니다.
우주 함선들에 의해
보이지 않는 에너지선들을 통해 일어날 예정입니다.

스타시스 기간 동안
모든 생명체들은 잠을 자게 될 것입니다.
이 기간은 영혼들에게 주는 휴식의 시간이 될 것입니다.
생명회로도의 업그레이드가 있을 것입니다.
영혼백 에너지들의 정렬이 있을 것입니다.
물질문명이 종결되는 혼란에서부터
지축 이동 때 느끼는 두려움과 공포로부터
역장 생활의 고단함에서 오는
외로움과 절망상태에서 잠시 벗어나
영혼에게는 달콤한 휴식이 될 것입니다.
스타시스 기간이 끝나고
깨어나는 인자들부터
생명 활동과 의식 활동들이 시작될 것입니다.
스타시스 기간 동안
생명회로도가 업그레이드되지 못한
인류들과 동식물들은 깨어나지 못하거나
깨어나더라도 시름시름 원인도 모르는 병을 앓다가
육신의 옷을 벗게 될 것입니다.

하늘의 계획이 있기에 땅에서 펼쳐짐이 있습니다.
하늘의 계획이 있기에 지구의 차원상승이 있는 것입니다.
하늘의 계획이 있기에 바이러스 난이 있는 것입니다.
하늘의 계획이 있기에 지축 이동이 있는 것입니다.
하늘의 뜻이 있기에 땅에서 삶과 죽음이 있는 것입니다.
하늘의 의지가 나에게 있기에
나는 지금 살고 있고 살아 있는 것입니다.
하늘의 계획이 있기에 스타시스가 있는 것입니다.

하늘과의 소통 속에
하늘과의 조율 속에
하늘의 계획을 전합니다.
하늘의 의지를 전합니다.

인연이 있는 인자들을 위해
인류의 마지막 모습을 기록으로 남기기 위해
지축 이동이 일어나기 전
우데카 팀장이 이 글을 기록으로 남깁니다.

믿으라고 한 적 없습니다.
하늘은 인류의 의식의 눈높이에서
하늘의 일을 하지 않습니다.
하늘은 하늘 스스로 정한 길을
하늘이 일하는 방식대로
하늘의 프로그램대로 진행하고 집행할 뿐입니다.

그렇게 될 것이며
그렇게 예정되어 있으며
그렇게 되었습니다.

하늘에 대한 정리

모든 선의 근원은 하늘입니다.
모든 악의 근원 역시 하늘입니다.
하늘은 선하지도 않으며 하늘은 착하지도 않습니다.
땅에 있는 모든 것들은 하늘에서 온 것입니다.
땅 위에서 펼쳐졌던 모든 것들은
하늘의 계획이며
하늘의 에너지이며
하늘의 의지가 땅에서 펼쳐진 것입니다.

하늘은 당신의 기도를 들어주기 위해 존재하지 않습니다.
하늘은 당신의 가족의 건강과 행복을 위해 존재하지 않습니다.
하늘은 당신을 천당과 지옥으로 데려가기 위해 존재하지 않습니다.
하늘은 당신의 찬양을 원하지 않습니다.
하늘은 에고에 갇힌 당신의 기도를 원하지 않습니다.
하늘은 당신의 돈을 원하지 않습니다.
하늘은 당신이 땅에서 가진 모든 것들을 원하지 않습니다.
땅에 있는 모든 것들은 본래 하늘의 것이기에
때가 되면 당신의 영혼이 하늘로 돌아가듯
땅에 있는 모든 것들은 때가 되면 하늘로 돌아갈 것입니다.

하늘은 인자하지 않습니다.
하늘은 온화하지 않습니다.
하늘은 친절하지 않습니다.
하늘은 공짜가 없습니다.
하늘은 절대공평무사하며 하늘은 하늘의 공리로써

하늘 스스로 정한 길을 갈 뿐입니다.
하늘은 온전합니다.
하늘은 한 치의 오차 없이 창조주의 의식 속에서 공명하고 있습니다.

땅은 온전하지 않습니다.
땅은 불완전합니다.
땅은 불평등합니다.
땅은 모순으로 가득 차 있습니다.
땅은 영혼들의 배움의 장소이기에
땅은 모든 에너지들의 전시장이며
땅은 모든 에너지들의 각축장이며
땅은 모든 에너지들의 실험실이며
땅은 모든 에너지들의 작용이 이루어지는 곳입니다.
땅은 모든 에너지들의 통합이 이루어지는 곳입니다.

하늘은 인류의 의식 수준에서 결정됩니다.
인류의 의식이 낮으면 낮을수록
하늘은 화를 내고 심판하는 하늘로 느낄 것이며
당신의 의식이 낮으면 낮을수록
하늘은 당신의 죄를 심판하여
천당과 지옥으로 보낼 것이라고 믿게 될 것입니다.
당신이 종교의 경전 속 하늘에 갇히면 갇힐수록
하늘을 두려움과 공포로 느끼게 될 것입니다.
당신의 의식이 높아지면 높아질수록
하늘이 일하는 방식에 공명하게 될 것입니다.
당신의 의식이 높은 차원의 문을 열면 열수록
당신과 하늘이 참 많이 닮아 있다는 것을 알게 될 것입니다.
당신의 의식이 대우주의 전체의식과 공명하면 공명할수록
당신이 곧 하늘이라는 것을 알게 될 것입니다.

자신의 의식의 수준이
인류의 의식의 수준이
하늘의 수준을 결정하게 되는 것입니다.

하늘은 18차원으로 되어 있습니다.
4차원 영계는 1단계부터 15단계로 되어 있습니다.
각 단계마다 엄격한 차원 간 벽이 있으며 차원 간 공간이 있습니다.
5차원에서 15차원까지는
각 차원별로 1단계에서 15단계로 되어 있습니다.
16차원과 17차원과 18차원의 하늘은
1단계에서부터 18단계로 존재합니다.

하늘은 수많은 층위를 가지고 있습니다.
같은 하늘이라도 층위가 다릅니다.
하늘을 정확하게 표현하려면 몇 차원 몇 단계로 표현해야 합니다.
하늘의 소리를 듣는 인자들이 있다면
당신이 접속하고 있는 곳이 하늘이라고 믿는다면
몇 차원 몇 단계의 하늘에 접속되어 있는지 확인하시면 되는 것입니다.

하늘은 구름위에 존재하지 않습니다.
인간이 하늘이라고 믿고 있는 하늘에는 하늘나라가 없습니다.
천국도 없으며 천당도 없습니다.
지구 행성의 대기권 안에는
인간이 죽어서 간다는 하늘이 존재하지 않습니다.
지구 행성의 남극과 북극의 차원 간 공간 속에
4차원 영계가 설치되어 있을 뿐입니다.
4차원 영계는 영혼들의 행성 출입국 사무소에 해당되며
윤회를 위해 잠시 대기하는 기능을 하고 있습니다.
4차원 영계는 행성의 스타게이트 역할을 위해 설치되어 있습니다.

5차원 이상의 하늘은 하늘에 존재하지 않습니다.
5차원 이상의 하늘은 지구 행성보다도 더 큰 우주 함선이
하늘의 임무와 역할을 수행하고 있을 뿐입니다.
하늘에 있다고 믿고 있으며
하늘의 황제라고 알고 있는 옥황상제는
7차원에 존재하고 있으며
7차원의 최고 관리자 그룹입니다.
옥황상제는 7차원을 담당하고 있으며
지구 행성이 속해 있는 천상정부의 최고 수장이며
우주함선의 선장입니다.
인류가 하늘이라고 믿고 있는 실체는
우주 함선의 거대한 컴퓨터입니다.
거대한 컴퓨터에 의해 행성의 모든 생명체들의
의식을 관리하고 통제하고 있습니다.
이 시스템을 관리하고 지원하는 천사들이
에너지체로 존재하는 곳이 하늘의 실체입니다.
인간 사회의 관계망인 모나노 시스템(9차원)과
모나노 시스템을 관리하는 판드로닉스 시스템(11차원) 등이
더 높은 수준의 하늘이 됩니다.
하늘은 창조주의 의식으로
거대한 우주 함선과
우주 최고의 컴퓨터들이 작동되고 있습니다.
하늘은 창조주의 의식이라고 할 수 있습니다.

차원을 담당하는 우주 함선들이 존재하고 있습니다.
차원 간 이동은 엄격히 제한되어 있습니다.
차원 간에 부여된 고유한 임무와 역할은 존중되며
상위차원일지라도 함부로 명령할 수 없으며
대우주의 법칙과 전체의식 속에서 운영되고 있습니다.

혼에 새겨진 빛의 매트릭스를 가진 영혼들을
담당하는 부서들이 우주 함선 내에 존재하고 있으며
중간계와 어둠의 매트릭스를 담당하는 부서 역시
엄격하게 관리되고 통제되고 있습니다.

차원 간의 벽은 엄격합니다.
차원의 벽을 허문다는 것은 아무에게나 허용된 것이 아닙니다.
차원의 벽이나 차원의 문을 열 수 있다는 것은
그 차원의 정보 네트워크에 접속할 수 있는
권한이 주어진다는 것을 의미합니다.
하늘에서 준비된 인자만이
하늘의 좁은 문인 차원의 벽을 허물고
차원의 문을 열 수 있는 것입니다.
인간이 깨닫는다는 것이 갖는 의미는
차원의 문을 연다는 것을 의미합니다.
기도와 수행으로 열리지 않는 문이며
명상과 호흡수련으로 열리지 않는 문입니다.
인간의 노력으로
인간의 자유의지로
인간의 지극한 정성으로
인간의 하늘에 대한 신앙심으로 하늘의 문은 열리지 않습니다.

하늘의 문은 열릴 인자들에게는
때가 되면 저절로 열리는 자동문입니다.
아무 노력이 없어도
명상을 하지 않아도
삼천배를 하지 않아도
주문수행을 하지 않아도
기도와 수행을 하지 않아도

하늘의 문을 열기로 예정된 하늘 사람과
하늘의 문이 열리기로 예정된 사람에게는
때가 되면 하늘의 좁은 문은 자동문이 되어 열리게 됩니다.
이것이 하늘의 실체이며 이것이 하늘이 일하는 방식입니다.

하늘의 계획이 있기에
땅에서 펼쳐짐이 있는 것입니다.
하늘의 의지가 있기에
땅에서 생명의 주기들이 펼쳐지고 있는 것입니다.
하늘의 뜻이 있기에
땅에서 지구 행성의 차원상승이 준비되어 있는 것입니다.
하늘의 의지가 있기에
지구 행성의 물질문명의 종결이 예정되어 있는 것입니다.
보이지 않는 세계의 정점에 하늘이 있으며
보이지 않는 하늘의 정점에 신이 있으며
보이지 않는 신들의 정점에 창조주가 있습니다.
창조주의 의지에 의해
지구 행성에 새 하늘과 새 땅이 펼쳐질 것입니다.
창조주의 계획이 있기에 한반도가 정신문명의 중심지가 될 것이며
창조주의 뜻이 함께하기에
한민족을 중심으로 한 정신문명이 펼쳐질 것이며
창조주 = 하늘의 계획이 있기에
한반도를 시작으로 지구 대재난과 지구 차원상승이 시작이 될 것입니다.
인류의 의식 수준으로
당신의 의식 수준에서
준비되고 계획되는 지구 차원상승이 아닙니다.
하늘에 계획이 있기에
하늘의 의지가 있기에
땅에서 하늘의 뜻이 이루어지는 것입니다.

인류의 의식의 눈높이에서
당신의 의식의 눈높이에서
하늘의 일들은 진행되지 않을 것입니다.

하늘은 하늘 스스로 정한 길을
하늘이 일하는 방식에 의해 집행할 것입니다.
하늘은 인류의 동의를 구하지 않을 것이며
하늘은 당신의 동의 역시 구하지 않을 것입니다.
인류 각자의 의식 수준에서 자기만의 하늘이 옳다고
내가 믿는 하늘이 더 옳고
당신이 믿는 하늘은 틀렸다고 잘못됐다고
서로 다투고 논쟁을 할 것입니다.
그런 하늘은 필요 없다고
이런 하늘은 필요 없다고
하늘이 그럴 리가 없다고
하늘이 이럴 수는 없다고
자신의 의식 수준에서 하늘을 비난할 것입니다.

그러거나 말거나
하늘은 가슴을 닫은 채
하늘이 일하는 방식에 의해 오던 길로 갈 것입니다.
인류의 가슴에서 잃어버린 하늘을 되찾을 때까지
뼛속까지 물질화된 인류가 잃어버린 하늘을 되찾을 때까지
자신이 속해있는 집단들의 이해관계에 따라
달라지는 하늘의 그 실체가 드러나게 될 것입니다.
인류의 가슴속에서
잃어버린 하늘을 되찾아 주기 위한
하늘의 대장정이 시작될 것임을
시작되었음을 우데카 팀장이 전합니다.

3부 새 하늘 새 땅

아프고 아픈 이별을 겪은 후에야
내가 가지고 있던 모든 것을 내려놓은 뒤에야
옳고 그름의 판단을 모두 내려놓은 뒤에야
사랑의 본질을 깨달은 뒤에야
서로가 하나로 연결되어 있다는
우주의 진리를 깨닫고 난 뒤에야
진정한 새 하늘과 새 땅은 펼쳐질 것입니다.

새 하늘과 새 땅의 모습

지축 이동 후
지구의 차원상승 후 안전지대(역장)에서
새 하늘과 새 땅의 모습이 펼쳐질 예정입니다.

차원상승 후 지구의 환경

	현재	차원상승 후
산소 농도	21 %	46 %
중력 크기	9.8 m/s	7.5 m/s
공기 밀도	1.25 kg/m³	0.9 kg/m³
자기장의 세기	0.5 G(가우스)	1.2 G(가우스)
얼음천공의 설치	우주로부터 들어오는 유해 광선 차단 기후 변화의 안정(최소화)	

18차원의 빛(1단계에서부터 18단계)이 실질적으로 균등하게 들어올 예정

새 하늘과 새 땅에 살아가야 할 생명체들은
다음과 같은 전제 조건이 있어야 살 수 있습니다.

- 차크라의 연결(몸의 진동수 증가)
- 생명회로도의 업그레이드
- 최종 상위자아 합일(노란빛 영혼 이상)
- 메타 의식구현 시스템의 업그레이드
- 의식의 각성

인류들의 건승을 빕니다.

새로운 정신문명의 특징

물질문명의 중심을 이루고 있는
물질 매트릭스의 3가지 축이 있는데
하나는 신에 대한 두려움을 기반으로 한 종교입니다.
다른 하나는 화폐 매트릭스입니다.
화폐 매트릭스는
물질문명을 유지하고 관리하기 위해 도입된 제도입니다.
화폐 매트릭스를 지탱하기 위해 복잡한 제도와 법이 필요하였으며
정치와 권력이 등장하게 되었습니다.
호모 사피엔스(인류)에게 존재하는
가장 강력한 매트릭스는 혈연관계와 가족관계입니다.

물질문명의 중심을 이루고 있는
핵심 키워드는 종교, 돈(화폐), 혈연입니다.
이것을 지탱하기 위해 수많은 제도와 장치들이 생겨났으며
진리와 진실들이 감추어졌으며
진리와 진실들이 오염되었으며
진리와 진실들이 마사지되었습니다.

지구 행성의 매트릭스 관리자들에 의해
다양한 종교와 정치의 매트릭스들이
인류의 의식의 층위에 따라 촘촘하게 설치되었습니다.
지역과 시대별로 다양한 문화와 문명들이 펼쳐졌습니다.
문명이 발달하면서 매트릭스 관리자들에 의해
지구 행성의 물질 매트릭스는
정교하고도 촘촘하게 설치되었습니다.

지구 행성의 모든 권세가
소수의 지배 엘리트들의 손으로 넘어갔으며
어둠의 형제들이 지구 행성의 문명이 발달하는 속도에 맞추어
물질 매트릭스들을 새롭게 설치하였으며
기존의 물질 매트릭스들을 유지하고 보수하고 관리하여 왔습니다.

지구 행성의 물질문명의 특징은 다음과 같습니다.

❖ 남성 중심주의 사상
❖ 여성들에 대한 억압과 착취
❖ 사회적 신분제도 = 경제력의 차이
❖ 혈연 중심 = 가문 중심 = 가족주의
❖ 임신과 출산이 자유로움
❖ 성에 대한 금기와 억압
❖ 사유재산제도 = 개인주의 문화
❖ 물질의 풍요로움을 마음껏 누리기 위해 사는 것이 삶의 목표

새 하늘과 새 땅에서 펼쳐질
정신문명의 특징을 정리하면 다음과 같습니다.

❖ 여성 중심주의 사회가 펼쳐짐(성비는 여성 : 남성 = 7 : 3)
❖ 임신과 출산이 엄격히 제한되며
   성에 대한 모든 금기와 억압이 사라짐
❖ 공동 생산, 공동 분배 = 사유재산제도가 없어짐
❖ 혈연 중심에서 → 영 에너지 중심으로 전환
   에너지의 순수성을 보존하려는 방향으로 전환
❖ 혈연 중심의 가족주의에서 →
   영의 분화를 중심으로 한 영혼의 에너지 스펙트럼을 중요시하는
   영혼의 가족 중심으로 재편

❖ 12지파 중심으로 생활하게 될 것임
❖ 잘 먹고 잘사는 것 중심에서
  → 창조의 법칙을 배우고 실현하는 것이 목표
❖ 푸른 행성 지구 → 우주의 보석 행성이 될 것입니다.

새로운 정신문명의 모델은
레뮤리아의 정신문명이 될 것이며
이들은 창조주의 의지에 의해 지하 문명을
우리의 선조로서 미리 펼쳐 놓았으며
지저인들의 도움을 받아 우주의 7차원 과학기술 문명이
빠르게 지구 행성에 도입될 예정이며
이것에 맞는 정신문명 또한 지구 행성에 도입될 것이며
빠르게 정착될 것입니다.

인류들은 지축 이동을 겪으면서
살아남은 소수의 인자들만이
역장(하늘이 준비한 안전지대)에서 아보날의 수여를 통한
교정 시간을 보내야 합니다.
새 하늘과 새 땅에서의 삶은
안전지대인 역장에서부터 시작할 것입니다.
물질문명이 종결된 후 맞이하는 역장 생활은
초기에는 많은 어려움들이 있을 것입니다.
많은 시련과 아픔의 과정을 견디고 살아남은 인류들만이
새롭게 변화된 행성의 대기 환경에
최적화된 문명들을 건설할 것입니다.
새로운 정신문명은
새로운 형태의 자기장 문명과
5차원 ~ 7차원의 우주 과학기술 문명을
기반으로 하여 건설될 것입니다.

인류들의 의식이 깨어나면서
지구 행성의 차원상승이 이루어지고 완성도가 높아질수록
다른 행성 다른 우주의 기술들이 먼저 들어오게 될 것이며
지구 행성은 우주의 전체의식 속으로 함께하며
우주속의 지구로 변화하게 될 것입니다.
이 과정의 처음과 끝을
우데카 팀장은 인류와 함께하게 될 것입니다.

아프고 아픈 이별을 겪은 후에야
내가 가지고 있던 모든 것을 내려놓은 뒤에야
옳고 그름의 판단을 모두 내려놓은 뒤에야
사랑의 본질을 깨달은 뒤에야
서로가 하나로 연결되어 있다는
우주의 진리를 깨닫고 난 뒤에야
진정한 새 하늘과 새 땅은 펼쳐질 것입니다.

인류의 아픈 역사가 시작될 것입니다.
지구 행성의 물질문명이 종결될 것입니다.
지구 행성에
하늘이 영혼들의 물질 체험을 위해 펼쳐 놓았던
모든 매트릭스들이 해체되고 철거될 예정입니다.
천지개벽의 때가 올 것입니다.
하늘은 스스로 정한 타임라인에 따라
하늘이 일하는 방식으로
지구 차원상승을 진행할 것입니다.

그렇게 될 것이고
그렇게 예정되어 있으며
그렇게 되었습니다.

한민족이 천손 민족인 이유

하늘을 마음속에서 믿고 따르며
하늘의 뜻을 땅에서 펼치고 있으며
하늘에 감사할 줄 알고 하늘에 제사 지내는 민족을
천손(天孫) 민족이라고 합니다.

하늘을 두려워하여 하늘에 제사를 지내고
하늘에 감사하며 제사를 지내고
하늘을 숭배한다고 누구나 다 천손 민족이 되는 것은 아닙니다.

천손 민족이란
하늘의 뜻을 땅에서 이루는데 앞장서거나
주도적으로 행하는 민족을 말합니다.
하늘의 뜻이란
하늘의 계획이며 하늘의 의지입니다.
보이지 않는 하늘의 계획이 있기에
보이는 세계인 땅에서 펼쳐짐이 있는 것입니다.

하늘의 뜻과 하늘의 의지란 창조주의 의지를 의미합니다.
창조주(조물주)의 뜻이 땅에서 펼쳐지는 것이
하늘의 계획이며 하늘의 뜻입니다.
창조주의 뜻을 땅에서 펼치기 위해서는
창조주의 뜻을 땅에서 펼치는 전문 그룹이나
전문가들이 반드시 필요합니다.
창조주의 뜻을 땅에서 펼치는 전문가 그룹들을
단지파(檀支派)라고 이야기합니다.

단지파는 창조주(18차원 18단계)의
순수한 에너지만으로 구성되어 있는 그룹을 말합니다.

창조주의 순수한 에너지를 가진 집단을 우주에서는
제1지파라고 합니다.
1지파는 가브리엘 지파를 의미하며 단지파라고도 합니다.
창조주들 중에 18차원 18단계의 에너지를 가진 지파를
단지파라고 합니다.

단지파의 에너지를 가진 그룹들 중에는
아보날 그룹과 멜기세덱 그룹이 있습니다.
아보날 그룹과 멜기세덱 그룹이
지상에서 물질문명을 펼쳐 나가는 주도적인 그룹이 됩니다.
이들을 천손 민족이라고 하는 것입니다.
천손 민족은 창조주의 에너지인
18차원 18단계의 에너지를 가진 민족이 다스리는 나라를 말합니다.
천손 민족은 창조주의 에너지를 가장 많이 가지고 태어난 인자가
가장 많이 살고 있는 민족이라는 뜻입니다.

영혼은 모두 12지파로 나누어질 수 있습니다.
지상에 태어난 물질 체험을 하고 있는 영혼들은
영혼의 지파가 모두 정해져 있습니다.
천손 민족은 제1지파인 가브리엘 지파이며 단지파를 상징합니다.
단지파들은 하늘에서는 천상정부를 관리하는 그룹이며
땅에서는 하늘의 뜻을 펼치는 장자(長子 맏아들)를 의미하는 것입니다.

상승하는 영혼들 중에
흰빛 영혼들 중에도 단지파 에너지를 가진 인자들이 있습니다.
은빛 영혼들 중에도 단지파 에너지를 가진 인자들이 있습니다.

핑크빛 영혼들 중에도 단지파 에너지를 가진 인자들이 있습니다.
노란빛 영혼들 중에도 단지파 에너지를 가진 인자들이 있습니다.
하강하는 영혼들인 빛의 일꾼들 중에
녹색빛 영혼들 중에도 단지파 에너지를 가진 인자들이 있습니다.

천손 민족이란
대우주의 창조주의 에너지(18차원 18단계)를
가진 영혼들이 다스리는 민족이며
창조주의 에너지를 가진 영혼들이 많이
분포되어 있는 민족을 말합니다.
한민족이 천손 민족이라고 하는 이유는
한민족의 지배층이 단지파이기 때문입니다.
아보날 그룹의 상징은 삼족오와 연꽃과 무궁화입니다.
아보날 그룹은 태극의 세계에서 오신 분들입니다.
삼태극과 거북이 몸에 용 모습이 있는 현무의 모습을 하고 있습니다.

한민족의 국기가
태극기인 이유가 여기에 있습니다.
태극기는 삼황 사상과 삼위일체 사상을 상징합니다.
흰색 바탕은 천황을 상징하며
파랑색은 지황을 상징하며
빨강색은 인황을 상징합니다.
태극기에 있는 모든 괘를 합하면 18개입니다.
18차원 18단계의 창조주를 상징합니다.
대한민국의 국화는 무궁화이며
대한민국의 국기가 태극기이며
대한민국 정부의 상징이 삼태극이며
우리 민족의 신화나 전설에
거북이와 현무의 모습이 자주 나타나는 이유입니다.

아보날 그룹은 단지파이며 창조주의 에너지로만 되어 있습니다.
한민족이 천손 민족이라고 하는 이유는
한민족을 구성하는 영혼들의 비율 중에
창조주의 에너지를 가진 단지파들의 비중이
다른 민족들보다 더 높게 편성되어 있기 때문입니다.
한민족의 지배층은 단지파이며 한 민족을 구성하는 영혼들 중에
단지파의 비중이 가장 높은 민족은 바로 한민족입니다.

한민족은 천손 민족이며
한민족은 창조주의 장자입니다.
한민족은 영성 시대에 지구 행성의 중심 민족이었습니다.
한민족은 물질문명의 시대에는 하늘에 의해 감추어졌으며
하늘에 의해 숨겨져 왔습니다.
한민족은 새로운 정신문명을 열기 위해
수많은 인고의 과정을 견뎌야 했으며
막중한 책임이 있었기에
하늘에 의해 숨겨지고 감추어져 왔던 것입니다.

하늘의 때가 되면
한민족이 천손 민족임이 드러나게 될 것입니다.
지구 차원상승의 중심이 한반도가 될 것이며
새로운 정신문명을 펼칠 삼황의 출세가 한반도에서 있을 것입니다.
행성의 물질문명이 종결될 때
창조주의 자녀들로 구성된 우주 군인들에 의한
아보날의 수여가 한반도에서 있을 것입니다.
창조주께서 주관하시는 아보날의 수여가
한반도에서 시작하여 전 세계적으로 이루어질 예정입니다.
한민족이 세계의 중심이 될 것이며
한반도가 세계의 중심이 될 것입니다.

물질의 시대에서 영성의 시대로

하늘과의 소통이 끊어진 물질의 시대에
삶의 가치는
물질의 풍요로움을 마음껏 즐기는데 있습니다.
물질의 풍요로움을 누리기 위해서는
경쟁에서 이겨야 유리하며
을보다는 갑이 유리하며 서민보다 부자가 유리합니다.
물질의 시대에는 진리가 없어도 사는데 큰 문제가 없습니다.
사람이 살아가는데 가슴에서 하늘이 없어도
눈에 보이는 것만을 진실이라고 믿으며
사는 데에 아무 불편함이 없습니다.
하늘의 존재를 믿지 않아도
진실과 진리를 찾지 않아도 살아가는데 아무 불편함이 없습니다.

인류에게 진리는 꼭 필요한 것이 아닙니다.
진리는 있어도 좋지만 진리가 주는 만족감보다는
물질이 주는 행복이 더 크게 작용합니다.
먹고 사는 것이 더 중요하며
내 가족과 내 자식이 더 잘되는 것이 중요합니다.
하늘은 내 기도를 들어주기 위해 존재하는 것이며
하늘은 나에게 복을 주기 위해 존재한다는
생각에 갇혀 벗어나지 못하고 있습니다.
하늘을 잃어버린 인류에게 중요한 건
노후의 안전한 보장과 내 자식 내 가족의 행복이며
물질의 공정한 분배를 위해 공정한 규칙을 위해
정의의 방식을 주장하는 것입니다.

신은 내 삶에 끼어들 틈이 없으며
온통 물질에 대한 집착과 옳고 그름을 가리고
복수와 응징에 대한 생각들로 가득 차 있습니다.

물질의 시대에는
불공평한 제도와 불합리한 제도를 바로잡기 위해
진실보다는 정의가 더 효율적이기 때문입니다.
물질의 시대에 진실은 불편할 때가 더 많기 때문입니다.
물질의 시대에 진실을 가슴에 품고 사는 것보단
옳고 그름을 가리는 정의의 칼날을
품고 사는 것이 더 편하기 때문입니다.

물질의 시대에는
공평한 게임의 규칙을 만들고 공정한 게임의 룰을 정하는데
진실보다는 공평무사함을 논하는 정의의 방식이
내 것을 지키는데 더 효율적이기 때문입니다.
정의의 방식은 흑과 백으로 나눌 수도 있으며
아군과 적군을 나누기가 너무 쉬우며
좋은 사람과 나쁜 사람으로 구분하기 쉬우며
타인을 응징할 수 있는 가장 좋은 방법입니다.
정의의 방식은 참 편리합니다.
정의의 깃발을 들고 외치면 누군가는 내 편이 확실히 생기기 때문입니다.
상대방을 정의롭지 못하다고 규정하는 순간
나는 정의롭지 못한 사람을 심판하는 심판자의 위치를
스스로 쉽게 획득할 수 있기 때문입니다.

정의의 이름으로
정의라는 명분으로
타인을 비난할 수 있고 타인을 비판할 수 있으며

타인의 자유의지를 침범하는 것 역시
당연하다는 생각과 논리가 생겨나기 때문입니다.

나의 정의가 당신의 정의보다 우위에 있기에
당신은 적이 되어야 하고 당신은 나쁜 사람이며
나는 그런 당신을 정의의 이름으로
죽창으로 사람을 죽이는 것도
군인이 총으로 민간인을 죽이는 것도
당연하게 행해질 수 있었으며
지배자가 피지배자를 착취할 수 있었으며
피지배자가 지배자에 저항할 수 있었습니다.
정의의 이름으로
신의 이름으로
왕의 이름으로
법과 제도의 이름으로
타인의 자유의지를 억압하고 타인의 권리를 억압을 통해
복수와 응징의 정의의 매트릭스가
너무나 자연스럽고 너무나 광범위하게 펼쳐져 있는 것이
지구 행성의 슬프고도 슬픈 역사입니다.

모든 것은 정의의 이름으로 행해졌습니다.
물질의 시대에 정의의 깃발은
평화의 깃발보다도
신의 깃발보다도
진실의 깃발보다도
진리의 깃발보다도
인간의 마음을 쉽게 움직일 수 있기 때문입니다.
진영 논리를 앞세울수록
정의의 스펙트럼이 강한 정치인일수록

시민과 대중의 이익을 앞세울수록
가난한 자의 이익을 대변하는 명분이 강할수록
정의를 내세우는 예술가와 철학자들일수록
모순(矛盾)이 많은 사회일수록
불합리하고 불평등한 사회일수록
쉽게 사람의 마음을 모을 수 있으며
쉽게 사람의 마음을 얻을 수 있기 때문입니다.

사람 사는 사회는
언제나 모순이 있었으며
언제나 불평등한 사회였으며
언제나 비합리적인 제도와 법률이 있었으며
언제나 나쁜 사람은 있었으며
언제나 천벌 받을 사람은 있었으며
언제나 나보다 더 나쁜 사람이 있었습니다.
물질의 시대에
하늘을 잃어버린 인류에게
문제의식을 가지고 있는 지식인들과 권력 지향적인 인자들이
대중의 눈높이에서 대중의 이익을 위한다는 명분 뒤에는
반드시 정의의 방식이 자리 잡고 있었습니다.
정의롭지 못한 사람은 반드시 벌을 받아야 된다는 믿음들이
복수와 응징을 정당화하였습니다.
복수와 응징을 정당화하기 위하여
하늘의 이름으로
신의 이름으로
예수님의 뜻을 빙자하여
부처님의 뜻을 빙자하여
신의 뜻을 빙자하여
피비린내 나는 투쟁의 역사였습니다.

정의의 방식은 달콤한 유혹이며
쉽게 빼어들 수 있는 응징의 칼이며
언제 어디서나 타인의 자유의지를 침범할 수 있는
명분을 제공하였습니다.
권선징악의 뿌리 깊은 옳고 그름의 매트릭스는
복수와 응징을 당연시하는 문화와 문명들을 탄생시켰습니다.
정의의 방식은 물질의 시대를 움직이는 최고의 가치였으며
최상의 선을 실현하는 도구였습니다.
물질의 시대에 정의는
사회 윤리와 개인 윤리를 이루는 기초가 되어 왔습니다.

정의로운 사회를 외치지 않은 정치 지도자는 없었으며
정의로운 사회를 만들기 위해 노력하지 않은 정치인은 없습니다.
하늘을 잃어버린 인류가
하늘과의 소통이 단절된 인류들 중에
정의를 외치지 않은 사람은 아무도 없습니다.
자신은 정의로운 사람이며
자신은 정의를 실현하는 사람이며
정의로운 사회를 만들기 위해
모든 인류들은 정의의 함정 속에서
정의의 이름으로
정의로운 사회를 만드는 역사에 참여하여 왔습니다.

하늘을 잃어버린 인류에게
하늘과의 소통이 단절된 인류들은
물질이 중심이 되는 물질문명을 펼쳐왔습니다.
그동안 깊고도 깊은 정의의 함정에 빠져 버렸습니다.
허우적대면 댈수록 인간성조차도 잃어버리게 하는
정의의 늪에 빠져 버렸습니다.

지금 세계는 정의의 이름으로 벌이는
정의의 광풍이 몰아치고 있습니다.
한반도를 비롯하여 세계 각국에서 정의의 이름으로
전쟁을 하고 타인을 심판하고
타인의 자유의지를 억압하는 것을 당연하게 받아들이고 있습니다.
정의의 함정에 빠진 인류가
정의의 늪에 빠진 인류가
또 다른 정의의 깃발을 들고
푸르고 푸른 꿈을 꾸고 있을 뿐입니다.

인류의 가슴에서
인류의 마음에서
옳고 그름을 내려놓고
시비 분별을 내려놓고
나쁜 사람과 좋은 사람을 내려놓을 때만이
정의의 함정과 정의의 늪에서 인류는 빠져나올 수 있습니다.
정의의 함정과 정의의 늪에서 빠져나올 수 있는 유일한 길은
잃어버린 하늘을 되찾는 길밖에는 없습니다.
인류의 가슴과 마음에서
잃어버린 하늘과의 소통이 이루어지고
잃어버린 신성을 회복하기 전에는
정의의 이름으로 상대방을 응징하는
복수와 응징의 역사는 되풀이될 것입니다.

영성의 시대는 진리의 시대입니다.
하늘의 뜻이 땅에서 펼쳐지는 것입니다.
우물 안에서 우물 안을 더 넓혀 보려는 정의의 방식이 아니라
인간의 내면에서 잠자고 있는
신성한 영성을 회복하는 방식입니다.

영성의 시대는 인간의 노력만으로 이루어질 수 없습니다.
영성의 시대는 하늘의 의지와 계획이 있어야 가능한 것입니다.
하늘이 인류에게 약속한
새 하늘과 새 땅의 의미는
영성 시대의 도래를 의미합니다.

하늘의 태곳적 약속이 집행될 것입니다.
하늘과 인류 사이의 신성한 언약이
지구 차원상승의 이름으로
개벽(開闢)이라는 이름으로
후천세계(後天世界) 용화세계(龍華世界)의 이름으로
재림 예수와 신천지의 이름으로
신인합일(神人合一)과 인신합일(人神合一)의 이름으로
만인성불(萬人成佛)의 이름으로 알려져 왔던
그때와 그날이 시작되고 있는 것입니다.

하늘을 잃어버린 인류가 하늘을 되찾고
하늘이 있는지조차 모르는 인류가 하늘을 되찾고
하늘과 소통이 단절된 인류가 하늘과의 소통을 회복할 때만이
하늘의 뜻이 땅에서 온전히 이루어질 수 있습니다.

하늘이 뜻이 땅에서 펼쳐지듯
땅의 일들 또한 하늘의 계획에 맞추어
퍼즐 조각이 맞추어지듯
한 치의 오차 없이 영성의 시대가 열릴 것입니다.
대격변을 거치는 동안에
살아남은 인류들이 잃어버린 하늘을 되찾고
잃어버린 신성(神性)을 되찾기 위한 시간들이
아보날의 수여(교정 시간)를 통해 주어질 것입니다.

정의의 함정에 빠진 인류에게
정의의 늪에서 길을 잃은 인류들은
지구 행성의 물질문명의 붕괴 과정에서
하늘 무서운 줄을 알게 될 것입니다.
지구 대재난의 과정을 겪으면서
인류들은 잃어버린 하늘을
자신의 의식 수준에서 울부짖으며 찾게 될 것입니다.
살려 달라고
살고 싶다고
잘못했다고 울부짖을 것입니다.

하늘을 잃어버린 인류가
머리끝부터 발끝까지 물질화된 인류가
뼛속 깊은 곳까지 물질화된 인류가
재난을 겪으면서
하늘 무서운 줄 알게 될 것입니다.
뼛속까지 물질화된 인류가 하늘이 있음을 알고
눈에 보이는 현상 너머에
보이지 않는 본질의 세계가 있음을 알기까지
뼈를 깎는 인고의 과정이 하늘에 의해 준비되어 있음을 전합니다.
영성의 시대를 열기 위한
개벽의 시대를 열기 위한
새 하늘과 새 땅을 열기 위한
하늘의 신성한 약속이 이제 곧 집행될 것임을
그때가 도래하였음을 우데카 팀장이 전합니다.

그렇게 될 것이고
그렇게 예정되어 있으며
그렇게 되었습니다.

얼음천공의 설치 :
새 하늘이 갖는 의미

행성의 물리적 환경을 결정하는 요인들은
크게 5가지로 분류할 수 있습니다.
첫째, 행성의 대기권의 존재
둘째, 행성의 중력과 밀도
셋째, 행성의 자기장의 세기
넷째, 지축의 경사도와 자전 주기와 공전 주기
다섯째, 위성의 존재입니다.

행성에 의식이 있는 생명체가 살기 위해 필요한 조건 역시
크게 5가지로 분류할 수 있습니다.
첫째, 태양이 존재해야 하며
둘째, 산소가 있어야 하며
셋째, 물이 있어야 하며
넷째, 행성의 표면 온도의 적당한 유지가 중요하며
다섯째, 생명운반자를 포함하고 있는
대우주의 삼황의 에너지가 반드시 있어야 합니다.

정신문명은 구호로 이루어질 수 없습니다.
정신문명은 계몽 운동으로 건설할 수 없습니다.
정신문명은 물질의 공동 생산, 공동 분배의
사회주의 제도의 도입으로 이루어지지 않습니다.
정신문명은 정의의 이름으로 하는
심판과 단죄의 방식으로 열 수 없습니다.
정신문명은 어떠한 사회제도의 개선으로
이룰 수 있는 것이 아닙니다.

새로운 정신문명을 열기 위해서는 반드시 선행되어야 할
보이지 않는 세계의 변화가 있어야 합니다.
행성에서 높은 의식을 가진 생명체들이
고도로 진화된 정신문명을 열기 위해
반드시 필요한 5가지 조건이 형성되어야 합니다.

첫째, 삼황의 에너지의 불균형 해소입니다.
행성에 들어오는 18차원의 1단계에서부터
18단계의 빛이 균등하게 들어와야 가능합니다.
대우주에 존재하는 모든 행성은
18차원의 에너지의 불균등을 모순으로 하여
물질 체험을 하기 위한 행성으로 세팅되어 있습니다.
행성에 유입되는 창조주의 에너지의 불균등이
그 행성의 다양성을 보여주는 것이며
행성의 진화와도 관련되어 있습니다.

둘째, 상위자아 합일이 이루어져야 합니다.
영혼들의 크기가 커져야 합니다.
영혼의 크기가 클수록
영혼의 빛이 밝을수록
영혼의 빛이 밀도가 높을수록
그 영혼이 행성에 운반할 수 있는
우주의 정보의 질과 양이 향상될 수 있기 때문입니다.
영혼이 크고 빛이 밝을수록
생명회로도의 기능이 향상될 수 있습니다.
생명체가 높은 의식을 구현하기 위해서는
높은 메타 의식구현 시스템이 작용해야 합니다.
높은 의식이 구현되기 위해서는
메타 의식구현 시스템의 효율이 좋아져야 합니다.

메타 의식구현 시스템의 업그레이드와 효율의 증가는
영혼의 크기가 커지고 밝아지는 것 외에
다른 방법이 없기 때문입니다.
상위자아와의 합일이 필요한 이유입니다.

셋째, 산소 농도의 증가입니다.
지구 행성의 산소 농도는 생명이 살아가기에 불편하지는 않습니다.
지구 행성의 산소 농도는 지금보다 2배 정도는 높아져야 합니다.
지금의 산소 농도는 장부의 노화 속도를 빠르게 진행시키고 있으며
호모 사피엔스가 창조될 때의 능력의 30%밖에
사용하지 못하도록 제한하고 있습니다.

넷째, 지구 자기장의 변화입니다.
행성의 자기장은 행성의 물리적인 환경을 이루는 중요한 인자입니다.
모든 생명체들은 생명회로도를 가지고 있으며
생명회로도는 그 행성의 자기장의 영향을 받게 세팅되어 있습니다.
호모 사피엔스가 높은 의식을 구현하기 위해서는
생명회로도를 구성하는 눈에 보이지 않는 생명 유지 장치들의
효율이 최적화되어야 합니다.
생명회로도가 최적화될 수준의 자기장의 변화가 있을 것입니다.

다섯째, 얼음천공(天空)의 설치입니다.
얼음천공은 생명체들을
우주로부터 들어오는 유해한 빛들로부터 차단시켜주는
보호막 역할을 합니다.
얼음천공은 우주의 에너지들이 균등하게
들어오게 해주는 역할을 합니다.
얼음천공은 행성의 생명체들을 보호하는
보호막의 역할을 하게 될 것입니다.

인류는 얼음천공의 붕괴에 따라
잃어버린 것들이 너무 많습니다.
얼음천공이 붕괴하면서 대홍수가 일어났으며
물질문명의 시대를 열었습니다.
인간의 평균 수명은 3천 년에서 100세 전후로
서서히 감소하기 시작하였습니다.
얼음천공의 붕괴로 인하여
생명회로도의 기능이 축소되었으며
의식구현 시스템이 축소되면서
물질화되는 속도 또한 빨라졌습니다.

최근의 얼음천공은
지구에 살던 아틀란티스인들에 의해 파괴되었습니다.
얼음천공은 250만 년의 지구 역사에
하늘에 의해 설치되었으며
하늘에 의해 해체가 되기도 하였습니다.
얼음천공의 설치는
인류가 영성의 시대를 열기 위해 반드시 필요한 것입니다.
인간의 의지로 설치될 수 있는 것이 아닙니다.

얼음천공은 하늘의 뜻과 계획에 의해
인류의 물질문명이 종결되는 지축 이동 후에
하늘에 의해 설치될 예정입니다.
지구 행성이 새로운 정신문명을 열기 위해
하늘이 준비해야 하는 일들 중에
마지막으로 이루어지는 것이 얼음천공입니다.
얼음천공은 얼음으로 되어 있는 투명한 막입니다.
얼음을 보호하는 하늘의 에너지막이 설치되면
지구 행성에 비로소 새 하늘이 완성되는 것입니다.

새 하늘을 위해 얼음천공의 설치가 있을 것입니다.
새 땅을 위해 지축의 정립을 통한
지구 행성의 물질문명의 종결이 있을 것입니다.
새 하늘과 새 땅에
새로운 정신문명이 펼쳐질 것입니다.
보이지 않는 세계가 있기에 보이는 세계가 있는 것입니다.
하늘의 계획이 있기에 땅에서의 펼쳐짐이 있는 것입니다.
땅에 있는 것들은 모두 하늘에서 온 것입니다.

보이지 않는 하늘이 인류 앞에 천둥과 번개로 다가올 것입니다.
보이지 않는 하늘이 인류 앞에 대지진과 해일로 다가올 것입니다.
보이지 않는 하늘이 대륙의 침몰과 융기로 다가올 것입니다.
보이지 않는 하늘이 보이는 하늘로 나타나
생명이 생명을 죽이게 할 것입니다.
하늘이 무너지는 아픔과 고통을 이겨낸 인류만이
가슴에서 잃어버린 하늘을 찾은 인류만이
하늘 무서운 줄 아는 인류만이 살아남을 것이며
뼛속까지 물질화되어 있는 인류가
잃어버린 신성을 되찾을 때쯤
보이지 않는 하늘이
보이지 않는 손으로
새 하늘을 설치할 것입니다.
아무도 모르게
아무도 모르게
얼음천공을 설치할 것입니다.

그렇게 될 것이고
그렇게 예정되어 있으며
그렇게 되었습니다.

얼음천공과 정신문명 :
새 하늘의 완성

지구 행성의 물질문명의 종결
지구 행성의 차원상승
새 하늘과 새 땅의 출현
정신문명의 출현은
인간의 의지에 의해 이루어지는 것이 아닙니다.
정의의 방식으로 되는 것이 아닙니다.
사회제도의 개선으로 되는 것도 아닙니다.
뼛속까지 물질화되어 있는
인류의 의식으로 이루어질 수 있는 것이 아닙니다.
지금의 인간의 의식 수준으로
지금의 인간이 가진 사랑의 방식으로
지금의 인간이 가진 과학기술의 방식으로
새로운 정신문명을 건설한다는 것은 불가능하기 때문입니다.
처음부터 하늘의 계획이 있었으며
하늘의 의지에 의해 이루어지는 것입니다.

지구 행성의 차원상승을 위해
하늘은 물질문명을 종결할 것입니다.
새 땅의 건설을 위해
땅을 갈아엎기 위해
지축 이동을 준비하였습니다.
지축 이동은 대륙의 침몰과 융기로 이어질 것이며
산천초목의 경계들이 새롭게 설정될 것입니다.
새 하늘의 건설을 위해
얼음천공을 지구 대기권 밖에 설치할 것입니다.

정신문명의 출현은
아보날의 수여를 통한 교정 시간을 통하여
인류 의식의 각성을 통해 시작될 것입니다.
정신문명이 성숙하는 속도에 맞추어
얼음천공이 설치되는 공정률 또한 높아질 것입니다.
지구 행성에서 정신문명의 건설은
수백 년에서 수천 년에 걸리는 과정입니다.
수백 년에서 수천 년에 걸쳐 얼음천공은
인류 의식의 각성과 궤를 같이 하며
하늘에 의해 설치될 것입니다.

얼음천공은
삼황의 에너지의 상징인
바람과 물과 모래 속에 있는 규소를 재료로 하여
우주 함선들에 의해 만들어질 것입니다.
얼음천공을 설치하는 3가지 기본 물질은
천황의 에너지를 상징하는 바람
지황의 에너지를 상징하는 물
인황의 에너지를 상징하는 모래의 규소입니다.
지구 행성에 존재하는 바람과 물과 규소를 가지고
지구 대기권 밖에 2중 구조로 설치될 것입니다.
얼음천공의 구조는
외부는 얼음(물)으로 되어 있으며
내부는 수정(크리스탈)으로 되어 있습니다.

얼음천공은
실제 존재했던 물질이고 앞으로 다시 존재할 물질입니다.
얼음천공이 만들어지는 과정은
바람을 통해 물과 모래가 기류를 따라 모아지게 되면

우주 함선들의 공학기술에 의해
순도가 매우 높은 수정(水晶 crystal)이 탄생됩니다.

얼음천공의 역할은 프리즘의 역할이 있습니다.
우주의 빛을 투과시켜 줍니다.
정신문명에 필요한 빛이 있는 것인데
얼음천공이 그 역할을 하게 됩니다.
얼음천공은 지구 행성의 대기를 보호하는 역할이 있습니다.
지구 자기장이 하던 기능이
얼음천공으로 대체되는 것입니다.
얼음천공은 너무나도 투명한 막입니다.

얼음천공은 외부의 유해한 에너지로부터
지구 행성을 보호합니다.
외부의 유해한 에너지를 반사시켜
지구 행성을 보호하는 역할입니다.
외부 에너지의 차단율이 높아지면서
지구 행성의 대기는 안정화될 것이며
한반도를 기준으로 하면 4계절이 뚜렷한 기후가
춥지도 덥지도 않은 5월(봄)과 10월(가을)의 기후로 변할 것입니다.

얼음천공의 설치는 대기 환경에 많은 영향을 미치게 됩니다.
기후의 변화가 거의 없으며 가뭄이나 홍수가 사라질 것입니다.
제트기류(jet氣流)들의 활동이 매우 안정화될 것입니다.
얼음천공의 설치로 인하여
식물과 동물들에게도 많은 변화가 있을 것입니다.

얼음천공이 가습기의 역할을 할 것입니다.
대기 중에 항상 상쾌할 정도의 수분이 있으며

지금보다 산소 농도가 2배 정도로 높아지게 됩니다.
동식물이 섭취하는 수분의 양이 많이 줄어들게 됩니다.
식물은 뿌리로 수분을 흡수하는 양도 줄어들고
기공을 통해 대부분의 수분을 흡수하게 될 것입니다.
동물 역시 수분의 섭취가 줄어들 것이며
높아진 산소 농도로 인하여
식물과 동물들의 외형이 변하게 될 것입니다.
인간의 외형은 지금보다 약 20% 정도 키가 커지고
인체 기능들이 활성화되면서
높은 의식을 구현할 수 있게 될 것입니다.
인간의 수명 역시
얼음천공의 설치 공정률이 높아질수록
자연스럽게 늘어나게 될 것입니다.

얼음천공의 설치는
에너지 시스템의 변화를 가져오게 될 것입니다.
자기장 문명에서 크리스탈 문명으로의
대전환이 이루어질 것입니다.
화석 연료와 자기장을 중심으로 한 문명에서
수정과 자기장을 이용한 새로운 문명의 패러다임이 탄생될 것입니다.
지축 이동과 지구 행성의 차원상승 과정에서 살아남은 인류들은
얼음천공의 설치로 인하여 탄생될
수정을 이용한 물질문명 속에 살아가게 될 것입니다.

얼음천공의 설치는
지축 이동 중에 대륙의 침몰과 융기 후에 설치될 것입니다.
남극과 북극에서부터 설치할 것입니다.
중요한 에너지 포탈 지점에서부터
지구 행성을 감싸는 돔 형식으로 설치될 것입니다.

얼음천공의 설치는 역장(재난 중 안전지대)이 설치되는
지역에서부터 이루어질 것입니다.
역장이 새 하늘의 에너지를 처음으로 느낄 수 있는 곳입니다.
역장 안에서 인류의 의식의 깨어남이 이루어질 때마다
얼음천공의 밀도 역시 높아지게 될 것입니다.

얼음천공의 설치 없이
인류는 새로운 물질을 기반으로 한 정신문명을 열 수 없습니다.
얼음천공의 설치는 창조주께서 인류에게 약속한
태곳적 약속이 지켜지는 신성한 시간이며
축복의 시간입니다.
눈에 보이는 세계는
눈에 보이지 않는 세계에서 먼저 결정이 되어
물질세계에서 눈앞에 펼쳐지는 것입니다.

얼음천공의 설치는 새 하늘의 탄생을 의미합니다.
하늘의 조율을 의미합니다.
새로운 매트릭스의 설치를 의미합니다.
새로운 연극 무대의 설치를 의미합니다.
하늘의 뜻이 있기에 땅에서 펼쳐짐이 있는 것입니다.
대우주의 수레바퀴는 한 번도 멈춘 적이 없습니다.
대우주의 수레바퀴 속에 지구 행성이 있습니다.
대우주의 신성한 약속이
창조주가 인류에게 약속한 신성한 시간이
지축 이동과 함께 시작될 것입니다.

그렇게 될 것이며
그렇게 예정되어 있으며
그렇게 되었습니다.

하늘 사람과 땅의 사람

내 안에 또 다른 내가 있습니다.
내 안에 있는 또 다른 나를
누군가는 귀신이라고 부르기도 하며
내 안에 있는 나를 누군가는 에고라고 부르기도 하며
누군가는 상위자아라고 부르기도 합니다.
누군가는 마음이라고도 하며 누군가는 의식이라고도 합니다.
내 안에 있다고 알고 있고
내가 그렇게 믿고 있는 것 중에는
누군가는 영혼이라고 하며 누군가는 신이라고도 합니다.

내 안에는 참 많은 내가 살고 있습니다.
내 안에 살고 있으면서
내 삶에 영향을 미치는 에너지체들이 참 많이 있습니다.
내면으로 들어가라
내면으로 들어가서 내 안에 있는 나와 마주하라
그리고 대화하고 소통하세요
내면으로 안내하는 가르침을 믿고
명상을 하기 위해 가부좌를 틀고 앉아
눈을 감아 본 적이 있을 것입니다.
눈을 감고 말도 걸어 보고
눈을 감고 설레이는 마음으로 기대도 해보지만
돌아오는 건 아무것도 없었을 것입니다.
느껴지는 것은 아무것도 없었을 것입니다.
보이는 것도 아무것도 없었으며
들리는 소리도 아무것도 없었을 것입니다.

내 안에 있는 누군가에게
내 안에 있다고 믿고 있는 누군가에게
인류는 그리 좋은 생각을 가지고 있지 않습니다.
갈등의 상황 속에서
선택의 상황 속에서
욕망과 욕망이 충돌하는 상황 속에서
내 안에서 일어나는 부정적인 생각이나 부정적인 느낌을
경험하신 분들도 계실 것입니다.
내가 힘들 때마다
누군가에게 의지하고 싶은 마음이 들 때가 있습니다.
내가 처한 상황이 어려울 때도 누군가의 도움을 받기를 기다립니다.
내가 힘들고 어렵고 외로울 때
내 안에 있는 또 다른 나의 존재를 믿고
말을 걸고 대화를 하며
도움을 요청한 적이 있는 사람은 많지 않을 것입니다.
내가 힘들고 지치고 어려울 때
내 안에 있는 또 다른 나에게 도움을 청하기보다는
외부에 있는 신을 찾아서 기도를 하거나
외부에 있는 신에게 도와달라고 도움을 요청한 적이 더 많을 것입니다.
내 안에 있는 누군가는 보이지도 않으며 느낄 수도 없으며
있는지 없는지 알 수도 없기 때문입니다.

외부에 있다고 믿고 있는 신을 찾는 것이
내 안에 있는 누군가를 찾는 것보다 더 쉽고 편리하기 때문입니다.
외부의 신은 어디서나 어디에서나 쉽게 찾을 수 있기 때문입니다.
십자가의 형태로
불상의 형태로
상징물들 속에 상징들 속에
외부의 신은 있다고 믿고 있기 때문입니다.

인간은 어렵고 힘들 때
외부에 있다고 믿는 신을 찾는데 너무나 익숙해져 있습니다.
이것을 믿음의 척도로 알고 있으며
신앙심과 불심의 척도로 인식하고 있습니다.
내가 힘들고 지치고 고통 속에 있을 때
외부에 있다고 믿고 있는 신을 찾아 도움을 청하고
기도하고 복을 구하는 것이
종교 매트릭스 속에서 신을 찾는 사람들의
일반적인 형태의 믿음의 의식수준입니다.

보이지 않는 세계를 믿는 사람들에게
영혼의 존재를 믿고 있는 사람들에게
상위자아의 존재를 믿고 있는 사람들에게
내면의 존재를 믿고 있는 사람들에게
내 안에 큰 나와 작은 나가 있다는 것을 믿는 사람들에게
마음과 마음으로
가슴과 가슴으로
느낌과 느낌으로 이 글을 전합니다.

내면으로 들어가라
이 말의 무게에서 벗어나십시오.
당신이 내면으로 들어가든
당신이 내면으로 들어가지 않든
당신에게 일어날 일들은 일어날 것이며
당신에게 일어나지 않을 일은
일어나지 않을 것이기 때문입니다.
두려움을 해결하기 위해
깨달음을 얻기 위해
신을 만나기 위해

상위자아를 만나기 위해
내면으로 들어가지 않아도 됩니다.
당신의 내면에는
당신에 관해 처음부터 끝까지 모든 것을 다 알고 있는
노련하고 능숙한 당신의 상위자아가 있습니다.
시치미를 뚝 떼고
아무 말도 하지 않은 채
아무 느낌도 주지 않은 채
보이지 않는 세계에 대해 아무것도 모르는
당신을 상대하고 있는 노련한 상위자아가 있습니다.

당신의 내면에 있는 당신의 상위자아는
막강한 능력을 가지고 있습니다.
하늘에 있는 천사 군단을 움직일 수 있습니다.
필요에 따라 귀신들을 움직일 수도 있습니다.
필요에 따라서는 어둠의 역할을 맡고 있는
사탄과 마귀도 움직일 수도 있습니다.
당신의 몸을 아프게도 할 수 있으며
당신의 마음을 슬프게도 기쁘게도 할 수 있습니다.
당신 영혼의 특수 분화인 상위자아는
당신 내면의 존재하는 에너지체들을
지휘하고 있는 관리자이며 총 책임자입니다.

당신은 땅의 사람이며
당신의 상위자아는 하늘 사람입니다.
당신의 상위자아는 당신의 편이 아니며
당신의 편이 결코 될 수 없습니다.
자유의지를 가지고 있는 당신을 상대하기 위해
욕심과 욕망으로 가득찬 당신을 상대하기 위해

철이 없는 당신을 상대하기 위해
의식의 수준이 낮은 당신을 상대하기 위해
당신이 스스로 약속한
당신 인생의 프로그램을 완수하기 위해
당신의 상위자아에게는 막강한 권한들이
하늘로부터 부여되어 있습니다.

당신은 땅의 사람입니다.
영혼의 물질 체험을 하기 위해
인간의 몸을 외투로 입는 순간부터
당신은 땅의 사람입니다.
당신의 상위자아는 하늘 사람입니다.
당신의 상위자아는 대우주의 법칙과
당신의 인생 프로그램의 법칙 속에서
언제나 대우주의 법칙을 따를 수밖에 없는
에너지체로 존재하는 하늘 사람입니다.
결코 어느 순간 어떤 상황에서도
당신의 편을 들어줄 수 없는 하늘 사람입니다.

당신이 외부에 있다고 믿는 신은
이 우주에서 존재하지 않습니다.
당신이 외부에 있다고 믿고 있는 신보다
당신의 상위자아가 당신에게 더 큰 영향을 주고 있기 때문입니다.
당신이 외부에 있다고 믿고 있는 신 역시
당신의 상위자아와 마찬가지로
대우주의 법칙 속에 있기 때문입니다.
외부에 있는 신과 당신의 내면에 있는 당신의 상위자아는
모두 대우주의 법칙 속에서
함께 하고 있는 같은 편이며 한통속입니다.

당신의 상위자아가 당신 편이 아니라면
당신이 믿고 있는 외부의 신 역시 당신 편이 아닙니다.
당신의 상위자아가 당신 편이라면
당신이 믿고 있는 신 역시 당신 편입니다.
당신의 기도를 상위자아가 들어주지 않았다면
예수님과 부처님 역시 당신의 기도를 들어줄 수 없습니다.
당신의 기도를 상위자아가 들어주었다면
예수님과 부처님 역시 당신이 구하기도 전에 기도를 들어줄 것입니다.

외부에서 신을 찾지 마십시오.
당신의 상위자아는 당신의 삶 속에서
당신에게 꼭 필요한 것이라면
당신이 구하기도 전에 줄 것입니다.
당신의 상위자아는 당신의 삶 속에서 들어줄 수 없는 것이라면
당신이 아무리 떼를 쓰고 고집을 부려도
들어주지 않을 것이며
들어줄 리도 없습니다.
당신의 상위자아는 늘 하늘 편입니다.
당신의 상위자아는
당신과 하늘 사이를 이어주는 소통의 창구입니다.
당신이 육신의 몸을 입고 있을 때
땅에서의 논리와 가치 속에서 살고 있는 것처럼
당신의 상위자아는 하늘에서 에너지체로서
하늘의 법칙과 순리 속에서
단 한순간도 분리된 적 없으며
분리될 수도 없습니다.
당신의 상위자아는 당신에게 하늘입니다.
당신의 상위자아는 당신에게는 신입니다.
당신의 상위자아는 당신에게는 또 다른 나입니다.

당신의 상위자아는 당신에게는
참 많은 것을 가진 절대 권력자입니다.
절대 권력은 늘 치명적인 약점을 가지고 있습니다.
그 약점을 땅의 사람인 당신이 잘 알고 잘 대처하시기 바랍니다.
당신의 상위자아는
당신을 위해서만 존재하는 우주에서 유일한 존재입니다.
당신의 몸을 통해서만
당신의 의식을 통해서만
당신의 행동을 통해서만
하늘의 일을 땅에서 이룰 수 있습니다.
당신의 상위자아는 당신의 도움 없이는
아무것도 할 수도 없으며
아무것도 느낄 수도 없으며
아무것도 이룰 수 없습니다.
당신의 상위자아는 오직
당신의 몸을 통해서만
당신의 감각을 통해서만
당신의 의식을 통해서만
경험할 수 있고 성장할 수 있으며
상위자아 역시 진화할 수 있습니다.
당신의 도움 없이
당신과의 동행 없이
당신의 상위자아 혼자서는 아무것도 이룰 수 없습니다.

당신과 당신의 상위자아는 결코 만날 수 없는
두 개의 철길입니다.
당신의 자유의지와 욕망으로 이루어진 철길과
당신의 상위자아가 이루어 놓은 철길 위를
인생이라는 열차가 운행되고 있는 것입니다.

땅의 사람인 당신과
하늘 사람인 당신의 상위자아 사이에서
당신의 삶의 열차는 목적지를 향해 운행하고 있습니다.

삶의 열차가 머무르는 역마다 배움이 있고 성장이 있으며
행복이 있고 기쁨이 있습니다.
산을 만나고 바다를 만나는 장애물이 생기는 철길은
휘어지고 굴곡이 생기게 됩니다.
굴곡지는 삶의 아리랑 고개를 넘고 또 넘으면서
고통과 시련과 아픔을 느끼면서
삶의 열차는 사연을 싣고 달리고 있는 것입니다.

땅의 사람이 하늘과 소통하기 위해서는
땅의 사람이 하늘 사람이 되기 위해서는
자신의 상위자아를 통해서만이 이루어질 수 있습니다.
자신의 상위자아의 도움 없이
자신의 상위자아를 통하지 않고는
문을 결코 열 수 없습니다.
땅의 사람인 인간의 몸의 진동수가 높아져야 합니다.
인간의 몸의 진동수가 높아진 다음
인간의 의식의 상승이 이루어집니다.
땅의 사람의 의식의 각성과 상승이 있어야
자신의 상위자아와의 합일이 이루어질 수 있습니다.
최종 상위자아 합일은 인신합일이며 신인합일을 말합니다.
하늘의 차원의 문을 여는 것이며
하늘의 차원의 벽을 허무는 것입니다.

땅의 사람들의 건승을 빕니다.

이적과 기적에 대한 정리

촛불 밑에서는
촛불의 밝기가 상식이 되며 과학이 됩니다.
형광등 밑에서는
촛불의 밝기는 상대적인 어둠이 되며
형광등의 밝기가 상식이며 과학이 됩니다.
LED 조명 밑에서
형광등의 밝기는 상대적인 어둠이 되며
LED 조명의 밝기가 상식이며 과학이 됩니다.
상식과 과학은 변하는 것입니다.
더 높은 수준의 과학기술이 발전하면 할수록
과거의 과학기술은 일반 원리가 되고 구식이 됩니다.

과학은 끊임없이 발전해 왔습니다.
대우주의 역사 속에 네바돈 우주의 역사가 있습니다.
네바돈 우주의 역사 속에 지구 행성의 역사가 있습니다.
지구 행성의 250만 년 역사 속에 과학기술의 역사가 있습니다.
지구 행성의 과학기술은 6천 년 동안에 눈부신 발전을 해왔습니다.
대우주의 역사는 6번째 대주기를 거치는 동안
인류가 상상할 수도 없는 오랜 시간이 지나는 동안
대우주의 과학기술은 잠시도 쉬지 않고
발전하고 발전해 왔습니다.
네바돈 우주를 탁구공만 하게 축소시킬 수 있을 만큼
대우주의 과학기술은
인류의 상상력을 넘어서서 존재하고 있습니다.

높은 과학기술의 수준에서
과학기술의 수준이 낮은 기술들을 본다면
그것은 너무나 당연한 것이며
상식이며 순리이며 일반 원리가 되는 것입니다.
우주는 18차원으로 존재하고 있습니다.
우주의 차원은 과학기술 수준에 따라
진동수의 차이에 따라
창조주의 의식의 층위에 따라 18차원으로 형성되어 있습니다.
같은 차원이라도 1단계에서 15단계로 세분화되어 있습니다.
높은 차원에서 아래의 차원을 보면
아래 차원에서 이루어지고 있는 모든 것들은
기초 상식이며 당연한 것이며
일반 원리이며 구식 또는 구버전이 되는 것입니다.
자신의 차원에서는 최고의 과학기술이며 최첨단 과학기술이지만
자신보다 높은 차원이나 높은 기술 수준에서 보면
너무나도 당연한 것이며 상식이며
보편적인 것에 지나지 않는 것입니다.
대우주는 6주기를 진화하는 동안에 18차원으로 진화해 왔습니다.
대우주가 18차원으로 되어 있다는 것은
과학기술이 18차원으로 되어 있다는 것을 의미합니다.

인류는 18차원으로 되어 있는 대우주에서
지구라는 3차원의 물질 행성에서
영혼의 물질 체험을 하며 살아가고 있는 우주적 존재들입니다.
3차원에 살고 있는 인류들의 의식 수준을 결정하는 것은
현대 과학기술 문명입니다.
보이는 것만을 믿고 있는 인류에게
과학적으로 설명될 수 있는 것만을 믿는 인류의 의식 수준으로는
현대과학의 기술 수준을 넘어서는 것은 어려운 일입니다.

보이지 않는 세계를 믿는 사람이라 할지라도
현대 과학에 기초하여 형성된 보편적인 원리의 틀을 벗어나서
높은 차원의 의식으로 확장하는 것이 쉬운 일이 아닙니다.
인간의 의식과 상상력은
물질에 대한 경험 속에서
물질적 상상력을 기반으로 확장할 수밖에 없는 것입니다.
과학기술은 어느 날 갑자기
3차원의 과학기술이
5차원으로 점핑하는 것은 불가능하기 때문입니다.
3차원의 과학기술은
4차원의 과학기술의 발전 단계를 거치면서
의식의 확장과 패러다임의 전환을 가져올 때만
5차원의 과학기술이 탄생할 수 있는 것입니다.

3차원의 과학기술 수준에 머물러 있는
오백 년 전의 조선 시대에
5차원의 최첨단 과학기술인 최신형 전투기와
최신형 항공모함을 타고 동해 바다에 출현하게 된다면
그 시대의 인간이 이해하고 받아들일 수 있는
수준을 넘어서는 것입니다.
외계인이 되거나 UFO가 되거나 신으로 추앙받을 것입니다.
우주에서 차원은
과학기술의 차이가 차원 간에 너무 크게 나타납니다.
자신의 차원을 고유성을 지키기 위해서
우주에서 차원간의 교류는 엄격히 제한되어 있습니다.
높은 차원에서 온 영혼들은 높은 과학기술 문명 속에서
높은 의식을 구현하며 살아가던 경험이 있는 영혼들입니다.
이것이 영혼이 진화하는 이유이며
대우주가 진화하는 이유입니다.

2천 년 전 예수님이 행한 일들은
그 당시 인류의 과학기술 수준에서
그 당시 인류의 의식 수준에서 보면 그것은
이적(異跡)이며 기적(奇跡)이며 일어날 수 없는 일이 일어난 것입니다.
예수님이 행한 이적과 기적들로 인해
예수님은 높은 신의 반열에 올랐으며
창조주의 독생자(獨生子)의 반열에 올랐습니다.
예수님의 가르침을 믿고 따르는 종교가 탄생한 것이
어쩌면 당연한 것입니다.
예수님이 행한 이적과 기적은 그 당시에
우주의 8차원 과학기술이 하늘에 의해 펼쳐진 것입니다.
예수님에게 그 역할과 임무가 있었기에
예수님이 이 땅에 육신의 옷을 입고 온 삶의 프로그램대로
하늘의 프로그램이 하늘의 과학기술에 의해
이적과 기적으로 펼쳐진 것입니다.
삼태극의 물질 세상에서 펼쳐질 수 있는
최고의 과학기술은 12차원입니다.

2천 년 전 그 당시 과학기술에 수준에서 보면
2천 년 전 그 당시 인류의 의식 수준에서 보면
얼마나 높은 우주의 과학기술이 펼쳐졌는지 이해가 되십니까?
종교의 매트릭스를 설치하기 위해
하늘의 진리를 땅에 전하기 위해
17차원에 존재하는 네바돈 우주의 창조주께서
인간의 육신의 옷을 입고 3차원 행성에
8차원의 과학기술을 펼쳐 놓으신 것입니다.
2천 년 전 예수님이 행한 이적과 기적들을
우주적 관점에서 보면 당연한 것이며 상식의 수준에서
일어날 일들이 일어난 것일 뿐입니다.

우물 안 개구리인줄 모르고 살아가고 있는
지구 행성의 인류의 의식으로는
이해할 수도 없으며 알아챌 수도 없을 만큼
2천 년 전의 예수님이 행한 행적은
이적과 기적으로밖에는 설명할 수 없었습니다.

지구 행성의 물질문명의 종결을 앞두고
인류의 의식을 깨우고
새 하늘과 새 땅에 들어갈 인자들을 위해
하늘에서 빛의 일꾼들을 통해
2천 년 전 예수님이 행한 이적과 기적들을 행할 수 있는
하늘의 권능들이 주어질 것이며 실제로 펼쳐질 예정입니다.
잠자는 인류들의 의식을 깨우기 위해
빛의 일꾼들을 통해서 하늘의 권능들이
이적과 기적의 형태로 펼쳐질 것입니다.
인류의 의식의 눈높이로 보면
인류의 과학기술의 눈높이에서 보면
이적과 기적으로 보이지만
대우주의 6차원에서 12차원에 이르는
우주 과학기술들이 총동원되어
지구 행성에 물질문명이 종결되는 과정에서
인류의 의식을 깨우기 위해
인류의 가슴에서 잃어버린 하늘을 되찾아주기 위해
보이지 않는 세계가 있다는 것을 알려주기 위해
하늘의 과학기술들이 3차원 지구 행성에 펼쳐질 예정입니다.

의식이 깨어난 인자들과
눈에 보이지 않는 세계를 믿는 인자들과
대우주의 법칙을 아는 인자들에게는

이적과 기적이
일어날 일들이 일어나는 상식으로 보일 것입니다.
아무것도 모르는 인류들에게는
이적과 기적이 될 것이며 공포와 두려움이 될 것입니다.
두려움과 공포 속에 인류는
하늘의 존재를 알게 될 것이며
대우주의 과학기술이 얼마나 놀라운지 체험하게 될 것입니다.
외계인의 침공이나 침입이 아닙니다.
평범한 옆집 아줌마와 평범한 옆집 아저씨들이
빛의 일꾼이라는 이름으로
거짓 선지자의 이름으로
앙골모아(Angolmois) 대마왕의 이름으로
신의 이름으로 이적과 기적들이
자신의 우주적 신분에 따라
고차원의 과학기술들이 하늘에 의해 지원되면서 펼쳐질 것입니다.
지축 이동 후 안전지대인 역장 안에서
이적과 기적들이 본격적으로 진행될 것입니다.
지축 이동 전
대자연의 격변 상황에서
인류의 의식을 깨우기 위해
산 자와 죽은 자를 가리기 위해
알곡과 쭉정이를 가리기 위해
이적과 기적의 이름으로 아마겟돈이 진행될 것입니다.

빛의 일꾼들과 인류들의 건승을 빕니다.

그렇게 될 예정이며
그렇게 예정되어 있으며
그렇게 되었습니다.

자유의지에 대한 정리

생명체들은 의식을 구현할 수 있습니다.
생명체가 구현할 수 있는
의식의 층위는 모두 다릅니다.
높은 의식을 구현할 수 있는 생명체가
낮은 의식을 구현할 수 있는 생명체보다
더 많은 자유의지를 누릴 수 있습니다.
생명체가 구현하는 의식은
생명체의 자유의지의 원천입니다.
생명의 탄생과 함께
생명체의 진화 단계에 맞는
의식의 탄생이 이루어집니다.
의식의 탄생과 의식의 구현으로 인하여
생명체들의 자유의지가 탄생합니다.
생명체가 의식을 구현하고
생명체가 자유의지를 누릴 수 있다는 것은
생명체가 진화하는 이유이며
당신의 영혼이 진화하는 이유입니다.
삼라만상 중에
인간이 가장 높은 의식을 구현할 수 있다는 것은
인간이 가장 높은 수준의 자유의지를
창조주로부터 부여받았음을 의미합니다.
인간이 가장 높은 의식을 구현할 수 있다는 것은
인간이 가장 높은 수준의
창조 능력을 가지고 있음을 의미합니다.

인간은 창조주로부터
인간이 가장 높은 수준의 의식을 구현하고
인간이 가장 높은 수준의 창조 능력을 발휘하고
인간이 가장 높은 수준의 자유의지를 누릴 수 있는
특권을 부여받았습니다.
인간만이 상위자아 시스템을 가지고 있으며
일부 고래과(科) 동물들에게 원시적인 형태의
상위자아 시스템이 실험 중에 있습니다.
인간을 제외한 생명체들은
의식을 구현할 수 있는 프로그램 내에서만
의식을 구현할 수 있을 뿐입니다.
인간은 생명체 중에 가장 높은 의식을 구현할 수 있는
무형의 메타 의식구현 시스템이 설치되어 있습니다.
인간에게 부여된 높은 의식과 창조 능력들을
효율적으로 관리하고 제한하기 위한 우주의 시스템이 도입되었습니다.
우주적 신분과 영혼의 진화 과정에 맞는
창조 능력을 관리하고
자유의지의 남용을 방지하기 위해 브레이크 역할을 하는
상위자아라는 특수한 시스템이 도입되었습니다.
상위자아 시스템을 통해
대우주의 질서와 균형 속에서
자유의지와 창조 능력을 효율적으로 관리하게 되었습니다.
인간만이 상위자아를 가지고 있습니다.

인간에게 가장 높은 의식을 부여하였기에
인간에게 가장 높은 창조 능력을 주었기에
인간에게 가장 많은 자유의지를 주었기에
인간을 안정적이고 효율적으로 관리하고 통제하기 위해
인간의 육신의 옷을 입고

물질 체험을 하는 모든 영혼들에게
상위자아라는 시스템이 도입되었습니다.
가장 빠르게 달릴 수 있는 자동차에
가장 성능이 좋은 안전장치와 브레이크 장치를
설치하는 것은 상식입니다.
인간의 자유의지를 제한하기 위해
인간의 창조 능력을 효율적으로 관리하기 위해
대우주의 안전한 진화를 위해
창조주에 의해
상위자아 시스템이 대우주에 도입되었습니다.
상위자아 시스템이 도입되면서
영혼의 진화 프로그램이 함께 도입되었습니다.
영혼의 진화 프로그램이 도입되면서
윤회 시스템과 카르마 시스템이 함께 도입되었습니다.
상위자아 시스템이 도입되면서
혼의식 프로그램과 영의식 프로그램이 설치되었습니다.
혼의식 프로그램과 카르마 프로그램이 함께 운영되면서
상념체 프로그램이 설치되었습니다.

창조주가 세상 만물을 관리하고 통제하는 방법은
다음과 같습니다.
인간은 상위자아를 통해 관리하고 통제하고 있습니다.
당신의 상위자아는 생명회로도를 통해
당신의 몸에서 일어나는
모든 생명현상들을 관리하고 통제하고 있습니다.
당신의 상위자아는
의식구현 시스템을 통해
당신의 감정을 관리하고 있으며
당신의 의식을 통제하고 있습니다.

당신의 상위자아는 당신의 생각과 감정뿐 아니라
당신의 잠재의식과 무의식과 현재의식까지
당신의 모든 것을 관리하고 통제하고 있습니다.
아무것도 모르는 당신과
아무것도 모르는 학자들은
이것을 이성(理性)이라 부르고 있습니다.
아무것도 모르는 인류들과
아무것도 모르는 철학자들은
이것을 인간의 자유의지(自由意志)라고 알고 있으며
그렇게 믿고 있습니다.

태어났으니까 아무 생각 없이 살고 있는 당신과
태어나 아무것도 모르고 살고 있는 당신이
자유의지라고 부르고 그렇게 알고 있는 것은
당신의 상위자아에 의해
보이지 않는 세계에서 관리되고 통제되고 있는 것들 중에
상위자아와 하늘에 의해 허용된 것들만이
현실에서 펼쳐지고 있는 것입니다.
당신의 상위자아는
당신의 본영에 의해 관리되고 있으며
당신의 본영은 사고조절자 프로그램을 통해
창조주에 의해 관리되고 통제되고 있습니다.
인간을 제외한 모든 생명체들은
생명체에 설치되어 있는
의식을 구현하는 메타 의식구현 시스템을 통해
창조주에 의해 관리되고 통제되고 있습니다.
이것이 당신이 한 번도 생각한 적도 없으며
이것이 인류가 한 번도 상상조차 하지 못했던
창조주의 실체입니다.

모든 생명체들은 창조주와 분리될 수 없습니다.
모든 생명체들은 창조주의 의식 속에 함께 하고 있습니다.
모든 생명체들은 창조주의 에너지장 속에서
함께 하고 있었습니다.
당신의 영혼은 단 한 번도 창조주와 분리된 적이 없습니다.
당신의 영혼은 단 한 번도 창조주의 의식 속에서 분리된 적이 없습니다.
당신의 영혼은 단 한 번도 창조주의 심판을 받은 적이 없습니다.
당신의 영혼은 창조주의 사랑 속에서
영혼의 진화 과정과 생명의 주기 속에 살아가고 있는
창조주의 분신들입니다.

생명체들에게 주어진 의식은
창조주께서 주신 축복이자 선물입니다.
생명체들에게 주어진 자유의지는
창조주께서 생명체에게 주신
영적인 주권이며
영혼의 독립성을 상징합니다.
인간의 자유의지는 사고조절자에 의해서 발현됩니다.
모든 생명체는 창조주로부터 영혼백 에너지를 부여받아
생명의 탄생이 이루어집니다.
모든 생명체들은 창조주의 숨결이라고 부르는
사고조절자를 부여받아야 의식을 구현할 수 있습니다.
창조주로부터 사고조절자를 부여받은
생명체들은 의식을 구현할 수 있으며
생명체의 의식구현의 범위 안에서
자유의지가 탄생됩니다.
영혼의 입장에서 보면 인간의 몸을 받는 것이
가장 높은 의식의 구현과
가장 높은 자유의지를 누릴 수 있는 것입니다.

생명체에게 부여된 자유의지는
창조주라 할지라도 함부로 관여하지 않습니다.
생명체에게 부여된 자유의지는
생명체가 가진 고유한 특성입니다.
생명을 생명답게 하는 생명력의 원천입니다.
생명체에게 부여된 자유의지는
우주 어느 곳에서도 존중되는 대우주의 법칙이며
대자연의 순리입니다.
생명체들에게 부여된 사고조절자는
생명에 의식을 부여하는 에너지이며
자유의지의 원천입니다.
생명의 탄생은 의식의 탄생으로 이어집니다.
의식의 탄생은 자유의지의 탄생입니다.
생명체에게 부여된 의식과 자유의지는
창조주께서 부여한 천부인권(天賦人權)입니다.
인간은 생명체들 중에서
가장 많은 사고조절자를 창조주로부터 부여받았습니다.

마음이라는 곳에서 의식이 탄생됩니다.
인간은 마음에서 의식이 탄생됩니다.
의식의 탄생과 함께 자유의지가 탄생됩니다.
내 마음대로 세상을 살아가고 있으며
내가 하고 싶은 대로 하면서 살아가고 있다고
인류는 그렇게 믿고 있습니다.
내 인생이 내 마음대로 안 될 때
실패를 할 때
실망과 좌절을 할 때
사랑하는 사람과 이별을 할 때
하는 일마다 되는 일이 없을 때

보이지 않는 당신의 상위자아의
성능 좋은 브레이크가 작동되고 있다는 것을
알아채고 눈치챈다는 것은 매우 어려운 일입니다.

당신의 삶은 당신 마음대로
당신의 자유의지에 의해 창조된 삶처럼 보이지만
실제로는 당신의 자유의지와
당신의 상위자아 사이의 팽팽한 줄다리기 속에서
공동 창조된 것입니다.
인류의 대부분은 상위자아라는 존재를 모르고 있습니다.
나에게 우주에서 합법적인 방법으로
나의 자유의지를 침범할 수 있는 유일한 존재는
창조주가 아닌 당신의 상위자아입니다.
이 우주에서 아바타의 자유의지를 제한할 수 있는
유일한 존재는 당신의 상위자아 밖에 없습니다.
당신의 상위자아는
당신의 삶을 안내하고 관리하고 통제하기 위해
특수한 에너지체로 존재하고 있는
특수한 프로그램입니다.
당신은 당신 인생의 프로그램을 모르고 있고
당신의 상위자아는 다 알고 있습니다.
당신이 욕심과 욕망으로 자신의 길을 가려고 할 때
당신 인생의 프로그램에 존재하지 않는
다른 길을 가려고 할 때마다
당신의 상위자아는
당신의 자유의지를 침범할 수 있습니다.
당신의 상위자아는 사고조절자 프로그램과
당신이 설계한 인생의 프로그램 내에서만
당신의 삶에 강력하게 영향을 미칠 뿐입니다.

상위자아라고 해서 함부로
아바타의 자유의지를 제한하지 못하도록
우주의 법으로 엄격하게 제한하여 놓았습니다.

인간의 자유의지는
혼의식이 주관하는 자유의지와
영의식이 주관하는 자유의지로 되어 있습니다.
내 마음대로 하는 것
내가 하고 싶은 대로 하는 것
내 욕망과 욕심의 수준에서 이루어지는 자유의지는
혼의식에서 나오는 자유의지입니다.
타인의 자유의지를 배려하지 않고
욕망과 감정의 수준에서 이루어지고 있는 자유의지는
혼의식이 주관하고 있습니다.
감정이나 욕망은 에고의 영역입니다.
감정의 영역과
에고의 욕망에서 나오는
충동적인 에너지와 부정적인 에너지는
낮은 단계의 자유의지입니다.
아이가 장난감을 사달라고 엄마에게 떼를 쓰는 행위는
아이의 감정이나 욕망의 수준에서 나오는
낮은 단계의 자유의지입니다.
인간은 영의식의 영역에서 나오는 에너지보다
혼의식의 영역에서 나오는
감정과 욕망에서 나오는 혼 에너지에 쉽게 반응합니다.

높은 수준의 자유의지는
감정의 충족이 아니며 욕망의 충족이 아닙니다.
높은 수준의 자유의지는 영의식에서 나오는 것입니다.

높은 수준의 자유의지는
창조할 수 있는 능력이며
감정이나 욕망의 부정적인 에너지를
긍정적인 에너지로 전환할 수 있는 능력이며
긍적적인 에너지를 창조할 수 있는 능력을 말합니다.

실험행성과 종자행성인 지구 행성에서
인간의 자유의지는
혼의식이 주관하는 감정이나 욕망에 강하게 영향을 받아 왔습니다.
인간은 감정으로부터 자유롭지 못합니다.
인간은 욕망으로부터 자유롭지 못합니다.
감정이 원하는 대로
욕망이 이끄는 대로
인간의 자유의지는 낮은 단계를 벗어나지 못하였으며
자유의지는 남용되었습니다.
인간의 자유의지는 에고가 펼치는 속임수와
에고의 늪에 빠져 허우적거리는 신세가 되었습니다.
영의식이 혼의식의 뒤로 숨었으며
상위자아의 의식은
아바타의 감정이나 욕망에 기초한 자유의지에
자리를 내주어야 했습니다.
인간의 자유의지는 감각이나 감정, 욕망을
만족시키는 차원에 머물게 되면서
높은 수준의 자유의지를 펼치는데 한계가 있었습니다.
지구 행성은
인간의 혼의식을 기반으로 한 자유의지에 의해
물질문명이 발달한 행성입니다.
자유의지의 남용이 있었으며 자유의지의 남용으로 인하여
많은 문제점들이 있었습니다.

지구 행성의 차원상승은
높은 의식이 감정이나 욕망의 에너지를
자유의지에 의해
새로운 에너지로 변형하거나
창조하는 사회가 이루어짐을 의미합니다.
차원상승된 지구 행성은
최종 상위자아 합일을 이룬 인자만으로 구성될 것입니다.
지축의 정립이 이루어지면서
지구 행성에 들어오던
에너지들의 불균형이 해소되면서
불안정한 감정과 욕망들이 사라지게 될 것입니다.
얼음천공이 설치되면서
영의식이 혼의식을 압도하게 될 것입니다.
높은 의식에서
높은 수준의 자유의지가 발현됨으로써
수준 높은 창조의 법칙들을 배우게 될 것입니다.

영혼의 물질 체험을 위한 우주 학교가 개설된
지구 행성에 살고 있는 인류는
영의식 = 상위자아 의식 = 고차원 의식을
펼치는데 많은 제약이 있었습니다.
행성의 물리적 환경이 맞지 않았습니다.
지축 이동은
새 하늘과 새 땅의 출현을 의미합니다.
얼음천공의 설치
지축의 정립으로 새로 탄생한 지구 행성에서
호모 사피엔스(인간)은
물 만난 물고기처럼
높은 의식을 구현할 수 있게 될 것입니다.

호모 사피엔스가
창조될 때의 환경이 재현될 것입니다.
인간의 영의식이 혼의식을 압도하면서
인간의 자유의지는 크게 확장될 것입니다.
가장 높은 수준의 의식의 구현과 함께
가장 높은 수준의 자유의지에 의해
가장 높은 수준의 정신문명을 건설하게 될 것입니다.
지구 행성은 상위자아의 의지(프로그램)와
아바타의 자유의지가 균형을 이루면서
우주에서 가장 빛나는 보석 행성이 될 것입니다.

그렇게 될 것이며
그렇게 예정되어 있으며
그렇게 되었습니다.

4부 대우주의 수레바퀴

물질문명이 종결될 때
세상이 마지막 때가 되었을 때
하늘의 때가 이르렀을 때
인간의 육신의 옷을 입고
천황의 에너지를 온전히 가진 인자가 출현하여
세상을 구할 것이라는 믿음들이
천손 민족인 한민족에게 있었습니다.
이것을 삼황(三皇)사상이라고 합니다.

삼황사상에 대한 정리

물질세계는 1차원에서 12차원의 세계를 말합니다.
물질세계를 삼태극이라고 합니다.
삼태극에서 펼쳐지는 물질 세상의 원리를
종교계에서는 삼위일체 사상이라 하였습니다.
우리 민족종교에서는 삼황이라 하였습니다.
우주에서는 우주의 삼위일체라 합니다.

물질세계는
눈에 보이는 세계와
눈에 보이지 않는 세계로 이루어져 있습니다.
물질세계에서 눈에 보이는 세계는
물과 불이라는 상징으로 나타납니다.
물은 자연을 상징하며 물은 지황을 의미합니다.
불은 인간을 상징하며 불은 인황을 의미합니다.
눈에 보이지 않는 세계는 바람입니다.
바람은 천황을 상징하며 바람은 하늘을 상징합니다.
바람의 세계는 눈에 보이지는 않지만 실존하는 세상을 상징합니다.
바람의 세계는 태극의 세계와 무극의 세계로 되어 있습니다.

물과 불과 바람은 천지인의 상징입니다.
물은 파랑색, 불은 붉은색, 바람은 흰색을 상징합니다.

물은 만물의 어머니이며
생명의 근원이며
상선약수(上善若水 가장 좋은 것은 물과 같다)이며

땅을 상징하며 노자의 사상이며
자연의 순리를 뜻하며 지황을 상징합니다.

불은 인간을 상징하며 물질문명을 상징합니다.
불의 사용 능력에 따라 물질문명의 수준이 결정이 됩니다.
붉은색이며 인간의 심장과 피를 상징하며
인간의 감정과 열정을 상징합니다.
인황을 상징하며 인물로는 예수가 대표적인 인물입니다.

바람은 눈에 보이지 않는 세계이며
눈에 보이지 않는 에너지의 세계를 의미합니다.
바람은 눈에 보이지 않는 대우주의 법칙과 진리를 상징합니다.
바람은 흰빛이며 천황을 상징합니다.
바람은 우주의 창조주를 상징합니다.
인물로는 람타(Ramtha)가 대표 인물이며
창조주의 에너지를 가진 단지파를 상징합니다.

물과 불과 바람은
우주의 삼위일체이며 생명의 근본입니다.
이것을 정기신이라 하였습니다.
정(精) = 물 = 땅 = 지황(地皇)
기(氣) = 불 = 인간 = 인황(人皇)
신(神) = 바람 = 하늘 = 천황(靝皇)

삼황을 에너지의 유형으로 구분하면
• 천황 : 18차원 18단계 창조주 - 비로자나불
• 인황 : 18차원 17단계 알파 - 노사나불
• 지황 : 18차원 14단계 영원어머니 - 마고할머니(삼신할머니)로
  표현할 수 있습니다.

인간의 몸은 소우주의 세계입니다.
대우주의 세계가 인간의 몸으로 축소되어 펼쳐진 것입니다.
인간의 몸에는 삼위일체와 삼황사상이
모두 축소되어 펼쳐져 있습니다.
눈에 보이는 세계는
혈액 = 체액 = 신경이 삼위일체를 이루었으며
눈에 보이지 않는 세계에서는
정기신(精氣神)으로 되어 있으며
정기신은 경락의 3중 구조(삼위일체)를 통하여
하나로 통합되어 순환하고 있습니다.

물질의 시대는
불의 시대이며 인황의 시대입니다.
진리보다는 물질이 더 소중한 시대이며
가치 판단의 기준이 물질의 소유와 물질에 대한 욕망입니다.
인간과 하늘의 소통이 단절된 시대입니다.
물질의 시대는 종교의 시대이며 정의의 시대입니다.
물질의 시대에
지황과 천황의 진리는
자연의 모습 즉 순리 속에
우주의 법칙을 변화 속에 감추어 놓았습니다.

영성의 시대는
바람의 시대이며
천황의 시대이며
진리의 시대입니다.
하늘의 뜻이 땅에서 온전히 펼쳐지는 시대이며
인간과 하늘이 소통하고 교류하는 시대입니다.
가치 판단의 기준이 내면에 있는 신성입니다.

물질문명이 종결될 때
세상이 마지막 때가 되었을 때
하늘의 때가 이르렀을 때
인간의 육신의 옷을 입고
천황의 에너지를 온전히 가진 인자가 출현하여
세상을 이롭게 할 것(구할 것)이라는 믿음들이
천손 민족인 한민족에게 있었습니다.
이것을 삼황사상이라고 합니다.

천황은 대우주의 법칙과 진리를 상징합니다.
지황은 자연의 법칙과 순리를 상징합니다.
인황은 생명 속에 들어 있는
생명 진리(소우주의 법칙과 진리)를 상징합니다.

삼황의 출현은
그때가 오면
천시의 기운이 지상에 도래하면
인간의 육신을 입고 오는 인자가 있는데
천황과 지황과 인황의 진리를
모두 통합하여 펼칠 수 있는 인자의 출현을 의미합니다.
삼황이 출세를 할 때에
돌로 된 북이 울린다고 표현하였습니다.
삼황의 출현은 창조주의 에너지를 가진 인자의 출현이며
미륵의 출현을 의미합니다.

三皇合道　三皇出世 (삼황합도 삼황출세)
石鼓雄聲　三皇出世 (석고웅성 삼황출세)
天地人 合發 (천지인 합발)
萬變定基 (만변정기)

생명의 탄생과 의식의 탄생

인류가 만물의 영장이라 할 수 있는 것은
높은 의식을 구현할 수 있기 때문입니다.
의식은 감각과 감정이 통합되고
지식과 지혜가 통합이 되어 나타나는
생명체의 종합 점수판과도 같은 것입니다.
의식이 높은 생명체일수록 고도로 진화된 생명체입니다.
고도로 진화된 생명체일수록
높은 의식을 구현할 수 있는 시스템이 갖추어져 있어야 합니다.

닭이 구현할 수 있는 의식의 수준이 다르며
말이 구현할 수 있는 의식의 수준이 다르며
소가 구현할 수 있는 의식의 수준이 다르며
인간이 구현할 수 있는 의식의 수준이 모두 다를 수밖에 없습니다.
사람마다 삶의 내용과 삶의 방식이 다르기 때문에
의식을 구현할 수 있는 수준이 다를 수밖에 없습니다.
인간의 영혼이 닭이나 소에 직접 들어갈 수 없습니다.
들어간다고 해도 인간이라는 외투를 입고 있을 때처럼
높은 의식을 구현할 수는 없습니다.

인간의 영혼이 닭이나 소에 들어간다면
영혼의 에너지를 나누고 나누어서
영의 분화를 통해 이루어집니다.
닭이나 소에 설치된 메타 의식구현 시스템을
작동할 수 있을 만큼의 최소한의 영혼의 에너지만 있으면 됩니다.
닭은 닭의 의식을 구현할 수 있는 의식구현 시스템이 갖추어져 있습니다.

말이나 소 또한 그 동물들이
환경에 적응하고 진화할 수 있는 범위가
생명회로도에서 설정되어 있습니다.
생명체들이 환경에 적응하고 진화할 수 있도록
그에 맞는 의식을 구현할 수 있는 메타 의식구현 시스템들이
종별로 정교하게 최적화되어 설치되어 있습니다.

생명의 탄생은 다음과 같은
눈에 보이지 않는 세계의 에너지 작용에 의해 이루어집니다.

첫째, 생명 창조의 원리에 의해 생명이 탄생됩니다.
생명의 탄생이 될 때
정(精)이라는 에너지의 작용이 제일 먼저 이루어집니다.
정은 동양의학에서는
생명의 근본적인 에너지로 알려져 있습니다.
영성계에서는 페르미온이라 알려져 있습니다.
현대과학에서는 원자로 알려져 있습니다.
창조주(18차원 18단계)의 에너지이며
만물에 들어 있는 창조주의 에너지이며 흰색의 빛입니다.
우주에서는 천황의 에너지라고 합니다.
물질(생명)이 탄생될 때 정이 먼저 깃들고
정이라는 에너지의 바탕 위에
기(氣)라는 에너지 작용이 이루어집니다.
기는 동양의학에서 흔히 쓰는 용어이며
영성계에서는 페르미아라고 합니다.
현대과학에서는 분자에 해당됩니다.

정과 기의 작용으로
물질(생명)의 기본인 분자 에너지가 탄생이 됩니다.

분자로 변한 정과 기의 에너지는
아직 생명이나 물질의 형상을 가지지 못한 에너지체로 존재합니다.
정기의 에너지에 형상을 부여하고
세포로 발전하는 설계도에 해당하는 에너지를
신(神)이라 합니다.
신의 작용으로 생명이 형태(분화의 시작)를 갖추기 시작합니다.
동양의학에서는 형상을 만드는 특별한 에너지로 표현하였습니다.
영성계에서는 빛의 생명나무라고 표현하였습니다.
우주에서는 인황의 에너지라고 합니다.

- 정 → 백 → 천황의 에너지 → 사고조절자
- 기 → 혼 → 지황의 에너지 → 행성 가이아의 에너지
        → 빛, 중간계, 어둠의 매트릭스 설치
- 신 → 영 → 인황의 에너지 → 형상의 부여

정기신의 에너지는
영혼백의 에너지로 확장되면서 물질(생명)이 탄생되며 비로소
형상이 창조되는 것입니다.
이것이 모양(형상)이 있는 것을 신의 깃발이라고 하였으며
세상 만물에 형상을 부여하는 에너지는
인황(18차원 17단계)의 빛이며
인황의 빛의 근원은 18차원입니다.
자미원에 있는 빛의 생명나무의 빛(-)과
각 항성계에 있는 태양의 빛(+)입니다.
정기신의 작용은 형상으로 나타납니다.
생명(물질)의 탄생을 색의 세계라고 합니다.

둘째, 생명(물질)이 탄생되고 나면
색의 세계를 뒷받침하는

눈에 보이지 않는 생명 보조 장치들이 설치됩니다.
생명체의 에너지 동화(합성)작용과
생명체의 에너지 이화(분해)작용 시스템이 설치됩니다.
눈에 보이는 순환 시스템(체액 순환 시스템)과
눈에 보이지 않는 순환 시스템(경락시스템)이 설치되며
정보를 전달하는 신경 회로망과 경락의 네트워크망이 설치됩니다.

셋째, 생명체가 의식을 구현할 수 있도록
감정선과 의식선이 설치됩니다.
감정선과 의식선은 고등동물일수록 복잡합니다.
호모 사피엔스인 인류에게는
임맥선에 12개의 감정선이 설치되어 있으며
독맥선에 7개의 의식선이 설치되어 있습니다.
생명이 자극에 반응하고
생명이 환경에 적응하고
생명이 정보를 원활하게 처리하기 위해서는
감정선과 의식선이 통합되어야 합니다.
감정도 하나의 정보이며 에너지입니다.
의식도 정보이며 에너지입니다.
감정과 의식을 통합하는 컨트롤 타워가 있는데
이것을 메타 의식구현 시스템이라고 합니다.
메타 의식구현 시스템이 종에 맞게 장착되며
생명체를 통한 영혼의 여행 프로그램에
최적화되어 장착이 됩니다.

넷째, 생명현상에 관여하는
유형의 시스템과 무형의 시스템을
통합하고 관리할 수 있는 컨트롤 타워가 장착이 됩니다.
이것을 생명회로도라고 합니다.

다섯째, 완성된 자동차에 연료를 주입하고 나면
자동차를 움직이는 마스터키가 있어야 합니다.
영혼의 마스터키는 사고조절자입니다.
영혼백의 에너지에 의해 생명 시스템이 작동되는 것입니다.
사고조절자의 부여로 인해 영혼의 물질 체험이 시작되는 것이며
생명에 의식의 구현이 시작되는 것입니다.
이 모든 과정은 동시다발적으로 진행됩니다.
보이지 않는 하늘에 의해 다양한 층위에서 진행됩니다.

생명은 생명 속에 진리를 품고 있습니다.
생명의 진리는 대우주의 진리에서 온 것입니다.
대우주의 진리는 자연의 순리로 펼쳐집니다.
자연의 순리는 생명의 순환 시스템을 작동시킵니다.
생명현상 뒤에는
대우주의 진리와 자연의 순리가 감추어져 있습니다.
인간이 소우주라고 하는 이유는
인간의 생명현상 뒤에 대우주의 진리와 대자연의 순리가
우주 공학적 원리와 생명공학으로 고도화되고 집적되어
생명 진리로 펼쳐지고 있기 때문입니다.

대우주의 진리와
자연의 순리와
생명 진리는 진리의 삼위일체입니다.
생명에는 대우주의 진리가 들어 있으며
생명에는 자연의 순리가 함께하고 있습니다.
대우주의 진리는 너무나 크고 광활하여
인류의 의식으로는 상상할 수도 없습니다.
대자연의 순리 또한 너무나 오묘하고 신묘하여
말이나 글로 표현하기 어렵습니다.

생명현상에는 대우주의 진리와
대자연의 순리가 함께 하고 있나니
생명의 진리 앞에
모든 위선과 거짓들은 사라질 것입니다.

생명은 생명을 통해
새로운 생명의 주기를 시작할 것입니다.
생명은 생명으로부터 정화를 시작할 것입니다.
생명이 생명을 빼앗아 갈 것입니다.
속수무책 떨어지는 낙엽처럼
생명들이 쓰러져 갈 것입니다.

생명의 순환 속에
생명의 죽음 속에
생명의 탄생 속에
생명의 진리 속에
의식의 탄생과 의식의 구현이 있습니다.
생명의 탄생과 의식의 구현으로
대우주의 진리와
대자연의 진리가
소우주인 인간의 몸에서
영혼들의 물질 체험을 위한
생명의 진리로 펼쳐지고 있는 것입니다.

대우주의 진리와
대자연의 진리와
생명의 진리를
지구 행성의 물질문명의 종결을 앞두고
우데카 팀장이 전합니다.

마음에 대한 정리

마음은 어디에 있습니까?
마음이 마음에 있지 어디 있어요?
마음은 뇌의 작용이지요
마음은 뇌에 있다고 생각하는 사람과
마음은 마음에 있다고 하면서 가슴을 두드리는 사람이 있습니다.
이 글을 읽고 있는 여러분들은
마음이 어디에 있다고 생각하십니까?

마음이 있는 곳이 심장이든 뇌이든
우리는 그곳이 어디인지는 잘 모르지만
마음이 있다는 것만큼은 인정할 수밖에 없습니다.
마음은 그러면 진짜 어디에 있는 것일까요?

심장에 진짜 마음에 있을까요?
서양의학에서 말하는 심장에 마음이 있기는 있습니까?
좌심실에 있다고 믿으십니까?
우심실에 있다고 믿으십니까?
동방결절에 있다고 믿으십니까?
심장을 싸고 있는 막에 있다고 믿으십니까?
인간의 마음은 심장 어딘가에 존재하고 있는 것일까요?
인간의 마음이 심장 어디에서 나온다고
자신 있게 말할 수 있으십니까?

마음이 가슴에 있다고 믿고 있고
마음이 심장에 있을 거야 막연하게 인지하고 있을 뿐

마음이 어디에 있는지 알 수도 없으며
증명할 수는 없습니다.
마음이 마음에 있지 그럼 어디에 있어
마음을 심장이라 믿고 마음의 실체를 찾고자 하는
인류의 노력은 그동안 실패해왔으며
아무도 마음의 실체를 알지 못하였습니다.

마음이 뇌에 있다고 생각하십니까?
마음이 뇌의 피질과 회백질의 작용에 있다고 생각하십니까?
마음의 작용이 대뇌의 작용이라고 믿습니까?
마음은 소뇌와 중뇌와 간뇌의 작용에 있다고 생각하십니까?
뇌 전체의 작용을 마음의 작용이라고 생각하십니까?
도대체 마음은 뇌 어느 곳에 있으며
도대체 나도 모르는 내 마음의 작용을
뇌의 작용으로 설명할 수는 있는 것입니까?

마음이 있기는 있는데
어디에 있는지 나도 모르고 당신도 모르고
우리 모두가 모르고 있는 것은 아닙니까?
마음을 존재하는 곳을 찾기란
진리를 찾는 것만큼 어렵고 힘들 것입니다.
인류가 알고 있는 마음이라는 것이 존재하는 곳은
우리 몸 어디에도 없기 때문입니다.
마음이 있다는 것을 알기는 아는데
어디에 있는지는 알 수가 없습니다.
하루에도 수십 번도 더 변하는 내 마음이
어디에 있는지도 모르는 채
마음공부를 하기 위해
길 떠나는 사람들로 가득합니다.

어디에 있는지도 모르는 마음을 위해
마음을 수행하기 위해
마음을 바로잡기 위해
마음공부를 한다고
누구는 기도를 하고
누구는 수행을 밥먹듯 하고
누구는 단전호흡을 하기도 합니다.
어디에 있는지도 모르는 마음을 위해
부처를 닮은 마음장상(馬陰藏相)을 이루기 위해
누구는 금욕을 하고
누구는 명상을 하고
누구는 소주천과 대주천을 이루겠다고
오늘도 마음의 문을 닫아걸고
마음을 찾아 떠나는 여행이
깨달음을 얻는 길이라 굳게 믿으며
길 잃은 여행자가 되기도 합니다.

마음은 의식입니다.
마음은 감정입니다.
마음은 의식과 감정의 통합의 결과입니다.
마음은 사물을 지각하고
마음은 사물을 인지하고
마음은 사물을 상징화하고
마음은 사물을 의미화하여 의식하는
모든 정신 활동을 마음이라고 할 수 있습니다.
모든 감각을 지각하고 인지하고 의식하는 과정을 거쳐
의식과 감정의 통합이 일어나는 시스템을
마음이라고 할 수 있습니다.

마음의 작용이 일어나는 곳은 뇌의 작용처럼 보이지만
뇌에는 마음이 존재하지 않습니다.
마음은 현재 인류의 의식의 눈높이와
현재 인류의 과학기술 수준으로
마음이 어디에 있는지
알아낸다는 것은 불가능한 미지의 영역입니다.
마음이 뇌에 있으며
마음이 뇌의 작용이라고 설명하는 것은
과학적으로 보이고
논리적으로 보이지만
많은 사람들의 동의와 지지를 얻기는 어려울 것입니다.
마음이 마음에 있다는 것은
나도 알고 있으며
당신도 그렇게 알고 있으며
많은 사람들이 그냥 그렇게 알고 있는 것이며
많은 사람들이 그렇게 믿고 있는
보편타당한 상식의 영역에 속하기 때문입니다.

마음은 마음에 있습니다.
마음은 심장에 존재하지 않습니다.
마음은 차원과 차원 사이의 공간에 존재하며
마음은 공간 속의 공간에
눈에는 보이지 않는 무형의 형태로 존재하기 때문입니다.
마음은 심장의 내벽과 심장의 빈 공간 사이의
차원 간 공간에 존재하고 있습니다.
눈에 보이지 않는 세계를 보는 인자들은
마음이 어디에 있는지
공간 속의 공간인 차원 간 공간에
마음이 있다는 것을 볼 수 있을 것입니다.

마음은 심장의 내벽 안쪽에
차원이 중첩되는 차원 간 공간에 존재하며
정교한 기계장치로 되어 있습니다.
인간이 마음이라고 알고 있는 이 기계장치를 우주에서는
메타 휴머노이드 의식구현 시스템이라고 합니다.
인간의 의식을 구현할 수 있는
7차원 이상의 과학기술로 만들어진
눈에 보이지는 않지만 정교한 기계장치가
마음의 실체입니다.

메타 휴머노이드 의식구현 시스템은
무의식과 잠재의식 현재의식이라는
데이터 저장 공간이 있으며
데이터들이 들어오고 나가면서
정보들의 관리와 통제가 이루어지고 있는
정교한 기계장치입니다.
컴퓨터로 비유하면 중앙처리장치인 CPU에 해당됩니다.
뇌는 중앙처리장치를 거친 데이터가
발현되고 출력되는 장치에 비유할 수 있습니다.

메타 휴머노이드 의식구현 시스템은
정교한 기계장치입니다.
생명을 가진 생명체들이 의식을 구현하기 위해서
무형의 메타 의식구현 시스템이 모두 설치되어 있습니다.
메타 의식구현 시스템이
식물과 동물에 모두 설치되어 있기에
식물과 동물이 의식을 구현할 수 있으며
식물과 동물 역시 마음의 작용이 나타나는 것이며
감각과 의식을 통합할 수 있는 것입니다.

마음은 메타 의식구현 시스템의 작용에 의해
의식과 행동으로 나타나게 됩니다.
메타 의식구현 시스템은
하늘에 의해
여러분들의 상위자아에 의해
대우주의 법칙 속에서 엄격하게 관리되고 통제되고 있습니다.
자신의 우주적 신분에 따라
영혼의 크기와 밝기에 따라
영혼의 진화 과정의 프로그램에 따라
메타 의식구현 시스템의 효율과 용량이 결정이 됩니다.
메타 의식구현 시스템의 저장 공간인
무의식 잠재의식의 데이터 저장 공간에
자신이 가지고 온 정보의 양과 질에 따라
재주와 재능이 결정이 되는 것입니다.
자신이 가지고 온 폴더의 내용에 따라
천재와 둔재가 결정이 됩니다.
저장된 기억의 형태로 가지고 온 정보들이
그 사람의 천부적 재능이 되거나 카르마가 되기도 하는 것입니다.

인간이 태어날 때 가지고 태어난다는
운명이나 사주팔자는 사실 알고 보면
자신이 영혼의 물질 체험을 하기 위해
인생의 프로그램을 기획하고
하늘에 승인을 받고
기억화된 정보의 형태로
정보가 담겨진 폴더의 형태로
메타 의식구현 시스템에 다운로딩된 정보 내용에 불과한 것입니다.
이 정보들이 삶이라는 연극 무대에서
마음이라는 형태로 구현되고 있는 것입니다.

이 정보들이 자유의지의 형태로
우연을 가장한 필연으로
일어날 일들이 때에 맞추어
정보들이 의식으로 마음으로 현실화되어
내 마음대로 살고 있다고 믿고 있으며
내 인생을 내 삶을 살고 있다고 믿게 되는 것입니다.
이렇게 불편한 진실이 바로
당신이 마음이라고 믿고 있는 실체입니다.

마음이라는 메타 의식구현 시스템은
당신의 영혼의 인생의 프로그램들이 영화 필름처럼
정보의 저장 창고에 저장되어 있다가 때가 되면
영사기처럼 의식(영상)을 구현하는 것입니다.
마음이 영사기라면
뇌는 영사기의 필름이 맺히는 스크린에 비유될 수 있습니다.
영사기에서 나오는 것은 빛이기에
스크린에 비추어지지 않으면 정보를 인지할 수 없습니다.

메타 의식구현 시스템에 들어 있는 정보들과
학습되어 저장된 기억들은
뇌라는 스크린을 통해서만
뇌의 작용을 통해서만
인지할 수 있으며
지각할 수 있으며
반응할 수 있으며
행동할 수 있기 때문입니다.
메타 의식구현 시스템에 있는
잠재의식과 무의식에 있는 정보들이
뇌의 작용을 통해서만 현재의식으로 인지할 수 있습니다.

뇌의 작용을 거치지 않은 내 마음은
내가 인지할 수 없으며
내가 알 수가 없습니다.
이때를 우리는
'내 마음을 나도 잘 모르겠다'고 표현하는 것입니다.

마음이 그냥 마음에 있다고 믿어도 됩니다.
마음이 뇌의 작용이라고 믿어도 됩니다.
마음이 정교한 기계장치로 되어 있으며
차원 간 공간에 존재하는
메타 의식구현 시스템이라고 말하는 우데카 팀장의 글을
믿든 믿지 않든 아무것도 잘못되는 것은 없습니다.
우데카 팀장의 글은
인류의 의식이 성장하게 되거나
인류의 과학기술이 발전하게 되거나
보이지 않는 세계를 볼 수 있는 인자들이 나타나
이것이 진실임을 밝혀줄 것입니다.

마음이 있는 곳에
보이지 않는 세계의 본질이 있습니다.
마음이 있는 곳에
보이는 세계의 현상이 나타납니다.
마음은 보이는 세계와
보이지 않는 세계의 연결 고리입니다.
마음은 현상과 본질을 연결하는 고리입니다.

마음이 있는 곳에
시간과 공간이 있으며
과거와 현재와 미래가 있습니다.

마음이 있는 곳에
공간과 공간이 창조될 수 있으며
깨달음과 의식의 성장이 있습니다.

마음이 있는 곳에
카르마가 있으며
윤회가 있으며
인간의 육신이 있으며
불행과 행복이 있으며
삶과 죽음이 있습니다.

마음은 머물지 않는 바람이며
에너지의 다양한 스펙트럼입니다.
마음 또한 에너지일 뿐이며
마음의 작용 또한 에너지의 작용일 뿐입니다.
마음은 정보의 한 조각이며
마음은 감각의 한 조각이며
마음은 의식의 한 조각일 뿐입니다.
마음은 시작도 끝도 없는
우주의 시방세계(十方世界)를 담고 있는 작은 티끌입니다.
마음은 잠시 그대 곁에 머물며
그대 뺨을 스치는 바람입니다.

마음은 대우주의 의식이며
마음은 대우주의 정보이며
마음은 당신의 의식입니다.

그냥 안다는 것이 갖는 의미

뇌를 연구하는 과학자들이 전하는
동물과 인간의 차이는 다음과 같습니다.
동물은 감각에 종속되어 있으며
인간은 기억에 종속되어 있으면서
사물을 지각하고 인지하고 행동한다는 것입니다.
사물을 인식하는 동물과 인간의 능력은
서로 다르며 복잡한 단계를 거쳐서 이루어집니다.

동물들은
감각 ⇒ 지각 ⇒ 인지 ⇒ 의식 ⇒ 행동
인간은
감각 ⇒ 기억 ⇒ 언어 ⇒ 의미 ⇒ 상징
⇒ 지각 ⇒ 인지 ⇒ 의식 ⇒ 행동으로 나타납니다.
인간의 의식의 형성에는
동물에는 없는 기억 ⇒ 언어 ⇒ 의미 ⇒ 상징화라는
특수한 과정이 뇌에서 일어납니다.

동물은 학습을 통하여
제한된 기억을 통하여
지각과 인지를 통하여 행동을 할 수 있습니다.
인간은 기억된 정보에 따라
그 사람의 능력과 특성이 다르게 발현됩니다.
동물은 외부의 감각이나 외부의 자극을 받으면
기억의 정보를 제한적으로 사용하며
피드백을 거쳐 지각 ⇒ 인지 ⇒ 의식을 거쳐 행동으로 나타납니다.

인간은 외부의 감각이나 외부의 자극을 받으면
뇌의 내부에 있는 기억이라는 정보에 근거하여
기억 정보 ⇒ 언어화 ⇒ 의미화 ⇒ 상징화 과정을 거쳐
사물이나 상황을 지각한다는 것입니다.
인간의 고도화된 능력은
외부 환경에 의해 결정되는 것이 아니라
그 사람의 기억을 담당하는
해마체에 저장되어 있는
기억의 내용이나 정보의 질에 따라 결정된다는 것입니다.

인간이
같은 공간
같은 시간
같은 내용을 경험하고 체험을 한다고 할 때
사람마다 느끼는 정도가 다르며
사람마다 받아들이는 정도가 다르며
사람마다 의식의 수준이 다르게 나타날 수밖에 없다는 것입니다.
사람의 인지 능력이 높아지고
언어를 추상화하고
언어를 고도화할 수 있는 능력과
남들과 다른 특수한 능력은
공부를 열심히 하거나
노력을 통해서 이루어지거나
기도와 수행을 통해서 이루어지거나
외부의 신을 만나서 이루어지지 않습니다.
인간의 능력은
뇌의 해마에 기억되는 정보의 양과 질에 있으며
뇌가 정보를 처리하는 속도에 있다는 것입니다.

인간의 뇌는
흥분이나 만족을 느끼는 순간
충격적인 사건을 겪거나 분노와 두려움을 느낄 때
죽음의 공포를 느낄 때
그 순간들을 잘 기억하는 특징이 있습니다.
신경전달물질이 해마체에 충분히 분비될 때
기억은 잘 저장되고 오래 간다는 것입니다.
이렇게 해서 한번 기억된 정보는 쉽게 지워지지도 않으며
그 상황에 놓여지면
그때 형성된 기억의 정보가
인간의 인지 능력에 큰 영향을 미치게 되면서
행동에 영향을 주는 것입니다.

동물은 기억을 담당하는
해마체의 용량이 매우 작기 때문에
많은 것을 기억할 수 없습니다.
기억의 용량이 작기 때문에 고도화된 학습이 불가능합니다.
학습을 하는 데에도 오랜 시간이 걸립니다.
동물들은 기억이라는 정보를
효율적으로 활용하기 어렵기 때문에
고도화된 인지 능력을 구현하기 어렵습니다.
동물들이 외부의 자극과 감각에
즉각적으로 반응할 수밖에 없습니다.
동물이 감각에 종속될 수밖에 없는 이유입니다.

사람마다 기억을 담당하는 해마체의 용량이 다릅니다.
해부학적으로 크기는 비슷하지만
해마체의 효율과 능률을 결정하는 것은
심포에 있는 메타 의식구현 시스템입니다.

기억은 2가지 형태로 존재합니다.
첫째는
경험하고 체험하고 학습한 것들이
해마에 저장된 것입니다.
둘째는
태어날 때부터 가지고 온 것입니다.
천재는 경험과 학습을 통해 저장된 기억보다는
태어날 때부터 가지고 온 저장된 정보들이
더 크게 활성화되어 나타나는 경우를 말합니다.

사람은 태어날 때부터 불평등하게 태어납니다.
사람마다 재주와 재능이 다르게 태어납니다.
사람마다 머리가 좋고 나쁨이 다릅니다.
사람마다 성격이 다르게 태어납니다.
사람마다 똑같은 것을 경험해도
인지하는 의식의 층위는 다르게 존재합니다.
인간이 불평등하게 태어나는 이유는
사람마다 영혼의 진화 과정이 다르기 때문입니다.
영혼의 진화 과정이 모두 다르기 때문에
물질 체험의 내용들이 다를 수밖에 없으며
영혼마다 삶의 프로그램이 다를 수밖에 없습니다.
영혼마다 삶의 프로그램이 다르기에
다양한 프로그램이 필요하며
다양한 프로그램은 내가 이번 생애에 꼭 필요한 정보를
태어날 때 가지고 오기 때문에 발생하는 것입니다.

운동선수는 운동선수에 꼭 맞는 신체 정보와
능력들을 가지고 태어나는 것입니다.
화가는 화가에 맞는 정보를 태어날 때부터 가지고 오는 것입니다.

가수는 가수를 하기에 적합한
신체와 능력들을 가지고 오는 것이며
목소리의 특성까지도 태어날 때 정보 형태로 가지고 옵니다.
정보는 폴더의 형태로 메타 의식구현 시스템에 있는
무의식과 잠재의식에 저장되어 있다가
때가 되었을 때 발현되어 활성화되는 것입니다.

태어날 때부터 가지고 온 정보는
무의식과 잠재의식의 영역에
기억의 형태로 저장되어 있습니다.
저장된 기억의 정보들은 그 정보가 활성화될 때
정확하게 나타나게 됩니다.
노력을 한다고 해서
기도를 한다고 해서
빨리 발현되거나
가지고 온 정보보다 많은 정보가 활성화되지 않습니다.
자신이 가지고 온 정보의 질이나 양만큼
물질 체험을 통해서 성취와 성공의 층위가 결정되는 것입니다.
한 사람이 이룬 사회적 성공이나 성취가
인간의 노력처럼 보이고
인간의 의지처럼 보이지만
모든 것은 그 영혼이
물질 체험을 하기 위해 가지고 온 정보의 양이나 질에 의해
결정되는 부분이 더 많습니다.

내가 가지고 온 기억의 저장고와
나의 경험과 체험에 의해 학습된 기억의 양과 질에 따라
그 사람의 의식의 층위가 결정되고
행동이 결정되는 것입니다.

화가의 폴더를 가지고 온 사람과
가수의 폴더를 가지고 온 사람을
아무것도 가지고 오지 않은 사람이 따라잡는다는 것은 불가능합니다.
성실하게 노력하여 얻은 학습화된 기억과
태어날 때부터 가지고 온 기억화된 정보의 차이가
그 사람의 달란트가 되는 것입니다.
달란트를 가지고 온 천재를
달란트를 가지고 오지 않은 사람이
노력만으로 따라잡는다는 것은 매우 어려운 일입니다.

영혼들은 물질 체험을 통해서 얻은
기억화된 정보만을
무의식과 잠재의식의 영역에 폴더의 형태로 가져올 수 있습니다.
영혼이 물질 체험을 통해서 얻은
기억화된 정보만이 오로지 내 것이며
우주 어느 곳에서도 활용할 수 있는 것입니다.
물질 체험을 하러 온 영혼들 모두는
물질 체험을 하러 이곳에 온 것이며
이곳에 올 때 영혼은 자신의 밑천인 기억화된 정보를 가지고
더 많은 기억들을 정보화하기 위해 물질 체험을 하고 있는 것입니다.

진리를 듣는다고 누구에게나 진리가 되는 것은 아닙니다.
내가 그 진리에 공명하고
내가 그 지식에 감동하고
내가 어떤 음악에 끌리고
내가 어떤 이성에게 끌리고
내가 누군가의 말에 감동을 받고
내가 어떤 글에 감동을 받는 것은
그 에너지가 나에게 있어야 가능한 것입니다.

외부에서 아무리 좋은 정보일지라도
모두가 진리라고 말하는 내용일지라도
그 정보가 나에게 없다면
그 에너지가 나의 내부에 없다면
외부의 것과 공명할 수 있는 에너지가
나의 기억 창고에 그 정보나 그 기억이 없다면
아무런 교감이나 공명을 할 수 없는 것입니다.

진리는 찾는 것이 아니라 공명하는 것입니다.
진리는 외부에서 찾는 것이 아니라
내 안에 있는 것을 기억하는 것입니다.
진리는 발견하는 것이 아니라
내 안에 있는 에너지와 공명하는 것이기에
진리는 찾는 것이 아니라 의미를 부여하는 것입니다.

그냥 안다는 것은
내 안에 있는 에너지들이 외부의 에너지에 공명한다는 것입니다.
그냥 안다는 것은
내가 가지고 온 우주의 정보들이 활성화되어 인지된다는 것을 말합니다.
그냥 안다는 것은
지구 행성에 정보전달자의 역할이나
게임체인저의 역할이 있음을 의미합니다.

그냥 안다는 것은
영혼의 물질 체험의 결과물입니다.
그냥 안다는 것은 오래된 영혼의 징표이며
그냥 안다는 것은
젊은 영혼들의 삶의 목표이자
윤회의 목적이며 영혼이 진화하는 이유입니다.

그냥 안다는 것은
자신의 영혼의 의식의 층위에서
언제나 누구에게나 일어나고 있는 일입니다.

그냥 안다는 것은
영혼의 언어인 느낌으로 안다는 것입니다.
그냥 안다는 것은
사물의 본질을 꿰뚫어 본다는 것을 말합니다.
그냥 안다는 것은
내 안에 모든 것이 있다는 것을 아는 것을 의미합니다.
그냥 안다는 것은
신인합일을 의미하며 인신합일을 의미하며
자신의 상위자아와의 만남을 의미합니다.
그냥 안다는 것은
차원의 벽을 넘어 차원의 문을 연다는 것을 의미합니다.

그냥 안다는 것은
우주의 진리와 공명한다는 것이며
그냥 안다는 것은
대우주의 정보 네트워크에 접속됨을 의미하며
그냥 안다는 것은
하늘과 땅이 하나가 되는 것이며
그냥 안다는 것은
하늘과 땅과 인간이 하나가 된다는 것입니다.

그렇게 될 것이며
그렇게 예정되어 있으며
그렇게 되었습니다.

영혼의 언어인 느낌에 대한 정리

느낌은 영혼의 언어입니다.
영혼은 느낌으로 소통합니다.
느낌은 정보의 교환이며 느낌은 에너지의 교류입니다.

느낌은 그냥 아는 것입니다.
느낌은 직관력입니다.
느낌은 생명과 생명 사이에서
영혼과 영혼 사이에서 주고받는 에너지입니다.
나와 말이 통하지 않는 사람이 있습니다.
나와 말이 통하지 않는다는 것은
영혼의 층위가 다른 것이며
영혼의 관심사가 다른 것이며
영혼에 새겨진 매트릭스가 다르기 때문입니다.
영혼마다 진화의 과정이 다르기에
영혼마다 경험의 층위가 다르기에
영혼의 언어인 느낌에도 차이가 발생하는 것입니다.

같은 하늘 같은 시간에 똑같은 것을 보고 들어도
느끼는 것이 서로 다릅니다.
느낌에도 깊이가 있으며 느낌의 강도가 다릅니다.
영혼의 층위가 느낌의 양과 질을 결정합니다.

삶의 매 순간 순간마다
느낌으로 알아채고
느낌으로 눈치채고

느낌으로 판단하며 살아갈 때가 있습니다.
논리적으로 이성적으로 판단할 때도 있지만
느낌으로 정보를 판단하고
느낌으로 사람을 판단할 때도 있습니다.

느낌은 그냥 아는 것입니다.
느낌이라고 다 같은 느낌이 아닙니다.
같은 것을 보고 같은 것을 경험하고도
이해의 깊이가 다르고
해석의 층위가 다르고
느낌의 내용과 질이 다 다릅니다.
영혼의 우주적 신분에 따라 느낌의 수준이 달라집니다.
오래된 영혼일수록 그냥 아는 것이 많습니다.
젊은 영혼일수록 이해의 폭과 느낌의 폭이 좁습니다.
영혼의 우주적 신분이 높을수록 직관력이 높아집니다.
영혼은 자신의 우주적 신분의 차원을 넘어서는
우주의 정보를 받을 수 없습니다.
영혼들은 모두 자신의 우주적 신분이 있듯이
사람마다 느낌으로 공명할 수 있는
높은 수준의 우주의 정보를
차원의 벽을 넘어 느낄 수는 없습니다.

느낌은
차원의 벽을 부수고
차원의 문을 열 수 있는 영혼의 언어입니다.
그냥 안다는 것은
느낌으로 그냥 안다는 것은
차원의 벽과 차원의 문을
그냥 여는 것을 의미합니다.

진리는 에너지입니다.
진리는 차원의 에너지이며
진리는 차원의 정보입니다.
진리는 느낌으로
진리는 바람처럼
그렇게 서로 공명하고 그렇게 서로 느끼는 것입니다.

진리는 에너지입니다.
진리를 듣는다고
누구에게나 진리가 되는 것은 아닙니다.
내가 그 진리에 공명하고
내가 그 지식에 감동하고
내가 어떤 음악에 끌리고
내가 어떤 이성에게 끌리고
내가 누군가의 말에 감동을 받고
내가 어떤 글에 감동을 받는 것은
그 에너지(느낌)가 나에게 있어야
함께 느끼고 공명할 수 있는 것입니다.
외부에서 아무리 좋은 정보일지라도
모두가 진리라고 말하는 내용일지라도
그 느낌과 그 에너지가 나에게 없다면
그 느낌과 그 에너지가 나의 내부에 없다면
느낌으로 공명할 수 없는 것입니다.
외부의 에너지와 공명할 수 있는
내 내부에 에너지가
나의 기억 창고에
내 영혼의 저장된 정보에 있어야
알아채고 눈치채는 과정을 통해
느낌으로 공명할 수 있는 것입니다.

내 내부에 진리의 씨앗이 없다면
내 내부에 사랑의 씨앗이 없다면
내 내부에 음악에 대한 정보나 그 기억이 없다면
내 내부에 어떤 사람과 어떤 사물에 대한
기억화된 정보나 경험된 정보가 없다면
내가 진리를 듣고도
내가 정보를 듣고도
내가 음악을 들어도
내가 이성을 만나도
내 안에 공감할 수 있는 씨앗이 없기에
느낌으로 공명을 할 수 없는 것이며
좋은 느낌이 아닌 낯선 느낌으로 다가오게 되는 것입니다.

진리는 찾는 것이 아니라 공명하는 것입니다.
진리는 외부에서 찾는 것이 아니라
내 안에 있는 것을 기억하는 것입니다.
진리는 발견하는 것이 아니라
내 안에 있는 에너지와 공명하는 것이기에
진리는 찾는 것이 아니라
느낌으로 그냥 아는 것입니다.
느낌으로 다가온 진리에 내가 의미를 부여하는 것입니다.

그냥 안다는 것은
느낌으로 그냥 아는 것입니다.
내 안에 있는 에너지들이
외부의 에너지에 공명한다는 것입니다.
그냥 안다는 것은
내 영혼이 가지고 온 우주의 정보들이 활성화되어
느낌으로 인지된다는 것을 말합니다.

그냥 안다는 것은 영혼의 물질 체험의 결과물입니다.
그냥 안다는 것은 오래된 영혼의 징표이며
그냥 안다는 것은
젊은 영혼들의 삶의 목표이자 윤회의 목적이며
영혼이 진화하는 이유입니다.
그냥 안다는 것은 자신의 영혼의 의식의 층위에서
느낌의 층위에서 누구에게나 일어나고 있는 일입니다.

그냥 안다는 것은
영혼의 언어인 느낌으로 안다는 것입니다.
그냥 안다는 것은
사물의 본질을 꿰뚫어 본다는 것을 말합니다.
그냥 안다는 것은
내 안에 모든 것이 있다는 것을 아는 것을 의미합니다.

그냥 안다는 것은
신인합일을 의미하며
인신합일을 의미하며
자신의 상위자아와의 만남을 의미합니다.
그냥 안다는 것은
차원의 벽을 넘어
차원의 문을 연다는 것을 의미합니다.

그냥 안다는 것은 느낌으로 안다는 것입니다.
그냥 안다는 것은 우주의 진리와 공명한다는 것이며
그냥 안다는 것은 대우주의 정보 네트워크에 접속됨을 의미하며
그냥 안다는 것은 하늘과 땅이 하나가 되는 것이며
그냥 안다는 것은 하늘과 땅과 인간이 하나가 된다는 것입니다.

우주의 정보가 구현되는 과정

인간을 소우주라고 합니다.
인간이 소우주라고 하는 것은
인간이 대우주의 의식과 교류하고 있으며
대우주의 정보와 공명하고 있기 때문입니다.
인간의 5장 6부만으로는 이러한 역할을 할 수 없습니다.
5장 6부의 장부 생리학으로는 인간을 소우주라고 할 수 없습니다.
인간의 몸에는 눈에 보이는 5장 6부 외에
눈에는 보이지 않지만 장부와 장부 사이에
차원 간 공간에 정교한 기계장치들이 존재하고 있습니다.
인간의 몸을 보이지 않는 세계에서 보면
정교한 기계장치들로 가득 차 있습니다.
우주의 공학기술이 총동원되었습니다.
눈에 보이지 않는 기계장치들에 의해
5장 6부의 장부 생리학이 펼쳐질 수 있는 것이며
대우주와 공명할 수 있는 것입니다.

인간은 머리 위 정수리인 백회를 통하여
우주의 에너지와 우주의 정보를 받아들이고 있습니다.

우주의 에너지가 처리되는 과정

우주의 에너지 → 백회 → 심포의 2번째 층으로 유입되어
메타 휴머노이드 에너지 전환장치 작동 → 12가지 파형으로 분류
→ 12경락으로 연결되어 순환 → 인간의 몸에 설치되어 있는
모든 무형의 기계장치들에 에너지 공급

우주의 정보가 구현되는 방식

우주의 모든 정보는 백회를 통하여 유입됩니다.
백회를 통해 들어온 모든 정보들은
심포의 첫 번째 층위인
메타 휴머노이드 의식구현 시스템으로 들어오게 됩니다.
외부에서 들어온 우주의 정보는
메타 의식구현 시스템에 저장되어 있는
무의식과 잠재의식과 현재의식에 있는 정보들과 교류하면서
정보를 처리하게 됩니다.
경험되고 학습된 기억화된 정보와
태어날 때부터 가지고 온 자신의 고유한 정보와
임무와 역할을 위해
미리 다운로딩 되어 있던 정보들과 교류되면서
의식이 구현됩니다.
메타 의식구현 시스템에서 정보가 처리될 때는
느낌의 형태로
직관의 형태로
감각의 형태로
본능의 형태로
그냥 아는 것의 형태로
뇌에서 인지하게 되는 것입니다.
이 과정이 의식이 구현되는 가장 단순한 과정입니다.

메타 휴머노이드 의식구현 시스템은
정보를 창조하고 해석하는 곳이 아닙니다.
메타 휴머노이드 의식구현 시스템은
정보를 인지하고 발현하는
씨앗이 있는지 없는지를 확인하는 곳입니다.

동기감응의 반응이 일어나는 곳이며
느낌이 발생하는 곳이며
좋은 것과 나쁜 것을 느끼는 곳이며
감각과 경험이 기억의 형태로 작용하는 곳입니다.
심포에 있는 메타 의식구현 시스템이 바로
마음의 작용이 일어나는 곳입니다.
마음 한 자락과 느낌이 생산되는 곳입니다.
오래된 영혼들은 이 메타 의식구현 시스템이
젊은 영혼들에 비해 상대적으로 많이 활성화되어 있습니다.

느낌을 구체화하고
느낌을 체계화하고
느낌을 구조화하고
느낌을 논리적으로 분석하고
느낌을 과학적으로 해석하고
느낌을 심층적으로 해석하는 또 하나의
의식을 구현하는 시스템이 존재하고 있습니다.
이 시스템을 메타 휴머노이드 의식창조 시스템이라고 합니다.
해부학적으로 위(胃)가 있는 곳의
차원 간 공간에 존재하고 있습니다.
레코드판에 있는 정보를 레코더가 소리로 재생하듯이
메타 의식구현 시스템을 통해
느낌의 형태나 직관의 형태로 구현된 정보(의식)는
메타 의식창조 시스템에 의해 정교하게 재해석이 됩니다.
느낌이나 직관의 형태의 정보와는
차원이 다른 정보가 됩니다.
메타 의식구현 시스템에서 구현된 정보(의식)가
메타 의식창조 시스템을 거치고 나면
느낌속의 느낌을 잡아낼 수 있으며

느낌속의 느낌이 분석되고 해석이 되며
차원이 다른 정보(의식)로 탄생되는 것입니다.

메타 의식구현 시스템을 거친 우주적 정보는
느낌이나 직관의 형태로
감각이나 그냥 안다는 것의 형태로 의식이 구현됩니다.
메타 의식창조 시스템에서 해석된 정보는
느낌이 구체화되는 것이며
느낌이 모델링화되는 것이며
느낌이 복합적이고 통합적으로 되는 것이며
느낌에 새로운 창조의 능력들이 부여되는 것입니다.
메타 의식구현 시스템만 가지고도
일상생활을 하는데 큰 불편함이 없습니다.
남과는 차원이 다른 생각이나 아이디어
타인과는 다른 행동이나 다른 생각을 품는 것
머리가 좋고 나쁨
같은 시간 같은 장소 같은 것을 체험해도
보고 느끼는 의식의 층위가 모두 다른 것들은
메타 휴머노이드 의식창조 시스템의 효율과 성능에 따라 달라집니다.
공부를 잘하는 능력
예술가를 예술가답게 하는 능력
감이나 촉이 좋은 사람
마음을 쓰는 능력
독창성과 천부적 재능 등을 결정하는 것은
메타 의식구현 시스템과
메타 의식창조 시스템의 상호작용에 의해 일어나는 것입니다.
뇌는 메타 의식구현 시스템과
메타 의식창조 시스템이 해석하고 분석하고 창조한 정보를
스크린처럼 인지하는 역할만이 있을 뿐입니다.

메타 휴머노이드 의식창조 시스템은
인간이 고도의 창조 능력을 구현할 수 있는
토대가 되는 시스템입니다.
메타 휴머노이드 의식창조 시스템은
인간이 높은 의식을 구현할 수 있도록 뒷받침하는
정교한 기계장치입니다.
고차원의 정보를 해석할 수 있는 장치이며
인간의 창조적 능력을 발현시키는 무형의 장치입니다.
정보를 판독하고 정보를 해석하는 장치입니다.
메타 의식창조 시스템은
인간의 자유의지의 수준을 결정하며
인간의 지적 능력의 층위를 결정하는 중요한 장치입니다.

모든 영혼들은 정보전달자의 역할이 있습니다.
자신이 운반하기로 예정되어 있는
우주의 정보들을 폴더의 형태로
메타 의식구현 시스템에 가지고 오는 경우가 많습니다.
폴더 형태로 운반하는 우주의 정보는
자신의 우주적 신분 내에서 이루어지는
정보 전달의 방식입니다.
폴더 형태로 운반하는 우주의 정보는
간혹 차원을 뛰어 넘는 차원의 정보를 전달하는데
하늘이 주로 사용하는 방식입니다.
예술가들과 과학자들과 기술자들을 통해 전달하는 정보가
자신의 메타 의식구현 시스템에
폴더의 형태로 다운로드되어 있다가
느낌의 형태로
영감의 형태로
직관의 형태로

우연을 가장한 필연으로
자동문이 열리는 것처럼
메타 의식구현 시스템에서 의식이 구현되어
인지하게 되는 방식이 있습니다.

메타 의식창조 시스템은
젊은 영혼들일수록 높은 효율을 가지고 태어나게 됩니다.
호모 사피엔스가 구현할 수 있는
메타 의식창조 시스템의 최대치 100을 기준으로 하면
6차원의 흰빛 영혼들은 → 평균적으로 80%로 가동되고 있습니다.
같은 흰빛 영혼들일지라도 젊은 영혼들일수록
메타 의식창조 시스템이 높은 효율로 작동되고 있습니다.
8차원의 은빛 영혼 → 평균 70% 효율로 가동
10차원의 핑크빛 영혼 → 60% 효율로 가동
10차원의 노란빛 영혼 → 50% 효율로 가동
12차원의 빛의 일꾼 → 40% 효율로 가동
14차원의 빛의 일꾼 → 30% 효율로 가동
영혼의 나이가 다르기에
영혼마다 경험이 다르기에
영혼의 진화 과정이 다르기에
영혼마다 삶의 프로그램이 다르기에
영혼마다 배우고 체험해야 될 삶의 내용이 모두 다르기에
인간은 태어날 때부터
젊은 영혼들을 배려하기 위해
불평등하게 태어나도록 하는 것이 우주의 법칙입니다.

태극의 세계에서 온 빛의 일꾼들은
흰빛이나 은빛 영혼들에 비해 영혼의 크기가 10배 이상 큽니다.
영혼이 크기 때문에 그만큼

많은 정보를 가져올 수 있으며
높은 차원의 정보를 행성에 운반할 수 있습니다.
오래된 영혼들인 빛의 일꾼들이
고차원에서 온 빛의 일꾼들이
게임체인저와 문명체인저들의 역할이 있는
특수한 경우가 아니라면
젊은 영혼들보다 의식을 구현할 수 있는 능력을
극도로 제한하여 오게 됩니다.
물질 세상은 젊은 영혼들의 삶의 놀이터입니다.
젊은 영혼들을 배려하고
오래된 영혼들은 대부분의 능력을 봉인하여 태어나게 됩니다.
이렇게 해야 젊은 영혼들이 물질 체험을 하기 위한
경쟁력이 나오는 것입니다.
치열한 경쟁 세계에서 경험이 적은
젊은 영혼들이 좋은 부모 밑에서 부자집 자녀로
머리마저 좋게 태어나야 고차원의 영혼들과
비로소 경쟁력이 형성되는 것입니다.

젊은 영혼인 8차원 12단계의 우주적 신분을 가진 영혼이
자신이 가지고 온 달란트와
자신의 차원에서 가지고 온 정보들을
세상에서 펼치고 성공을 하고
인생의 희노애락을 풍부하게 체험하기 위해서
메타 의식창조 시스템의 효율을 높은 수준으로
설정하여 태어나는 것입니다.
영혼의 진화 과정상
검사가 되고 판사가 되고
의사와 같은 성공한 전문직으로 삶이 프로그램 되어 있다면
메타 의식구현 시스템이나

메타 의식창조 시스템들을 높은 수준으로
설정하여 태어나게 되는 것입니다.
사회의 지도층이나
사회적으로 성공한 사람이 될 수 있도록 하려면
그것을 뒷받침할 수 있는 능력들이
무형의 기계장치에 최적화하여
프로그램 형태로 입력하여 태어나는 것입니다.
인간이 태어날 때부터
불공평하게 태어날 수밖에 없는 이유입니다.
물질 세상의 주인공은 젊은 영혼들입니다.
오래된 영혼들인 빛의 일꾼들은
자녀들에게 모든 것을 양보하고
평범한 옆집 아줌마와
평범한 옆집 아저씨로 살아갈 수밖에 없도록
그렇게 프로그램되어
그렇게 살아가고 있는 것입니다.
이것이 대우주의 사랑이며
우주가 순행하는 원리이며 우주의 법칙입니다.
당신의 삶이 불합리하고 불평등한 이유가
보이지 않는 대우주의 법칙에 있음을 전합니다.

하늘에서 높은 사람인 빛의 일꾼들은
땅에서는 가장 낮은 곳에 있어야 합니다.
빛의 일꾼들은
의식을 구현할 수 있는 능력을
극단적으로 봉인하여 태어나 살게 됩니다.
빛의 일꾼들의 역할과 임무에 따라
고유성과 특수성은 있지만
대부분의 빛의 일꾼들은

머리가 나쁘게 프로그램을 하고 오는 경우가 일반적입니다.
영혼의 빛이 강하지만
어떠한 영적 능력도 쓰지 못하도록
이중 삼중으로 봉인을 하고 태어나 살게 합니다.
사기도 치기 어려우며
평범한 직업을 갖고 평범하게 살아갑니다.
메타 의식창조 시스템이 강하게 봉인되어
주목받지 못하는 삶을 살게 하고
창조적인 삶을 살지 못하게 합니다.
되는 일도 하나도 없게 하고
안 되는 일도 없게 하여
평범한 아줌마와 평범한 아저씨로 살게 합니다.
빛의 일꾼들은 직관이나 느낌은 발달해서
하지 말아야 할 것과 가지 말아야 할 것은
잘 분별할 수 있기에
평범하면서도 좋은 사람이라는 평가를 받습니다.

빛의 일꾼 144,000명은
지구 차원상승을 위해 모두 자신의 퍼즐들을 가지고 왔으며
자신의 우주적 신분에 맞는
차원의 정보를 가지고 지구 행성에 왔습니다.
메타 의식구현 시스템에 폴더의 형태로
고차원의 정보를 가지고 왔습니다.
고차원의 정보를 창조적으로 해석할 수 있는
성능이 좋은 정보 판독기 역시 가지고 왔습니다.
때가 되지 않아서
시절인연이 맞지 않아
평범한 아저씨와 아줌마로 살고 있을 뿐입니다.
빛의 일꾼들은 지축 이동 후

안전지대인 역장 안에서
모든 능력들이 드러나게 될 것입니다.
메타 의식구현 시스템과
메타 의식창조 시스템의 효율이 70% 정도로 활성화될 것입니다.
이 능력으로 인해 빛의 일꾼들은
영적인 능력들이 깨어나게 될 것이며
새로운 정신문명을 여는 주인공이 될 것입니다.

빛의 일꾼을 빛의 일꾼답게 하는 것이며
지구 차원상승 과정 중에 대재난에서 살아남은 인류가
높은 수준의 정신문명을 이룰 수 있도록 하는
물질적 토대가 되는 것이
메타 휴머노이드 의식구현 시스템과
메타 휴머노이드 의식창조 시스템입니다.
새 하늘과 새 땅에서
새롭게 출현하는 새로운 인류들에게는
호모 사피엔스가 창조될 때의 조건으로
의식을 구현하고
의식을 창조할 수 있는
메타 휴머노이드 의식구현 시스템과
메타 휴머노이드 의식창조 시스템이 최적화될 예정입니다.
높은 수준의 정신문명이 펼쳐질 수 있도록
하늘은 모든 것을 준비해 놓고
지구 차원상승을 준비하고 있음을 전합니다.

그렇게 될 것이며
그렇게 예정되어 있으며
그렇게 되었습니다.

지구가 실험행성인 이유

영혼들이 물질 체험을 하기 위해
하늘은 다양한 조건을 가진 물질행성을
대우주에서 운영하고 있습니다.
물질행성의 유형은
행성 가이아의 의식과
행성 가이아의 차원에 의해 결정이 됩니다.
영혼들의 물질 체험을 위해
우주학교가 개설된 행성의 가이아의 의식은
13차원과 15차원 17차원으로 구성되어 있습니다.

지구 행성은 17차원의 가이아의 의식이 주관하고 있는
아주 높은 의식을 가진 행성입니다.
지구 행성에는 1차원에서부터 17차원까지
모든 차원을 담을 수 있으며
각각의 차원에서 지원한 영혼들을 대상으로
우주의 계급장을 내려놓고
물질 체험이 이루어지고 있는 다차원 행성입니다.
행성 가이아의 의식의 차원이 높을수록
행성은 다차원 행성으로서
다양성이 풍부해지며 많은 것들을 펼쳐 놓을 수 있습니다.

지구 행성은 네바돈 우주에서
가장 높은 가이아 의식을 가진 다차원 행성이며
네바돈 우주에서 물리적 환경이 가장 아름다운
푸른 행성 지구입니다.

지구 행성의 가이아의 의식을 주관하고 있는 분은
네바돈 우주의 창조주의 여성성을 상징하는
네바도니아입니다.
네바도니아는 지구에서는 석가모니 부처님과
성모 마리아의 삶을 살다가 가신 분의
최종 상위자아입니다.
지구 행성의 행성 왕자의 역할과
지구 행성의 로고스가 석가모니 부처님으로 알려져 왔습니다.
서양의 채널링 메시지는 이것을 의미하는 것입니다.

대우주에는 지구 행성처럼
다차원 행성으로
우주학교가 개설된 행성이 무수히 많습니다.
13차원과 15차원의 다차원 행성들은
17차원의 행성에 비해
영혼들의 물질 체험을 위한 난이도가 높지 않습니다.
지구 행성에서 육신의 옷을 벗고 떠나는 영혼들의
새로운 물질학교로서 준비된 금성은
13차원의 가이아 의식이 주관하고 있습니다.
금성은 지구 행성의 물리적 환경에 비해 75% 비슷하며
영혼의 물질 체험 난이도는 지구 행성에 비해 낮습니다.
금성은 지구 행성에 비해 복잡하지 않으며
비교적 젊은 영혼들의 물질 체험을 위해
준비된 우주학교입니다.

대우주에 펼쳐져 있는
다차원 행성을 주관하고 있는
행성 가이아의 의식을 주관하는 에너지는
크게 5가지 유형으로 분류됩니다.

• 첫 번째 유형

18차원 18단계 창조근원(미륵부처=비로자나)이 주관하는 가이아 의식
⇒ 17차원의 창조근원의 패밀리 그룹이 주관하는 행성 가이아 의식
  : 지구 행성
⇒ 15차원의 창조근원의 패밀리 그룹이 주관하는 행성 가이아 의식
  : 지구 태양계에서는 목성
⇒ 13차원의 창조근원의 패밀리 그룹이 주관하는 행성 가이아 의식
  : 지구 태양계에서는 금성

• 두 번째 유형

18차원 17단계 알파(무한영=노사나불)가 주관하는 가이아 의식
⇒ 17차원의 알파의 패밀리 그룹이 주관하는 행성 가이아 의식
⇒ 15차원의 알파의 패밀리 그룹이 주관하는 행성 가이아 의식
⇒ 13차원의 알파의 패밀리 그룹이 주관하는 행성 가이아 의식

• 세 번째 유형

18차원 16단계 우주아버지의 가이아 의식의 분화
 ⇒ 17차원 ⇒ 15]차원 ⇒ 13차원의 우주아버지 패밀리 그룹의
행성 가이아 의식이 주관

• 네 번째 유형

18차원 15단계 오메가의 가이아의 의식의 분화
 ⇒ 17차원 ⇒ 15차원 ⇒ 13차원의 오메가 패밀리 그룹의
행성 가이아 의식이 주관

• 다섯 번째 유형

18차원 14단계의 영원어머니의 가이아 의식의 분화
 ⇒ 17차원 ⇒ 15차원 ⇒ 13차원의 영원어머니 패밀리 그룹의
행성 가이아 의식이 주관

지구 행성은 다섯 가지 행성 가이아의 의식 중
첫 번째 창조근원(조물주)의 의식이 분화하여
17차원의 의식이 주관하는 행성입니다.
2천 년 전 예수님이 아버지라고 불렀던 분이
바로 창조주(18차원 18단계)입니다.
지구 행성은 17차원의 네바돈 우주의 창조주께서
직접 가이아의 의식을 주관하고 있는
네바돈 우주에서 유일한 행성입니다.
네바돈 우주에 존재하는
모래알같이 많은 물질행성들 중에
17차원의 네바돈 우주의 창조주께서 직접 주관하는
유일한 행성입니다.
예수님이 독생자라고 하신 말이 갖는 우주적 의미입니다.
예수님은 창조근원의 에너지 분화이며
네바돈 우주에서는 17차원의 유일한 자녀이며
네바돈 우주의 창조주의 남성적 측면은 예수 그리스도입니다.
네바돈 우주의 창조주의 여성적 측면은 석가모니 부처님입니다.
지구 태양계에서 창조근원의 가이아 의식이 주관하는
15차원의 행성은 목성이며
13차원의 창조근원의 가이아 의식이 주관하는 행성은 금성입니다.

지구 행성은 특별한 행성입니다.
창조주께서 직접 주관하시는 행성입니다
네바돈 우주의 창조주께서 직접 주관하시는 행성입니다.
네바돈 우주에서 창조근원의 직계 자녀들을
북두칠성 또는 북두9진이라 합니다.
네바돈 우주는 창조근원이 계시는 자미원에서
북두칠성이라는 스타게이트를 통해
네바돈 우주 전역에 창조근원의 에너지를 공급하고 있습니다.

대우주는 끊임없이 진화하고 있습니다.
대우주는 지금까지 6번의 대주기 동안
쉼 없이 진화하여 왔습니다.
대우주의 6번째 주기를 마무리하고
대우주의 7번째 주기를 시작하기 위해서는
7번째 대우주의 설계도가 필요합니다.
대우주를 펼쳐놓은 창조주의 입장에서는
7번째 대우주의 큰 설계도를 완성하는데 필요한
데이터들이 필요했습니다.
대우주에는 네바돈 우주와 같은 우주가 200만 개 이상 있으며
네바돈 우주만 해도 지구와 같은 행성은 수천만 개가 넘습니다.
대우주에서 7번째 주기를 열기 위해 필요한
에너지 작용들에 대한 실험 데이터들이 필요했습니다.

우주 만물들은 모두 에너지의 작용입니다.
우주의 삼라만상은 모두 에너지의 작용입니다.
지구 행성은 에너지의 작용들을 연구하는
기초 실험실의 역할을 수행하였습니다.
화려하고 눈부신 과학기술은
기초과학의 토대에 의해 펼쳐지는 것입니다.
대우주의 7번째 주기에서 펼쳐질
대우주의 진화 과정에 꼭 필요한
에너지들의 상호 작용들을 기초 실험을 하듯
지구 행성에서 생명체들을 통한 실험들이
250만 년 동안 진행되어 왔습니다.
인간의 감정도 에너지이며
인간의 의식도 에너지이며
의식을 구현하는 메타 의식구현 시스템 역시
에너지의 작용입니다.

생명체들 사이에서 에너지와 에너지들이
어떠한 조건에서 어떻게 반응하는지
어떠한 결과들이 나오는지
모든 변수에 대한 실험들이 있었습니다.
다양한 변수들을 제거하면서
모든 변수들을 가정한 다양한 실험들이
지구 행성에 입식된
모든 생명체들을 대상으로 이루어졌습니다.
다양한 인종들을 통해
다양한 에너지들을 실험하였으며
실험값들에 대한 데이터들이 모두 확보되었습니다.

지구 행성에서 확보된 생명체들의 정보들은
대우주의 관리자 그룹과
은하의 관리자 그룹과
항성의 관리자 그룹과
행성을 관리하는 천상정부에 모두 통보될 예정입니다.
이 실험값들을 기초로 하여
행성들의 물리적 환경과 생명체 사이에서의
실험값들을 기초로 하여
하늘의 기본설계가 이루어질 것입니다.
다양한 층위의 행성과
다양한 모습을 가진 행성이 탄생될 것입니다.
행성마다 생명체들이 다르게 세팅될 것입니다.
행성의 고유성과
생명체들끼리의 다양한 층위가 설계될 것입니다.
더 진화되고 최적화된 행성의 조건과
최적화된 생명체들의 입식 조건을 결정하는
기초 자료로 쓰이게 될 것입니다.

지구 행성은 이 실험을 하기 위해
창조주의 의지로 선정된 실험행성이었습니다.
물리적 환경이 가장 아름답고 화려한 행성으로 세팅되었으며
영혼의 물질 체험을 위한 행성 중
난이도가 제일 높은 행성이었습니다.
다양한 실험들이 다양하게 이루어졌습니다.
17차원의 지구 행성이
실험행성으로 선정된 이유는
행성의 의식이 높아야
다양한 에너지들의 실험이 가능하기 때문입니다.
행성의 의식이 높아야
높은 차원의 에너지를 다양하게 시험할 수 있기 때문입니다.

지구 행성은 새로운 에너지들을 실험하는
실험실의 기능과 함께
대우주가 6번째 주기를 진화하는 동안에
해결하지 못했던 우주의 카르마를 해소하기 위한 실험 역시
동시에 진행되었습니다.
6번째 대우주의 카르마를
지구 행성에 모두 풀어 놓았으며
카르마를 해소하는 과정에서 발생하는
모든 부정적인 에너지들의 작용들이 데이터로 측정되었습니다.
모든 긍정적인 에너지들의 작용들이
실험값에 따른 결과물로서 측정되고 기록되었습니다.

대우주의 7번째 주기에서 일어날 모든 변수들을 고려하여
지구라는 행성에서
지구에 살고 있는 생명체들을 대상으로
실험값들에 대한 데이터들이 확보되었습니다.

이 자료는 창조주께서 대우주의
7번째 주기를 열기 위한 기초 자료인 동시에
문제가 발생할 때
문제를 해결하는 해법이 담겨있는 데이터들입니다.
지구는 7번째 대주기를 열기 위해 준비된
창조주께서 주관하는 실험행성입니다.
네바돈 우주의 다른 행성 어디에선가는
네바돈 우주가 아닌 다른 우주
17차원의 가이아 의식을 가지고 있는 다른 행성에서
동시에 실험되었습니다.
18차원 17단계에서 18차원 15단계의
에너지 작용들에 대한 실험들이
17차원 의식을 가지고 있는 실험행성에서
동시에 진행되었습니다.
이곳에서의 데이터들 역시 모두 수집되었으며 완료되었습니다.

지구 행성은
창조근원의 에너지인 페르미온 에너지들이
어떤 조건에서 어떻게 작용하고
다른 에너지들을 만났을 때 어떻게 작용하는지
기초적인 실험에서부터
난이도가 높은 실험에 이르기까지
모든 실험들이 실험행성 지구에서 진행되었습니다.
지구 행성은 물질문명의 종결과 함께
지구 행성의 차원상승을 통해
실험행성으로서의 역할을 모두 마치고
종자행성으로의 역할이 시작될 것입니다.
실험행성들은 결국 종자행성이 되는 것이
우주의 법칙이며 순리인 것입니다.

실험행성으로서의 지구 행성이
종자행성으로서의 지구 행성으로
대우주에서 가장 빛나는 보석행성으로
정신문명의 최고의 정점에 있는 행성으로
7번째 대주기에서 일어나는 모든 문제점들을
해결할 수 있는 만능열쇠를 가지고 있는
종자행성이 될 것입니다.
7번째 대우주를 열기 위한
에너지 백신을 만들기 위한 행성이었으며
대우주의 모든 행성의 가이아들은
지구 행성의 가이아의 게(Ge) 에너지에
축적된 에너지를 기반(재료)으로 하여
7번째 대우주의 주기를 시작할 것입니다.
대우주에 존재하는 어떠한 행성도
지구 행성 가이아의 게(Ge) 에너지 없이는 진화할 수 없습니다.
7번째 대우주를 열기 위한
창조주의 의지가 담긴 에너지가 지구 행성에서 창조되었습니다.
창조주는 이 에너지를 가지고
대우주의 7번째 주기를 운영할 것입니다.
이것이 지구 행성이 실험행성으로서 갖는 의미입니다.

250만 년 동안 수고해주신
지구 영단에 편입되어
영혼의 물질 체험을 함께해 준 영혼들에게
하늘을 대신하여
우데카 팀장이 고마움과 감사함을 전합니다.

모두들 수고하셨습니다.

지구가 종자행성인 이유

대우주의 수레바퀴는 한 번도 멈춘 적이 없습니다.
대우주는 끊임없이 진화하고 있습니다.
진화하는 우주의 입장에서 보면
지금 이 순간이 최고의 순간이며
지금 이 순간이 최고의 정점에 있는 것입니다.
지금 이 순간에 살고 있는 생명체들의 수준은
대우주의 진화의 산물입니다.
대우주의 진화의 결과물들을 가지고
실험행성인 지구에서 많은 실험들이 이루어졌습니다.

창조주의 의지에 의해
7번째 대우주의 주기를 열기 위한 실험행성으로서
지구 행성이 선정되었습니다.
지구 행성에 입식된 생명체들은
대우주의 진화의 결과물들 중에서
중요하고 상징적인 생명체들의 종들입니다.
지구라는 실험실에서 대표적인 식물의 종이나
동물들과 어류들을 대상으로 많은 실험들이 있었습니다.
지구 영단에 입식된 식물과 동물들 중에
가장 진화한 종은 호모 사피엔스인 인류입니다.
인간은 가장 높은 의식을 구현할 수 있으며
도구를 이용하며
가장 높은 창조 능력을 가진 종입니다.
대우주가 6번째 주기를 통해 진화한 종들 중에
가장 위대한 진화의 결정체가 바로 인간입니다.

인간의 몸은 대우주가 진화하면서 생긴
진화의 정점에 있는 결과물입니다.
대우주의 모든 원리가 소우주인 인간의 몸으로
압축되고 축소되어 있습니다.
인간은 생명체 중에서
가장 높은 의식을 구현할 수 있습니다.
인간은 생명체 중에서
창조주의 에너지를 가장 많이 가지고 있으며
창조주의 에너지를 가장 많이 저장하고 있습니다.

6주기 말에 창조된 파충류형 생명체들보다
휴머노이드형인 인류는 조금 늦게 창조되었습니다.
휴머노이드형 인류에게는
우주에 존재하는 가장 높은 수준의
우주의 공학기술들이 적용되었습니다.
휴머노이드형 인류에게는
우주에 존재하는 가장 높은 수준의
생명공학 기술들이 적용되었습니다.
최신형 모델이며 최고급 사양으로
인류는 창조주에 의해 창조되었습니다.

창조주께서 최신형의 모델을 창조하는 이유는
영혼의 물질 체험을
최대한 극적으로 체험하기 위해서입니다.
낮은 의식을 구현할 수 있는
닭이라는 외투를 입고 하는 영혼의 물질 체험보다는
높은 의식을 구현할 수 있는
인간의 몸을 받고 물질 체험을 하는 것이
영혼의 진화에 유리하기 때문입니다.

인류에게 적용한 우주의 공학기술들 덕분에
인간은 높은 의식을 구현할 수 있었으며
높은 수준의 창조 활동을 펼칠 수 있었습니다.
최신형 모델과 최고급 사양이 장착된 인류들을 상대로
본격적인 양산 체제로 대량 생산 대량 공급을 하기 전에
성능을 실험하는 실험들이 필요하였습니다.
새로운 자동차가 대중에게 팔리기 전에
충분한 검증이 있어야 하는 것처럼
어떤 문제점들이 있는지
여러 가지 조건들 속에서 테스트하였습니다.
창조주의 입장에서 보면
당신이 창조한 최신형 최고급 사양을 장착한
인간을 위한 실험행성이 필요했습니다.

지구 행성은
우주에서 최신형 모델의 인간에 대한
모든 것들을 점검하고 실험하는 장소로
창조주에 의해 선정된 것입니다.
가장 난이도 높은 실험을 하기 위해
가장 높은 17차원의 가이아 행성의 의식을 가진
지구가 실험행성으로 선정된 것입니다.
인간에 대한 모든 실험들이 이루졌습니다.
가혹한 기후 조건에서 인류의 생존을 실험하였습니다.
인간 혼자만이 아닌
최대한의 식물종과 동물들과의 관계 속에서 이루어지는
다양한 실험들이 이루어졌습니다.

인간은 인간이 가지고 있는 능력의
5% 정도만을 활용하고 있습니다.

인간에게 장착되어 있는 최고급 사양들이 어떻게 펼쳐지는지
지구 행성의 250만 년 동안에 걸쳐 실험들이 이루어져 왔습니다.
인간에게 장착된 사양들의 성능들을
조절해가며 실험하였습니다.
인간에게 나타날 수 있는 모든 변수들을
에너지로 표현하고
숫자로 표현하면서
모든 에너지들의 작용들을 실험하였으며
실험의 과정들과 결과물들이
모두 데이터로 기록되었으며 수집되었습니다.

지구 행성이 휴머노이드형 인간의 실험장이듯
지구 행성에 입식된 모든 식물들과 동물들 역시
똑같이 실험장이 되었으며
그 과정들에서 생기는 에너지들의 문제점들과
해결 방법들이 모두 기록되었으며 수집되었습니다.
지구 행성은 거대한 실험장소였습니다.
가장 난이도 높은 실험들이 진행되었습니다.
모든 변수들이 점검되었으며
돌발 변수들까지 모두 점검되었습니다.

지구 행성은
지구 행성에 입식된 모든 생명체들에 대한
대우주의 실험실이었습니다.
인간의 감정 하나하나를 실험하였으며
인간의 의식이 구현되는 하나하나의 시스템들이 실험되었습니다.
인간에게 설치된 모든 무형의 장치와
유형의 오장 육부의 기능들에 대해서도
정교하게 실험이 이루어졌습니다.

식물들과 동물들에 대한 실험도
인간의 실험과 동시에 이루어졌습니다.
모든 실험이 250만 년 동안 지구 행성에서 이루어졌습니다.
지구 행성에서의 실험이 마무리되었으며
지구 행성은 실험행성에서
종자행성으로의 전환을 앞두고 있습니다.

대우주의 7번째 대주기를 열기 위해 준비된
모든 실험들이 종결되었습니다.
이제는 7번째 주기를 열고
대우주에 새로운 종을 입식시키는 과정만이 남아 있습니다.
휴머노이드형 모델 중 최신형 모델인 인간은
이제 7번째 대우주의 주기에서는
대량 생산되어 전 우주에 공급될 예정입니다.
인간과 함께 실험되었던 식물과 동물들 역시
업그레이드된 최신형으로 대우주에
씨앗이 공급되듯 공급될 것입니다.
이것이 지구 행성이 실험행성에서 종자행성으로 되는
우주적 원리입니다.

지구 행성에서 새롭게 창조되고 업그레이드된
식물과 동물들이 대우주에 순차적으로 입식될 것입니다.
그 중심에 인간이 있습니다.
지구 행성은 7번째 대우주의 주기를 시작하는
18차원 18단계의 창조주의 의식을 가진
대우주에서 하나밖에 없는 종자행성이 될 것입니다.
제품에 문제가 발생하면
자체 수리할 수 있는 것은
지역에서 자체적으로 수리하면 됩니다.

큰 고장이나 큰 문제가 발생하면
본사로 보내져 수리하는 것처럼
대우주가 진화하는 7번째 주기 동안에 발생하는 모든 문제점들은
종자행성인 지구에서 해결할 수밖에 없습니다.

지구 행성의 가이아의 게(Ge) 에너지가
모든 문제점들을 해결할 수 있는 백신의 에너지가 될 것입니다.
대우주에 최신형의 모델들이 입식되기 위해
공장의 시스템들이 설치되어야 합니다.
이 공장의 시스템이 바로
지구 행성의 가이아의 게(Ge) 에너지이며
대우주에 무료로 공급될 것입니다.
그리고 서비스센터 역시 운영될 것입니다.
지구 행성이 우주에서 가장 빛나는
우주에서 유일하게 창조근원의 에너지를 가진
종자행성이 되는 이유입니다.

지구 행성은
우주에서 가장 빛나는 보석 행성이 될 것입니다.
지구 행성은 창조주의 에너지를 가지고 있으며
모든 문제점들을 해결할 수 있는 종자행성이 될 것입니다.
지구 행성은 대우주의 중심 역할을 할 것이며
먼 훗날
대우주의 창조주께서 머물고 있는
자미원의 역할을 수행하게 될 것입니다.

그렇게 될 것이며
그렇게 예정되어 있으며
그렇게 되었습니다.

은하의 밤과 광자대 :
우주의 들숨과 날숨

대우주의 수레바퀴를 굴리는 것은
창조주의 의식입니다.
대우주가 진화를 하는 이유는
창조주의 에너지 작용 때문입니다.
생명이 생명을 낳아 기르는 이유는
생명 속에 창조주의 의식의 씨앗이 담겨 있기 때문입니다.
생명 속에 들어 있는 창조주의 의식의 씨앗을
우주에서는 페르미온 에너지라고 합니다.
만물이 만물을 낳는 이유는
만물 속에 창조주의 숨결이 함께하고 있기 때문입니다.
만물 속에 깃들어 있는 창조주의 숨결을
우주에서는 페르미온 에너지라고 합니다.

대우주는 창조주의 의식으로 창조되었습니다.
대우주의 진화는 한순간도 멈춘 적이 없습니다.
대우주의 수레바퀴가 돌고 있는 동안에
영혼의 진화 역시 한순간도 멈춘 적이 없습니다.
영혼이 진화할 수 있도록
영혼 속에 창조주의 숨결이 함께하고 있습니다.
영혼은 창조주의 에너지로 창조되었습니다.
영혼 속에 들어있는 창조주의 에너지를
우주에서는 사고조절자라고 합니다.
영혼의 여행과 영혼의 물질 체험은
창조주의 의식인 사고조절자가 함께하고 있기에
가능한 것입니다.

창조주의 의식의 확장이 있기에
대우주는 팽창하고 있습니다.
창조주의 의식이 진화하고 있기에
대우주가 진화하고 있는 것입니다.
창조주 의식의 들숨과 날숨이 있기에
대우주에도 들숨과 날숨이 있습니다.
대우주의 들숨과 날숨을
우주에서는 대주기와 소주기라고 합니다.

우주의 들숨과 날숨이 있기에
음과 양이 생겨났습니다.
우주의 들숨과 날숨이 있기에
은하들의 대주기와 소주기가 탄생하였습니다.
우주의 들숨의 날숨이 있기에
항성들의 대주기와 소주기가 존재합니다.
우주의 들숨과 날숨이 있기에
행성들의 대주기와 소주기가 있습니다.
우주의 들숨과 날숨이 있기에
행성의 밀물과 썰물이 있으며
행성의 낮과 밤이 있습니다.

창조주 의식의 숨결이 있기에
우주의 들숨과 날숨이 있습니다.
우주의 들숨과 날숨이 있기에
우주에 은하의 밤과 광자대가 있습니다.
은하와 항성과 행성에 은하의 밤이 있기에
은하는 진화할 수 있으며
항성은 진화할 수 있으며
행성은 진화할 수 있습니다.

은하와 항성과 행성에 광자의 빛이 있기에
은하는 새로운 주기를 시작할 수 있으며
항성은 새로운 주기를 시작하고
차원상승을 할 수 있습니다.
행성에 광자대의 빛이 있기에
행성은 새로운 주기를 시작할 수 있으며
행성은 차원상승의 기회가 주어지는 것입니다.

행성의 들숨과 날숨이 있기에
행성의 대주기와 소주기가 있습니다.
대주기 속에 소주기들이 있으며
소주기들 속에 소주기들로 가득 차 있습니다.
행성의 들숨의 때가 되면
행성에 은하의 밤이 시작됩니다.
행성에 은하의 밤이 시작되면
영혼들에게는 성장할 수 있으며
진화할 수 있는 기회들이 주어집니다.
영혼의 물질 체험이 풍부해지며
영혼의 물질 체험의 난이도가 높아집니다.
행성에 은하의 밤이 시작되면
물질의 시대가 열리는 것입니다.
물질의 시대는
물질 체험을 통해 진화하는 영혼들에게는
축복의 시간이자
성장의 시간이자
아픔의 시간입니다.
아픈 만큼 성숙해지는 시대가
은하의 밤이 갖는 의미입니다.

행성의 날숨의 때가 되면
은하의 밤이 끝났음을 의미합니다.
종교의 시대가 끝났음을 의미합니다.
물질문명의 종결을 의미합니다.
행성의 날숨의 때가 도래하면
광자의 빛이 행성에 들어온다는 뜻입니다.
빛의 시대와 영성의 시대가 시작됨을 뜻합니다.
행성의 날숨의 때가 도래하면
행성의 차원상승이 시작됨을 의미합니다.
행성에 새로운 정신문명이 건설됨을 뜻합니다.

지구 행성에 광자의 빛이 들어오고 있습니다.
영성의 시대가 시작됨을 알려주고 있습니다.
빛의 시대가 시작됨을 알려주고 있습니다.
새 하늘과 새 땅의 출현을 알려주고 있습니다.
이별의 시간이 시작될 거라고
아픔의 시간이 시작될 거라고
모든 것이 붕괴될 것이라고
그때가 지금 시작이라고
광자대의 빛이 창조주의 숨결과 함께
지구 행성으로 들어오고 있습니다.

지구 행성 250만 년 동안
지구 행성에는 소주기가 여러 번 있었습니다.
여러 번의 소주기들을 통과하면서
행성의 은하의 밤은 풍요롭고 풍성했습니다.
7번째 대우주를 열기 위한
실험행성과 종자행성으로의 임무와 역할들이 있었습니다.
창조주께서 주관하는 대우주의 프로젝트가

지구 행성에서 펼쳐졌습니다.
지구 행성에서 250만 년 동안 펼쳐졌던 역사는
하늘과 인간이 함께 펼쳐왔던
대우주의 서사시로 남을 것입니다.

지구 행성에 날숨의 바람이 불고 있습니다.
지구 행성에 변화의 바람이 불고 있습니다.
지구 행성의 차원상승을 알리는
대우주에서 전하는 황금나팔 소리가 들리고 있습니다.
행성의 물질문명이 종결할 때
문명의 종결을 위해
창조주의 에너지를 가진
빛의 일꾼 144,000명의 의식을 깨우는
황금나팔 소리가 들려오고 있습니다.

창조주의 의식이 지구 행성과 함께하고 있습니다.
창조주의 에너지가
지구 행성의 빛의 일꾼과 함께하고 있습니다.
창조주의 들숨이
지구 행성의 지축 이동을 준비하고 있습니다.
창조주의 숨결이
지구 행성의 차원상승과 함께하고 있습니다.
지구 행성의 날숨의 때가 시작되었다고
대우주의 비밀을
우데카 팀장이
의식의 깊은 잠을 자고 있는
지구 행성의 주민들에게 전합니다.

인류들의 건승을 빕니다.

평행우주론

우주는 고도화된 과학기술 시스템을
기반으로 하여 운영되고 있습니다.
인류가 하늘이라고 알고 있고
인류가 하늘이라고 믿고 있는
하늘은 실체가 없는 추상적인 개념입니다.
인류가 생각하는 하늘에 가장 가까운 것은
우주 함선입니다.
지구 행성보다도 더 큰 함선입니다.
큰 함선에는 수많은 작은 함선들이 배치되어 있습니다.
우주 함선들에 의해
하늘의 관리 시스템이 집행되고 있습니다.
대형 우주 함선에서
수십 개의 항성계(태양)들을 관리하고 있습니다.
하늘이라고 다 같은 하늘이 아닙니다.
하늘마다 차원이 다릅니다.
차원마다 우주 함선의 크기가 다릅니다.
높은 차원으로 갈수록 대형 함선이 됩니다.

대형 우주 함선에는 인류의 의식으로는
상상할 수 없는 컴퓨터들로 가득 차 있습니다.
이 컴퓨터들에 의해
모든 항성들과 행성들이 관리되고 있습니다.
9차원의 하늘에는
인간관계의 모든 시뮬레이션이 이루어지고 있는
모나노 시스템이 있습니다.

모나노 시스템에 의해
미래에 일어날 일들을 미리 알 수 있으며
미래에 일어날 일들을 프로그램할 수 있으며
미래에 일어날 일들을 관리할 수 있으며
미래에 일어날 일들을 완전하게 통제할 수 있습니다.

9차원의 모나노 시스템은
인간의 생명 활동과 의식 활동들을
모두 관리하고 통제할 수 있는 시스템입니다.
9차원의 모나노 시스템이
거대한 서버를 갖춘 중앙 컴퓨터라고 비유하면
인류들은 중앙 컴퓨터에 네트워크로 연결된
개인용 PC라고 할 수 있습니다.
개인용 PC에 해당되는 인류 하나하나는
상위자아들에 의해 정보가 입력되고
상위자아들에 의해 프로그램이 입력되고 수정되고 있습니다.

9차원의 모나노 시스템에는
행성에 살고 있는
모든 영혼들의 프로그램이 입력되어 있습니다.
모든 영혼들의 거대한 중앙 컴퓨터에서
다양한 시뮬레이션이 이루어집니다.
하늘은 시뮬레이션을 통해 형성된 결과물들을
관리하고 운영하고 있습니다.
하늘에 의해 시뮬레이션이 끝난 자료와 데이터들이
인류의 의식에서는
오늘 또는 지금이라는 현실로 펼쳐지고 있는 것입니다.
세상에 드러나고 있는 오늘이라는 현실은
세상에 펼쳐지고 있는 지금이라는 현상은

9차원의 모나노 시스템에 의해 결정이 난
시뮬레이션이 현실화된 것에 불과합니다.
'상위자아의 동의 없이 일어나는 일은 아무것도 없다'
라는 말이 갖는 의미입니다.
'땅에서 펼쳐지고 있는 모든 것은
하늘에서 이미 결정이 난 것들만이 펼쳐질 수 있다'는 것이
갖는 불편한 우주적 진실입니다.

하늘의 뜻을 변경하기 위해서는
하늘의 프로그램에 영향을 주기 위해서는
인류의 시간 개념으로는
최소 한 달 전에는
모나노 시스템의 수정이 이루어져야 합니다.
모나노 시스템의 수정이나 변경을 위해서는
보이지 않는 하늘의 승인이 있어야 합니다.
하늘의 승인이란
차원의 문과 차원의 벽을 넘어서 이루어지는 일은
확률적으로 일어나지 않는다는 뜻입니다.

한 사람의 인생이 펼쳐지기 위해서는
최소 5번째 삶의 프로그램이 거시적인 틀에서 짜여지고
한 번의 생이 미시적인 틀에서
세부적인 프로그램이 짜여지게 됩니다.
빛의 일꾼 144,000명의 삶의 프로그램은
250만 년 전에 평균적으로 35번 정도의 윤회를 위한
거시적인 프로그램이 먼저 짜여집니다.
다시 5번씩의 삶이 프로그램이 7번에 걸쳐
세부적으로 윤회의 프로그램의 내용들이
하늘의 고도화된 과학기술에 의해 시뮬레이션을 할 수 있습니다.

하늘의 과학기술은 인간이 상상할 수 없으며
250만 년 전에 세워진 인생의 프로그램이
250만 년 후에 지금이라는 현실에서 펼쳐지고 있는 것입니다.
250만 년 전에 시뮬레이션 된 가상현실이
250만 년이 지난 오늘에 현실이 된다면
이 글을 읽는 당신은 믿을 수 있겠습니까?
이것이 평행우주론을 이해할 수 있는 중요한 단서입니다.

하늘의 완전한 통제란 이런 것이며
하늘 무섭다는 것이 이런 것이며
이것이 하늘이 일하는 방식입니다.
오늘 나에게 하늘로부터 내려온 채널 내용을
오늘 하늘이 나에게 준 것이라 생각하는 것이
인류의 의식 수준에서는 상식입니다.
오늘 나에게 하늘에서 내려온 채널 내용은
실제로는 3일 전이나 7주일 전에 심지어는
한 달 전이나 몇 년 전에 준비되고 녹화되어
모나노 시스템에 프로그램으로 준비되어 있다가 우연을 가장하여
오늘 여시아문의 세계가 나에게 일어난 것입니다.

하늘의 시간과
인류가 생각하는 시간의 개념이 전혀 다릅니다.
하늘은 모나노 시스템에 입력된 프로그램대로
일어날 일이 일어나게 하게 위해 최선을 다하고 있습니다.
우주의 최고 과학기술을 이용하여
미래에 일어날 일들을
수십 번 수백 번 시뮬레이션을 통하여
각종 변수를 제거하면서
최적화된 결과를 도출하기 위해서

관리하고 유지하는 역할이 하늘의 의무이며
하늘이 존재하는 이유이며
하늘의 실체입니다.

땅에서 펼쳐지고 있는 오늘이라는 현실은
250만 년 전에 입력한 프로그램이
수많은 시뮬레이션을 거쳐 그중 하나가
확정되어 펼쳐진 것입니다.
땅에서 펼쳐지고 있는 오늘이라는 현실은
3,000년 전에 계획하고 입력한 프로그램이
변수를 제거하고 제거하면서
최적의 시뮬레이션의 결과가 펼쳐지고 있다는 것입니다.
땅에서 펼쳐지고 있는 오늘이라는 현실은
300년 전 삶의 프로그램이 때가 되어
우연을 가장한 필연으로 펼쳐지고 있는 것입니다.
오늘의 내가 경험하고 있는 끔찍한 현실은
내 영혼이 계획하고 프로그램한 인생의 프로그램이
이미 준비되어 있다가
상위자아에 의해 시뮬레이션 된 내용에 동의가 이루어졌기 때문에
때가 되어 펼쳐지고 있는 것입니다.

우주에서 우연히 일어나는 일은 없습니다.
일어날 일이 일어나고 있는 것이며
일어날 이유가 있기 때문에 일어나는 것이며
일어날 프로그램이 있기 때문에 일어난 것입니다.
일어난 일은 이미 보이지 않는 세계인
하늘의 거대한 컴퓨터 시스템에서 최적화된
시뮬레이션을 통해서
하늘의 승인에 의해

자신의 상위자아의 동의에 의해
일어날 일이 일어난 것입니다.
우주에는 공짜가 없습니다.
프로그램이 없다면
아무것도 나에게 일어나지 않습니다.

하늘의 시뮬레이션 프로그램의 정교함은
인간이 상상할 수 없습니다.
과학기술 문명이 고도화된 지금의 문명사회를
250만 년 전에 미리보기로 볼 수 있으며
미리 알 수 있으며
미리 알고 다 알면서
영혼의 프로그램이 짜여지고 실행되는 것입니다.
인생을 연극이라고 하는 이유를 이해할 수 있겠습니까?
하늘은 모든 걸 다 알면서
하늘은 모든 걸 다 알고 있으면서
아무것도 모르는 것처럼 시치미를 뚝 떼고
영혼들의 물질 체험을 위해
3차원 물질학교를 운영하고 있는 것입니다.
종교 매트릭스를 설치하고
과학의 매트릭스를 설치하고
문화와 문명의 매트릭스를 설치하면서
행성을 관리하고 있는 것이
하늘의 실체입니다.

지금까지 인류의 의식 수준에서 말하는
평행우주론은 다음과 같습니다.
우주 어딘가에는 지금의 지구와 같은
카피된 지구가 존재하고 있으며

지구의 다양한 미래 버전이
우주 어디인가에 다양하게 존재하고 있다는
담론들이 있습니다.
평행우주론은 홀로그램 우주를 말합니다.
거대한 천상의 컴퓨터 시스템을 통하여
홀로그램으로 시뮬레이션된 지구 행성은 수없이 존재합니다.
수많은 작은 프로그램들이 모이고 모여서
시뮬레이션된 지구 행성의 오늘과 내일의 버전은
모래알처럼 많이 존재합니다.
모래알과도 같이 다양한
시뮬레이션된 홀로그램 중에 하나가
창조주의 의지에 의해
창조주의 뜻대로
현실로 창조되어 나타나는 것입니다.
하나의 현실이 창조되기 전에
다양한 버전의 현실이 현실처럼
가상의 공간에서 홀로그램을 통해 존재하고 있으며
이것들 모두를 다 미리 볼 수 있다는 것입니다.
다양하게 시뮬레이션된 결과물 중에
선택된 하나가 현실이 된다는 것입니다.
이것이 평행우주론이 갖는 본질입니다.

인류들의 건승을 빕니다.

창조주 의식에 대한 정리

우주는 창조주의 의식으로 창조되었습니다.
우주는 창조주의 의식 속에 존재하고 있습니다.
우주의 진화는 창조주의 의식의 확장입니다.
삼라만상의 물질 세상과 비물질 세상은
창조주가 펼쳐 놓은 의식의 세계입니다.
창조주의 의식으로 빛과 어둠이 탄생하였습니다.
창조주의 의식에 의해 시간과 공간이 창조되었습니다.
창조주의 의식에 의해 생명체들이 창조되었습니다.
창조주의 의식은 창조주의 에너지입니다.
우주에 존재하는 모든 에너지들의 총합이
창조주의 실체이며 본질입니다.

의식은 층위를 가지고 있으며
에너지는 스펙트럼을 가지고 있습니다.
의식의 층위가 에너지의 층위를 결정합니다.
의식의 층위가 있기에
에너지의 스펙트럼이 존재하는 것입니다.
에너지의 스펙트럼이 있기에
에너지는 색과 기와 빛으로 분화됩니다.
색과 기와 빛의 에너지 작용으로 인하여
물질 세상이 창조되었습니다.

창조주의 의식의 층위는
대우주의 차원의 층위가 되었습니다.
의식의 층위의 법칙에 의해 에너지는 변화하고 변형됩니다.

에너지의 변화는
의식의 층위와 차원의 층위 내에서만 일어날 뿐입니다.
차원의 벽은 에너지의 벽이며
차원의 공간은 에너지 작용의 범주입니다.
의식은 차원을 창조하였으며
의식은 차원에 맞는 에너지를 창조합니다.
의식은 창조이며 진화입니다.
에너지는 의식으로부터 기원하였으며
우주가 18차원으로 진화한 것도
창조주의 의식에서 탄생한 것입니다.

의식의 분화로 인해 에너지는 의식을 갖게 됩니다.
에너지가 의식을 갖기 위해서는
의식을 구현하는 시스템이 있어야 합니다.
의식의 분화로 인하여
에너지에 질서(법칙)가 부여됩니다.
에너지에 질서(법칙)가 부여될 때
색과 기와 빛의 세계인 만물이 탄생하였습니다.
만물이 창조되고 탄생될 때
다음과 같은 과정을 거치게 됩니다.
정(精)이라는 에너지가 먼저 형성이 되고
정이라는 에너지에 기(氣)라는 에너지 작용이 이루어집니다.
정과 기의 에너지의 결합은 형태(모양)가 있으며
신(神)이라는 에너지의 작용으로 인해
형태가 있는 만물이 탄생하는 것입니다.

- 영 → 신 → 천황의 에너지
- 혼 → 기 → 인황의 에너지
- 백 → 정 → 지황의 에너지

창조주의 의식에 의해
천지인의 삼황의 에너지가 탄생되었습니다.
천지인의 삼황의 에너지에
창조주의 의식이 동행하면서
삼라만상의 대우주가 펼쳐졌습니다.

에너지는 의식의 작용입니다.
의식의 작용이 없는 에너지의 작용은 없습니다.
에너지의 작용이 있는 곳에는
에너지의 변형이 있는 곳에는
에너지의 합성이 있는 곳에는
의식이 분화되어 있으며
의식이 부여되어 있습니다.
모든 에너지들은 의식을 가지고 있으며
모든 에너지들에게 의식이 부여되었습니다.

창조주의 의식을 상징하는
가장 낮은 단위는 페르미온입니다.
페르미온은 의식의 씨앗입니다.
만물의 근원은 페르미온으로 되어 있습니다.
대우주를 구성하는 최소 단위는 페르미온 에너지입니다.
창조주 의식의 최소 단위는 페르미온 에너지입니다.
창조주 의식의 가장 큰 단위는
사고조절자라는 특수한 에너지입니다.

모든 의식의 기원은 창조주(18차원 18단계)입니다.
창조주의 의식을 우리는 페르미온 에너지라고 하며
창조주의 숨결이라고 합니다.
모든 의식의 근원은 창조주의 사고조절자 의식입니다.

창조주의 사고조절자 에너지가 최소 단위로
분화된 에너지를 페르미온이라고 합니다.
페르미온 에너지는 의식을 구현하는
기본 에너지이며 물질의 기초가 됩니다.
삼라만상의 모든 것들은
창조주의 의식을 가진
페르미온 에너지를 기반으로 창조되었습니다.
정기신 에너지가 모여 형상을 이룬 만물에는
창조주의 의식이 존재하고 있으며
창조주의 신성이 머물고 있습니다.
삼라만상에 편재해 있는 페르미온의
에너지의 양이 다르듯이
삼라만상의 모든 만물은 구현할 수 있는
의식의 층위 역시 모두 다릅니다.

대우주는 창조주의 의식으로 되어 있습니다.
창조주의 의식이 아닌 것은 아무것도 없습니다.
페르미온 에너지는 의식이 되고
의식은 에너지들을 변형하고 변화시켜
삼라만상의 대우주를 탄생시켰습니다.
모든 것은 의식이며
모든 것은 에너지의 세계입니다.

대우주의 법칙도 에너지입니다.
대자연의 법칙도 에너지입니다.
생명 속에서 펼쳐지는 생명 진리 역시
에너지의 작용입니다.
대우주의 진리도 에너지입니다.
대자연의 순리도 에너지입니다.

페르미온 에너지와 사고조절자는
창조주의 의식이며
창조주의 에너지입니다.
페르미온 에너지와 사고조절자는
만물에 의식을 깃들게 하는 에너지이며
만물에 신성을 깃들게 하는 에너지이며
만물이 변화하고 만물을 변형시키는 에너지입니다.
창조주의 권능이란
창조주의 의식과 창조주의 에너지가
만물의 에너지를 변형하고
에너지를 창조할 수 있는 힘을 가지고 있다는 것입니다.
지역우주의 창조주들(17차원 18단계)은
창조 능력이 없습니다.
지역우주 창조주들뿐 아니라
18차원의 모든 창조주들 역시 창조 능력이 없습니다.
창조 능력은 창조주의 의식에서 나오는 것입니다.
창조주의 권능은 페르미온 에너지와
사고조절자에서 나오기 때문입니다.
페르미온 에너지와
사고조절자 에너지를 부여할 수 있는
권능이 있는 존재가 있다면
그분에 의해 또 하나의 대우주가 탄생할 수 있습니다.
대우주에서 창조주의 의식을 가지고 계신 분은
18차원 18단계의 창조근원 뿐입니다.

창조주의 의식은 대우주에 편재되어 있습니다.
창조주의 의식은
물질과 반물질
비물질 세계에 편재되어 있습니다.

창조주의 의식의 분화에 의해
대우주의 차원 간 공간이 창조되었으며
차원 간 공간 속에 시간과 공간이 창조되었습니다.
시간과 공간 속에 중력장이 창조되었습니다.
중력의 에너지장 속에서 생명체들이 창조되었으며
생명체들에게 의식이 부여되었으며
의식이 부여된 생명체들은
대우주의 에너지의 법칙 속에
창조주의 의식의 마당에서
생명의 주기를 순환하고 있는 것입니다.

이 우주에서 아무것도 잘못되는 것은 없습니다.
모든 것이 에너지의 법칙 속에서
일어날 일들이 일어나고 있는 것입니다.
우주의 진리는
모든 것이 에너지의 작용임을 아는 것입니다.
에너지의 작용에 옳고 그름이 없으며
오직 일어날 일들이 일어났을 뿐입니다.
이것이 대우주가 순행하는 에너지의 법칙이며
이것이 대우주가 에너지의 법칙 속에 있다는 증거입니다.

영혼이 물질 체험을 한다는 것은
생명이 생명 활동을 한다는 것은
인간이 태어나 살고 있는 모든 것들은
창조주의 의식 속에서
창조주께서 펼쳐 놓은 의식의 마당에서
창조주께서 펼쳐 놓은 에너지의 마당에서
일어날 일들이 일어나는 의식의 변형이며
일어날 일들이 일어나는 에너지의 작용입니다.

시절인연에 의해
우데카 팀장이
대우주의 비밀과
대우주의 진리를 전합니다.
대우주는 창조주의 의식 그 자체입니다.
창조주의 의식이 있는 곳에
창조주의 사랑이 있습니다.
창조주의 에너지가 있는 곳에
창조주의 숨결이 있습니다.
창조주의 숨결이 있는 곳에
창조주의 의식이 있는 곳에
생명이 생명을 낳고
만물이 만물을 낳고 있습니다.
에너지에서 또 다른 에너지로 변형되고
창조되고 있습니다.
창조주의 의식과 함께
창조주의 숨결과 함께
대우주의 수레바퀴는 돌고 있으며
대우주는 지금 이 순간에도 진화하고 있습니다.

이 우주에서 잘못되는 것은
아무것도 없습니다.

그렇게 될 것이며
그렇게 예정되어 있으며
그렇게 되었습니다.

창조주 그룹에 대한 정리

18차원은 창조주들의 세계입니다.
18차원에는 18분의 창조주들이 계시며
18분의 창조주들의 명칭은 다음과 같습니다.

	18차원 창조주들의 명칭	12주영	지파
18단계	창조근원	1주영의 기원	1지파 기원
17단계	알파	2주영의 기원	2지파 기원
16단계	우주아버지	3주영의 기원	3지파 기원
15단계	오메가	4주영의 기원	4지파 기원
14단계	영원어머니	5주영의 기원	5지파 기원
13단계	은하무한 관리자	6주영	6지파 기원
12단계	삼위일체 최상위의 비밀	7주영	7지파 기원
11단계	영원으로 계신 이	8주영	8지파 기원
10단계	옛적부터 계신 이	9주영	9지파 기원
9단계	완전으로 계신 이	10주영	10지파 기원
8단계	요즘으로 계신 이	11주영	11지파 기원
7단계	연합으로 계신 이	12주영	12지파 기원
6단계	청정으로 계신 이		
5단계	지혜의 완전자		
4단계	신성한 조언자		
3단계	우주 검열자		
2단계	삼위일체화 교사들		
1단계	삼위일체화 존재들		

18차원의 창조주 그룹들은
12주영들의 보좌를 받으면서 대우주를 관리하고 통제하고 있습니다

18차원 창조주들의 에너지의 근원은
18차원 18단계의 창조근원입니다.
18차원 18단계의 창조근원만의 특권은 다음과 같습니다.

❖ 모든 에너지의 근원입니다.
❖ 모든 영들의 근원입니다.
❖ 사고조절자라는
  창조근원만이 가진 특수한 에너지를 가지고 있습니다.
  사고조절자를 부여할 수 있는 누군가가 있다면 그는
  다른 우주를 창조할 수 있는 권능이 있다는 것을 의미합니다.
❖ 영의 탄생과 소멸을 주관합니다.
❖ 만물의 근원인 페르미온 에너지를 가지고 있습니다.
❖ 대우주의 주재자이며 최고 통수권자입니다.

삼황(三皇)의 에너지는
  • 천황(天皇) : 18차원 18단계 → 바람
  • 지황(地皇) : 18차원 14단계 → 물
  • 인황(人皇) : 18차원 17단계 → 불을 말합니다.

천지신명(天地神明)은
  • 천(天) : 우주아버지 → 18차원 16단계
  • 지(地) : 영원어머니(우주어머니) → 18차원 15단계를 말합니다.

알파와 오메가
  • 알파(α) : 18차원 17단계 → 무한영의 기원
  • 오메가(Ω) : 18차원 15단계 → 어둠의 기원을 말합니다.

15차원 15단계의 우주가
18차원 18단계의 우주로 차원상승되었습니다.
차원은 3차원이 상승하였으며
단계 역시 3단계가 상승되었습니다.
6번째 단계 에너지의 추가 주입이 있었습니다.
15차원의 우주에서는
1번부터 5번까지 주영의 에너지 조합에 의해
15차원과 15단계가 결정이 되었습니다.
18차원의 우주에서는
1번부터 6번까지 주영의 에너지 조합에 의해
18차원과 18단계의 대우주의 구조가 탄생하였습니다.

무극의 세계는 12주영들의 에너지에 의해
서로 네트워크로 되어 있습니다.
12주영의 네트워크에 의해 대우주는
한 치의 오차 없이 순행하고 있습니다.

지구 행성의 물질문명의 종결을 앞두고
18차원의 창조주 그룹에 의해
전 세계적으로 아보날의 수여가 예정되어 있습니다.
18분의 창조주께서 육화를 통해
아보날의 수여를 집행할 것입니다.
12주영 그룹 역시 육화를 통해
창조주 그룹을 보좌하고 있습니다.

12주영은 그룹은
아보날 그룹과 멜기세덱 그룹, 데이날 그룹을 지휘하며
아보날의 수여를 집행하는 주관자들이 될 것입니다.
아보날의 수여에 관여하는

창조주 그룹과 12주영 그룹은
자신의 우주적 신분을 하늘로부터
자신의 타임라인에 따라 통보받게 될 것입니다.
지구 행성에 18차원의 창조주들이 직접
육신을 입고 진행하는 아보날의 수여가
집행될 예정이며
집행될 것입니다.
인류가 한 번도 경험하지 못한 일들이며
인류가 상상 속에서만 생각했던 일들이
아무도 모르게
아무도 모르게
준비되고 있음을
시작되고 있음을
시작되었음을
우데카 팀장이 전합니다.

그렇게 될 것이며
그렇게 예정되어 있으며
그렇게 되었습니다.

12(열두)주영에 대한 정리

무극의 세계는
16차원과 17차원과 18차원의 세계입니다.
무극의 세계는 각 차원별로
1단계에서 18단계로 되어 있습니다.
무극의 차원에 있는 1단계에서 18단계의
모든 존재들은 12주영의 보좌를 받고 있습니다.
12주영들의 보좌를 통해
무극의 세계는 대우주를 관리하고 있으며
전체의식으로 연결되어 있습니다.

12주영은 다음과 같습니다.

1주영	근원영	공간을 형성	1지파
2주영	무한영	시간을 형성	2지파
3주영	우주아버지	에너지 형성	3지파
4주영	어둠의 근원	암흑물질 형성	4지파
5주영	영원어머니	최초의 빛 형성	5지파
6주영	메타트론영	1+2주영의 결합	6지파
7주영	사무엘영	1+3주영의 결합	7지파
8주영	라미엘영	1+5주영의 결합	8지파
9주영	라파엘영	2+3주영의 결합	9지파
10주영	아즈리엘영	2+5주영의 결합	10지파
11주영	카무엘영	3+5주영의 결합	11지파
12주영	에레니엘영	1+2+3주영의 결합	12지파

12주영들의 특징은 다음과 같습니다.

12주영의 근원은 제1주영이며
1주영의 근원은 창조근원입니다.
1주영은 공간을 창조하는 역할을 합니다.
2주영은 시간을 창조하는 역할을 합니다.
3주영은 에너지와 힘을 창조합니다.
4주영은 어둠을 창조하며 암흑물질을 창조합니다.
4주영의 어둠에서 빛이 탄생하였습니다.
4주영은 생명운반자를 가지고 있습니다.
5주영은 빛을 창조하고 관리합니다.
6주영부터 12주영까지는
1에서 5주영들의 에너지 결합에 의해 탄생됩니다.
2개 또는 3개의 주영들의 에너지 결합에 의해
12주영이 탄생되었습니다.

12주영은
무극의 세계를 유지하고 관리하며
무극의 세계를 이루는 중요한 요소이며
창조근원을 권능을 표시하는 상징입니다.
무극의 세계는
대우주를 관리하는 컨트롤 센터입니다.
인류가 상상할 수 없는 큰 에너지를 가지고 있는
무극의 존재들은
창조근원이 부여한 사고조절자 프로그램과
12주영에 의해 관리되고 있으며
대우주의 전체의식과 함께하고 있습니다.
12주영들은 무극 세계의 차원의 문을 지키는
차원의 수호자 역할을 맡고 있습니다.

12주영들은 테라 프로젝트(Terra Project, 테라=지구 행성)에
250만 년 전부터 참가하였습니다.
12주영들은
지구 행성의 물질문명을 종결짓고
새로운 정신문명을 건설하기 위해
모두 육화하였습니다.
18차원의 18창조주들과
12주영들에 의해 아보날의 수여가 있을 것입니다.
12주영들은 아보날 그룹과
빛의 일꾼들을 지휘하게 될 것입니다.

그렇게 될 것이며
그렇게 예정되어 있으며
그렇게 되었습니다.

17차원에 대한 정리

17차원은 지역우주 창조주들이 머물고 있는 차원입니다.
17차원은 대우주에 200만 개가 넘는
은하의 최고 관리자들이 있는 차원입니다.
대우주에 있는 200만 개의 은하는
에너지의 특성에 따라 18개로 분류할 수 있습니다.

네바돈 은하(우리 은하)는 17차원 18단계이며
대마젤란 은하는 17차원 14단계로 구분하며
안드로메다 은하는 17차원 15단계로 분류합니다.
200만 개의 은하들을
18개로 구분하면 다음과 같습니다.
17차원 18단계는
창조근원의 에너지로 되어 있는 은하입니다.
17차원 14단계는 18차원 14단계의
영원어머니의 에너지로 구성된 은하입니다.
17차원 15단계는
18차원 15단계의 오메가의 에너지가 주관하는 은하입니다.
신생 은하인지 오래된 은하인지 상관없이
은하를 주관하는 17차원 최고 관리자의
에너지 유형에 따라
모든 은하들은 18개의 층위로 나눌 수 있습니다.

우리 은하(네바돈 은하)는
17차원 18단계의 창조근원의 패밀리 그룹이
주관하는 은하입니다.

17차원의 우리 은하(네바돈 은하)는
창조근원의 에너지 분화입니다.
우리 은하의 17차원은 다시
1단계에서부터 18단계의 관리자 그룹으로 나누어집니다.
우리 은하의 17차원은
창조근원의 17차원에 해당하는 하나의 큰 에너지를
진동수의 차이에 따라
1단계에서부터 18단계로 나누어 놓았습니다.
우리 은하의 17차원은
17차원의 큰 에너지(빛)를 다시 18단계로 나누어서
관리자 그룹으로 나누었습니다.
이 과정을 색으로 비유하여 표현하면 다음과 같습니다.
우리 은하의 색을 흰빛으로 비유하자면
흰빛을 18개의 스펙트럼으로 나누었다고 보면 됩니다.
흰색의 18개의 다양한 스펙트럼이 생겨납니다.
이것이 우리 은하의 1단계에서 18단계의
관리자 그룹의 층위가 되는 것입니다.
안드로메다 은하를 예를 들어 녹색으로 비유하면
안드로메다 은하의 17차원의 관리자 그룹은
녹색의 빛을 1단계에서 18단계의 층위로 분류한다는 것입니다.

우리 은하(네바돈 은하)의 17차원 관리자 그룹들은
18차원에 비해서는 고유성과 개별성은 강하지 않습니다.
우리 은하의 17차원의 1단계에서 18단계의 관리자 그룹들은
12주영의 보좌를 받으면서
우리 은하를 관리하고 있습니다.
대우주에 있는 17차원들은
모두 이와 같은 방식으로 구성되어 있으며
모두 같은 원리에 의해 운영되고 있습니다.

17차원에서는 지구 행성에
많은 종교 매트릭스들을 설치하고 운영하고 관리하여 왔습니다.
3천 년 전 석가모니 부처님은
17차원 18단계의 최고 관리자이며
네바돈 우주의 어머니인 네바도니아 어머니입니다.
12주영이 육화를 통해 12제자가 되었으며
불교라는 종교 매트릭스를 설치하고
유지하고 관리하여 왔습니다.

2천 년 전 예수님은
17차원 18단계의 최고 관리자입니다.
네바돈 우주의 창조주인 예수 그리스도입니다.
네바돈 우주의 창조주를 보좌하던
12주영이 육화를 통해 12제자가 되었습니다.
천주교와 기독교의 종교 매트릭스들을 설치하고
유지하고 관리하여 왔습니다.

석가모니 부처님과 예수님의 본영은 같은 분입니다.
석가모니 부처님의 12제자와
예수님의 12제자는
하늘에서는 같은 에너지체입니다.
이들의 우주적 신분은 12주영입니다.
사고조절자의 프로그램 내용에 따라
서로 다른 성격으로 태어났습니다.
시대적 상황을 고려하여
지역적 특색을 고려하여
사고조절자 프로그램을 조절하여
서로 다른 육신의 옷을 입고 태어나
자신의 임무와 역할을 하시고 가셨습니다.

영에는 남녀의 구분이 없습니다.
육신의 옷을 입을 때만 남녀가 있을 뿐입니다.
네바도니아 어머니 역시 현 인류의 의식 수준으로
여성으로 느끼고 보일 뿐입니다.
영의 성격을 결정하는 것은
영 고유의 에너지보다는
사고조절자 프로그램의 내용에 따라 더 크게 영향을 받습니다.
지구 차원상승을 위해
지구 행성의 물질문명을 종결하기 위해
전 세계적으로 안전지대인 역장 안에서
아보날의 수여가 예정되어 있습니다.
17차원의 석가모니 부처님과 예수님과
12주영들의 임무와 역할들은
3천 년 전과 2천 년 전에 이미 종료되었습니다.
지구 행성에 설치된 고등 종교들의 매트릭스를
17차원에서 주관하여 직접 설치하고 운영하였습니다.
기독교와 천주교, 불교, 이슬람교
동양의 도가 사상의 종교 매트릭스들을
설치하고 운영한 주체는 17차원이었습니다.
지구 차원상승은
17차원이 설치하고 운영한 종교 매트릭스들을
18차원의 창조주 그룹들이 해체하는 프로젝트입니다.
18차원의 창조근원이 직접 주관하는
대우주의 프로젝트입니다.
18차원의 모든 조직이 동원되었으며
15차원과 13차원의 창조주의 우주 통치를 뒷받침하는
우주 군인들인 아보날 그룹들이
빛의 일꾼의 이름으로 준비되고 있습니다.

17차원의 예수와 석가모니 부처님의 역할과
17차원의 12주영들은 지구 차원상승 프로젝트에서
역할들이 축소되어 있습니다.
빛의 일꾼들보다도 능력들이 주어지지 않을 것입니다.
자신들이 만들어 놓은
종교 매트릭스들이 무너지는 모습을
지켜보게 될 것입니다.
자신이 누구인지도 모른 채
자신의 우주적 신분이 누구인지 알지도 못한 채
무너지는 빌딩들과
무너지는 종교 매트릭스들과 함께
그들의 공적인 카르마들이 해소될 것입니다.
인연법과 카르마의 법칙에 의해
안전지대인 역장에 들어오지 못하는
12주영들의 아바타들이 있을 것입니다.
17차원의 12주영들의 아바타들이
안전지대인 역장 안으로 들어온다 할지라도
크게 주목받지 못할 것입니다.
일부 살아남은 17차원의 12주영(12제자)들이
살아남은 인류에게
증언자로서의 역할을 수행하게 될 것입니다.

그렇게 될 예정이며
그렇게 예정되어 있으며
그렇게 될 것입니다.

16차원에 대한 정리 :
영의 분화와 탄생

16차원은 영이 탄생되는 차원입니다.
16차원에는 영의 재료가 되는 5개의 큰 에너지 덩어리가 있습니다.

16차원 18단계의 큰 에너지
16차원 17단계의 큰 에너지
16차원 16단계의 큰 에너지
16차원 15단계의 큰 에너지
16차원 14단계의 큰 에너지
5개의 큰 에너지 덩어리에서
자동으로 12개의 대영 그룹들이 탄생하게 됩니다.

16차원은 12개의 대영 그룹들이 존재하고 있습니다.
12개의 대영 그룹은 12지파의 기원이 됩니다.
대우주는 끊임없이 진화하고 있습니다.
대우주가 진화하기 위해서는
영의 탄생이 지속적으로 이루어져야 합니다.
16차원에서 탄생되는 영은
지구 행성의 시간으로 한 시간당
수천에서 수십만이 탄생됩니다.
영이 탄생하면 창조근원으로부터
사고조절자를 부여받아 대우주에 공급되고 있습니다.
사고조절자는 16차원 18단계에서
창조근원으로부터 권한을 위임받아 부여하고 있습니다.
16차원의 12주영들의 보좌를 받으면서
전체의식 속에서 사고조절자들이 영에 부여되고 있습니다.

16차원은 영에 관한 모든 것들이
완제품의 형태로 완성되어
대우주의 짝수 차원에 공급해 주고 있는 차원입니다.
16차원에서 다음과 같은 일들이 이루어지고 있습니다.
차원마다 최적화된 영의 밀도와 밝기와
크기가 조절되어 탄생됩니다.
광물에 들어갈 영들의 크기와 밀도와
밝기가 최적화되어 탄생됩니다.
식물의 종마다 들어가는 영들의 크기와 밀도와
밝기가 최적화되어 탄생됩니다.
동물의 종마다 들어가는 영들의 크기와 밀도와
밝기가 최적화되어 탄생됩니다.
생명체마다 최적화된 영들의 크기와 밀도와
밝기가 최적화되어 탄생됩니다.
이렇게 탄생한 영들에 최적화된 사고조절자가 결합되어
영들의 여행이 시작됩니다.

영이 탄생될 때
어느 은하의 어느 항성계의 몇 차원으로 갈 것을 예측하여
그곳의 환경에 최적화되어 기성품처럼 만들어집니다.
영의 분화의 원칙에 의해
영의 수직 분화와 수평 분화의 원리에 의해
고유한 식별 코드를 부여하여 기성품처럼 만들어집니다.
홀수 차원에서 대우주를 관리하는 관리자 그룹들은 영이 탄생될때
처음부터 관리자형으로 최적화되어 탄생됩니다.

혼을 부여받아야 하는 영들은
11차원에서 사고조절자 프로그램에 최적화된
혼의식 프로그램을 부여받게 됩니다.

영혼들은 행성의 영계로 편입되어
영혼들의 물질 체험들이 이루어집니다.

영이 완제품처럼 탄생이 됩니다.
영에 성격을 부여하는 것은 사고조절자 프로그램입니다.
자동차의 모델처럼 영들은 생산되며
모델의 사양에 맞추어 사고조절자가 부여되면서
영의 고유성과 개체성이 부여됩니다.
영은 자동차의 시리얼 넘버처럼
영 고유의 번호가 영이 탄생되는 순간 부여되고
우주의 정보 네트워크에 입력이 됩니다.
영에 사고조절자가 부여되면
다시 한 번 우주 정보 네트워크에 입력이 됩니다.
영이 탄생하고 영에 대한 기초 정보들을
등록하고 관리하는 차원이 16차원입니다.

영의 진화 경로와 영혼의 진화 경로를
결정하는 것은 사고조절자 프로그램입니다.
사고조절자 프로그램 역시
창조근원의 권한을 위임받아 16차원에서 부여하고 있습니다.
영을 만들고
영을 등록하고
사고조절자를 부여하고
사고조절자를 등록하고 관리하는 것이
16차원의 고유 업무입니다.
영에 관한 탄생과 사후관리까지
영에 대한 정보를 관리하고 있는
최고의 차원이 16차원입니다.

15차원에 대한 정리

대우주에서 짝수 차원은 영들과 관련된 차원입니다.
영혼들의 물질 체험이 이루어지는 차원입니다.
대우주에서 홀수 차원은
영들의 여행과 영혼들의 여행을 관리하는
관리자 그룹들이 존재하는 차원입니다.

15차원은 대우주에 존재하는 모든 항성(태양)들의
진화를 관리하는 역할이 있습니다.
15차원은 모든 태양계를 관리하는 역할입니다.
태양계 내에는 행성들이 존재합니다.
행성들의 진화의 큰 그림들을 기획하고 큰 틀에서 관리하는 차원입니다.

15차원은 항성(태양)들의 어머니입니다.
15차원은 태양계의 소주기와 대주기를 관리하는 차원입니다.
15차원은 광자대를 주관하는 최고의 차원입니다.

태극의 세계를 음양의 세계라고 합니다.
태극의 세계는 무극의 세계에서 기원하였습니다.
무극의 세계를 1이라 한다면
태극의 세계는 2입니다. 2는 음과 양의 세계입니다.
동양 사상의 바탕이 되는 음양 오행 사상의 기원은 15차원입니다.
15차원의 태극의 세계에서 음양 사상이
13차원의 태극의 세계에서는 관세음이 되었습니다.
관세음의 세계는 빛(천황) 소리(지황) 형상(인황)이
하나로 통합된 세계입니다.

태극의 세계에서 관세음의 세계는 삼황사상이 되었습니다.
태극의 세계에서 삼황의 에너지는 오행이 되었습니다.
오행은 다음과 같은 원리에 의해 생성 되었습니다.
천황의 (-)에너지는 바람이며 목(木)이 되었으며
인황의 (+)에너지는 불이며 화(火)가 되었으며
인황의 (-)에너지는 토(土)가 되었습니다.
지황의 (+)에너지는 금(金)이 되었습니다.
지황의 (-)에너지는 수(水)가 되었습니다.
삼황의 에너지에서 목화토금수(木火土金水) 오행이 나왔습니다.

태극의 세계에서 출발한 음양 오행의 사상은
삼태극의 물질 세상에서는 삼양삼음이 되었습니다.
삼양삼음은 다시 풍한서습조화의 6기가 되었습니다.
6기는 다시 음양으로 분화하여
6장 6부가 되었으며
12경락이 되었으며
12지파가 되었습니다.

15차원은 태극의 세계에서 최고의 관리자 그룹입니다.
물질 세계를 관리하는 최고의 차원은 15차원입니다.

15차원에서
빛의 일꾼 144000명을 관리하고 있습니다.
지구 차원 상승을 지휘하는 실질적인 차원입니다.

14차원에 대한 정리

14차원은 영들의 여행이 시작하는 곳이며
14차원은 영들의 여행이 끝나는 차원입니다.
창조주 그룹과 12주영을 제외한 모든 영들의
본영(本靈)이 있는 차원입니다.
14차원은 본영들이 거주하면서
자신의 아바타를 관리하는 최고의 차원입니다.
14차원은 본영들이 주관하는
천상정부의 최고 기구가
14차원 15단계에 설치되어 있습니다.

14차원은 태극의 세계입니다.
태극의 세계는 음과 양의 세계입니다.
14차원은 16차원의 대영 그룹에서 탄생한
영이 처음으로 분화한 차원입니다.
14차원은 대천사(대천사 가브리엘)들이 머물고 있는 차원입니다.
12차원은 대천사(가브리엘 대천사)들이 머물고 있는 차원입니다.
14차원은 대천사 그룹입니다.
대형 우주함선에 승선하고 있으며
모든 천상정부들을 관리하는 차원입니다.
대형 우주함선 15대를 운영하고 있습니다.

14차원은 하강하는 영혼들이 처음 머무는 곳이며
상승하는 영혼들의 최종 목적지입니다.
지역우주에서 진화한 영들이 모이는
가장 높은 차원입니다.

14차원을 졸업한 영이 15차원으로 진화하는 것이 아닙니다.
14차원을 졸업한 영은 16차원으로 진화를 하는 것입니다.
14차원 15단계를 마친 영은
16차원 1단계로 진화를 하는 것입니다.
14차원은 지역우주에서 최고로 진화한
영혼들이 머물고 있는 차원입니다.
지역우주에서 영의 여행을 마치고
창조주가 계시는
중앙우주로 들어가기 위해 대기하고 있는
고차원의 영혼들이 머물고 있는 차원입니다.

14차원은 상승하는 영혼들의 종착역이며
14차원은 하강하는 영혼들이 물질세계의 여행을 떠날 때
처음 거쳐 가는 차원입니다.
14차원은 음과 양이 조화와 균형을 이룬
비물질 에너지체들이
영들의 여행을 하는 차원입니다.
대천사 그룹들이며
영들이 크며
우주에서 아주 오래된 영혼들이 거주하고 있는 차원입니다.
태극의 세계를 졸업하는 영혼들이
모여 살고 있는 차원이 14차원입니다.
물질세계를 졸업하는 영혼들이
모여 살고 있는 차원은 12차원입니다.

13차원에 대한 정리

13차원은 대우주에 있는 모든 행성들을 관리하고 있습니다.
13차원은 대우주에 있는 모든 행성들의
물리적 환경들의 형성과 주기들을 관리하고 있습니다.
13차원은 대우주에 있는 모든 행성들의
물리적 환경들을 관리하고 있습니다.
13차원은 행성들의 어머니입니다.
15차원은 대우주에 있는 모든 항성(태양)들을 관리하는 차원입니다.

13차원은 태극의 세계가 시작되는 차원입니다.
13차원은 비물질 우주를 관리하는 곳입니다.
13차원은 고도로 진화한 영들이 비물질 에너지체로 존재하고 있습니다.
13차원은 고도로 진화한 존재들이
행성들의 진화를 담당하는 실질적인 관리자들입니다.
13차원은 고도로 진화한 존재들이
대우주에 있는 행성의 물리적 환경들을 관리하고 담당하는
관리자 그룹들이 존재하는 곳입니다.
13차원은 1단계에서 15단계까지 있습니다.

13차원은 네바돈 우주의 차원 관리자 그룹이 있는 곳이며
북두칠성 중 하나입니다.
북두칠성은
17차원 관리자인 네바돈 우주의 창조주
15차원의 차원 관리자
13차원의 차원 관리자
11차원의 차원 관리자

9차원의 차원 관리자
7차원의 차원 관리자
5차원의 차원 관리자를 말합니다.

13차원은 네바돈 우주의 차원 관리자가 존재하며
16차원에서 14차원으로 분화한 본영이
13차원에 최종 상위자아를 두고 있습니다.
13차원은 아보날 그룹의 수뇌부와 빛의 일꾼들의 수뇌부의
최종 상위자아들이 존재하는 차원입니다.
빛의 일꾼들은 13차원과 11차원에 존재하는
최종 상위자아 합일이 반드시 이루어져야
빛의 일꾼으로서의 임무와 역할 수행이 가능합니다.

13차원은 삼태극의 물질세계의 펼쳐짐을 위해
보이지 않는 세계에서 준비된 비물질세계입니다.
13차원의 세계를 관세음의 세계라 합니다.
관세음의 세계는 빛과 소리와 형상이 하나로
통합되어 있는 비물질세계를 말합니다.
13차원의 비물질 관세음 세계에서
1차원에서 12차원의 삼태극의 물질 세상이 펼쳐졌습니다.

빛과 소리와 형상이 하나로 통합되어 있다는 것은
비물질 세계에서는
모든 것이 에너지의 형태로 존재한다는 것을 의미합니다.
음양의 에너지의 세계는 15차원의 특성입니다.
음양의 에너지가 조화와 균형을 이룬 차원을 14차원이라고 합니다.
음양의 에너지가 무형의 3가지 에너지(빛과 소리와 형상)로 분화하여
삼위일체를 이룬 차원이 13차원의 특징입니다.
13차원을 관세음의 차원이라고 합니다.

물질세계의 부모와도 같은 차원입니다.

관세음의 세계	삼황의 에너지	물질 세계
빛	천황	바람
소리	지황	물
형상	인황	불

13차원은 관세음 보살과 관자재 보살이 주관하고 있습니다.
관세음 보살(음)과 관자재 보살(양)은 음양으로 볼 수 있습니다.
관세음 보살과 관자재 보살은 둘이 아닌 하나로 통합되어 있습니다.
둘이지만 하나이며
하나이지만 셋(빛과 소리와 형상)으로 나누어져 있습니다.
관세음 보살과 관자재 보살은 음양으로 둘이지만
하나로 통합되어 있으면서
에너지의 세계에서는 음양이 어우러져 셋이 되는 세계입니다.

무극이 1이라면
태극은 음양의 세계로 2가 되고
음양의 세계인 2가 3으로 준비되고 있습니다.
음양(2)이 3으로 분화하여 준비되는 곳이며
3은 빛과 소리와 형상이며
3은 천황과 지황과 인황을 의미하며
3은 3개의 에너지가 분화하여 삼라만상이 됩니다.
우주의 삼위일체의 에너지가 3으로 준비되어
빛과 소리와 형상으로 준비되고
천황의 에너지와 지황의 에너지와 인황의 에너지가
준비되어 있는 차원이 13차원입니다.
13차원의 이러한 속성을
불교에서는 관세음의 세계라 하였습니다.

영계에 대한 정리

생명체가 살고 있는 모든 행성에는
영계(靈界)가 설치되어 있습니다.
15차원 기준에서는 4차원 영계이며
18차원 기준에서는 5차원이 영계가 됩니다.
지구 행성의 영계는 남극과 북극의 상공 위에
영계가 설치되어 있습니다.
영계를 관리하는 대형 우주 함선이 있으며
우주 함선에서 만드는 특수한 에너지 공간이
영계의 실체입니다.
영계의 크기는 남반구와 북반구에 있는 것을 합치면
지구 행성의 60% 정도나 되는
특수한 에너지 공간입니다.

영계를 관리하는 우주 함선에서
지구 행성의 에너지 격자망들을 설치하고
관리하는 역할을 맡고 있습니다.
영계는 가장 바쁘고 분주하게 일들이 진행되는 곳입니다.
마치 큰 공항에 떠나고 들어오는 사람들로 늘 붐비는 것처럼
영계는 영혼백들의 출입국 사무소에 해당되는
특수한 공간입니다.
생명은 끊임없이 태어나고
생명은 끊임없이 죽습니다.
태어나는 생명들에게 영혼백 에너지들을 부여하고
죽음을 맞이하는 생명들의
영혼백 에너지들을 수거하는 역할들을 담당하는 곳입니다.

영계는 거대한 시스템의 작동으로 운영되고 있습니다.
수작업으로 이루어지지 않습니다.
모든 것은 거대한 우주 공학 시스템에 의해
자동적으로
프로그램대로 운영되고 있습니다.
영계에는 모든 영들이 등록되어 있습니다.
영계에는 모든 혼들이 등록되어 있습니다.
영계에는 모든 백 에너지들이 등록되어 관리되고 있습니다.
영계에서 가이아의 게(Ge) 에너지들을
관리하고 주관하고 있습니다.
한 행성에 하나의 영계가 설치되어 있습니다.
6차원의 영계가 따로 존재하지 않습니다.
8차원만이 이용하는 영계는 없습니다.
10차원의 영계 역시 존재하지 않습니다.
한 행성에 하나가 설치되어 있으며
하나의 영계에서 다차원 행성의 모든 영혼백들을 관리하고
행성의 물리적 환경들을 관리하고 있을 뿐입니다.
영혼백 에너지들은 자기장을 따라
영혼백 에너지들은 지구 행성의 격자망을 따라
배치되고 자동적으로 회수되고 있습니다.
영혼백 에너지들을 배치하고
영혼백 에너지들을 회수하는 천사들을
아즈리엘 그룹이라고 합니다.

영계의 최고 책임자는
그 행성의 가이아 의식에서 주관하고 있습니다.
지구 행성의 영계는 17차원의 가이아 의식이 담당하고 있습니다.
이것을 서양의 채널링 메시지에서는
지구 행성의 로고스(logos)라고 표현하였습니다.

지구 행성의 로고스는 석가모니 부처님입니다.
지구 행성의 영계는 17차원 18단계의
네바돈 우주의 창조주(네바도니아)께서
직접 주관하고 있는 아주 특별한 행성입니다.
고차원 의식을 가진 존재들이 육체를 가지고
행성에 들어와서 살 수는 있지만
행성에서 죽음을 맞이하게 되면
영혼백 에너지들은
그 행성의 영계에 갇히게 됩니다.
행성 가이아의 동의 없이는
그 행성의 영계를 떠날 수 없으며
행성의 영단에 갇혀 윤회를 해야 하는
엄격한 영계의 법칙이 적용되고 있습니다.
이것이 우주의 보편적인 법칙입니다.
영혼들이 물질 체험을 하기 위해서는
그 행성의 영계의 승인이 있어야 하며
승인 이후에 그 행성의 백 에너지를 부여받아야
생명체의 외투를 입을 수 있습니다.

18차원의 대우주의 구조를 기준으로 하면
영계는 1단계에서부터 15단계까지 있습니다.
5차원 영계의 1단계와 2단계는
광물들의 집단 영혼들이 들어오고 나가는 스타게이트입니다.
광물들의 순환을 주관하는 곳입니다.
행성의 산소 농도, 자기장의 세기, 중력의 세기와 밀도 등에 대한
물리적인 환경들을 주관하고 있습니다.

5차원 영계의 3단계와 4단계는
식물들의 집단 영혼들이 들어오고 나가는 스타게이트입니다.

3단계는 이끼류와 지의류(地衣類)를 포함한 초목들과
곡식류를 주관하고 있습니다.
4단계는 키가 큰 나무들과 관목 식물들을 주관하고 있습니다.

5차원 5단계와 6단계는
동물들의 집단 영혼들이 들어오고 나가는 스타게이트입니다.
5단계는 어류와 양서류와 각종 곤충류들을 관리합니다.
6단계는 동물들을 관리하고 있습니다.

5차원 영계의 7단계에서 9단계까지는
귀신들이 들어오고 나가는 스타게이트이며
혼의식이 만든 상념체의 에너지가
치유되고 정화되는 곳입니다.
7단계에는 지옥의 홀로그램이 설치되어 있습니다.
8단계에는 연옥의 홀로그램이 설치되어 있습니다.
9단계에는 천당의 홀로그램이 설치되어 있습니다.

5차원 영계의 10단계에서 12단계는 천사(어둠의 천사 포함)들이
들어오고 나가는 스타게이트입니다.
가이드 천사들이 출입하고 있는 곳입니다.
10단계는 하품천사들이 출입하는 곳입니다.
11단계는 중품천사들이 출입하는 곳입니다.
12단계는 상품천사들의 출입을 관리하는 곳입니다.

5차원 영계의 13단계에서 15단계까지는
인간의 몸에 들어오는 영혼백 에너지들이 출입하는
스타게이트가 설치되어 있습니다.
13단계는 삼태극의 세계의 영들이
들어오고 나가는 스타게이트입니다.

14단계는 태극의 세계에서 하강한 영들이
들어오고 나가는 스타게이트입니다.
15단계는 무극의 세계에서 하강한 영들이
영계로 들어오고 영계를 떠나는 스타게이트입니다.

영계의 13단계와 15단계는
인간의 영혼백 에너지를 담당하는
관리자 그룹들이 존재하고 있습니다.
영계는 모든 영혼들의
출입국 관리소와 같은 역할을 수행하고 있습니다
영계는 인간의 1차 상위자아가 존재하는 특수한 공간입니다.
영계는 우주 함선의 관리와 통제를 받으면서
대우주의 전체의식에 연결되어 있습니다.
영계가 있기에
생명이 생명의 주기를 시작할 수 있는 것입니다.
영계가 있기에
윤회 프로그램들이 짜여지고 집행될 수 있습니다.
영계가 있기에
생명의 순환이 있는 것입니다.
생명 하나하나가 우연히 존재하는 것이 아니라
보이지 않는 세계의 정교한 작용이 있기에
생명의 호흡과 숨결이 펼쳐지고 있는 것입니다.
시절인연에 의해
깨어나는 빛의 일꾼들을 위해
새 하늘과 새 땅에 살아갈 인류들의 의식 각성을 위해
이 글을 우데카 팀장이 기록으로 남깁니다.

영혼들의 우주적 신분(차원)에 대한 정리

영혼들의 우주적 신분을 상징하는 것은
단전에 있는 색으로 알 수 있습니다.
영혼들의 12지파를 상징하는 것은
단중에 있는 색으로 알 수 있습니다.
차원별로 존재하는 영혼들의 색은 다음과 같습니다.

❖ 5차원 : 영계의 구조와 일치

5 차 원	15단계	내부 : 옅은 보라빛	• 염라대왕
		외부 : 흰빛	• 북두칠성(창조주 패밀리 그룹) 중 7번째가 주관
			• 5차원 최고 관리자

❖ 6차원

6 차 원	1단계~12단계	흰빛 영혼
	13단계~15단계	흰빛 + 은빛이 섞여 있음

❖ 7차원

7 차 원	1단계	18차원 4단계가 7차원으로 축소하여 관리자 그룹들이 존재하고 있는 곳	
	14단계	18차원 17단계가 7차원으로 축소하여 관리자 그룹으로 존재하는 곳	
	15단계	내부 : 옅은 보라빛	• 북두칠성 중 6번째 최고 관리자 그룹이 최고 관리자
		외부 : 은빛	• 옥황상제
			• 7차원 15단계 최고 관리자

❖ 8차원

8 차 원	1단계~5단계	은빛 영혼
	6단계~8단계	은빛 + 옅은 핑크
	9단계~15단계	핑크빛 영혼이 분포

❖ 9차원

9 차 원	1단계	18차원 4단계가 9차원으로 축소하여 관리자 그룹이 있는 곳	
	14단계	18차원 17단계가 9차원으로 축소하여 관리자 그룹으로 존재하는 곳	
	15단계	내부 : 옅은 보라빛 외부 : 연한 노란빛	• 천상정부 고위 위원회의 수장 • 북두칠성 중 5번째가 최고 관리자 • 9차원 15단계 최고 관리자

❖ 10차원

10 차 원	1단계~2단계	핑크빛 영혼이 분포	
	3단계~4단계	핑크빛 + 옅은 노란빛 영혼	
	5단계~7단계	노란빛 영혼 → 차원상승 대상자	육신의 옷을 벗고 죽은 후 영계에서 대기하고 있다가 지구 행성의 차원상승 후 어린아이로 태어날 예정
	8단계~15단계		육신의 옷을 입은 채로 차원상승하는 차원상승 대상자

❖ 11차원

11차원	1단계	18차원 4단계가 11차원으로 축소하여 관리자 그룹으로 존재하는 곳	
	14단계	18차원 17단계가 11차원으로 축소하여 관리자 그룹이 존재하는 차원	
	15단계	내부 : 보라빛 외부 : 짙은 노란빛	• 카르마위원회의 수장 • 환생위원회의 수장 • 북두칠성 중 4번째가 최고 관리자 • 11차원 15단계 최고 관리자

❖ 12차원

12차원	1단계 ~ 5단계	짙은 노란색	• 노란빛 영혼들의 중간 관리자 그룹 ① 지구 차원 상승 과정에서 육신의 옷을 벗고 떠나 　영계에 편입되어 있다가 지구 차원상승 후 　어린아이로 태어나 관리자로 성장하는 그룹 ② 육신의 옷을 입고 차원상승하는 그룹으로 분류
	6단계 ~ 10단계	노란색 + 연두색	• 노란빛 그룹들의 최고 관리자 그룹과 원로 그룹 ① 육신의 옷을 벗고 떠났다가 다시 태어나는 그룹과 ② 육신의 옷을 입고 역장 안에서 원로 그룹의 　역할을 수행하는 인자들로 구분됨
	11단계 ~ 15단계	연한 녹색	• 일반 빛의 일꾼들 • 빛의 일꾼의 약 25% 정도가 해당됨

❖ 13차원

13차원	1단계	18차원 4단계가 13차원으로 축소하여 관리자 그룹이 존재하는 곳	
	14단계	18차원 17단계가 13차원으로 축소하여 관리자 그룹이 존재하는 곳	
	15단계	내부 : 보라색 외부 : 옅은 녹색	• 북두칠성 중 3번째 최고 관리자 • 13차원 15단계 최고 관리자

❖ 14차원

14 차 원	1단계 ~ 5단계	녹색	• 빛의 일꾼들 중 하위 그룹 • 빛의 일꾼들 중 35% 정도
	6단계 ~ 10단계	짙은 녹색	• 빛의 일꾼들 중 중간 관리자 그룹이 존재하는 곳 • 빛의 일꾼들 중 30% 정도
	11단계 ~ 15단계	짙은 녹색 + 청색	• 빛의 일꾼들 중 최고 수뇌부들이 존재하는 곳 • 빛의 일꾼들 중 약 10% 정도

❖ 15차원

15 차 원	1단계	18차원 4단계가 15차원으로 축소하여 관리자 그룹으로 존재하는 곳	
	14단계	18차원 17단계가 15차원으로 축소되어 관리자 그룹으로 존재	
	15단계	내부 : 보라빛 외부 : 짙은 녹색	• 북두칠성 중 2번째가 최고 관리자 • 15차원 15단계 최고 관리자

❖ 16차원은 에너지체로만 관여하고 있습니다.

❖ 17차원

17 차 원	1단계	18차원 1단계가 17차원으로 축소하여 관리자 그룹으로 존재하는 곳	
	17단계	18차원 17단계가 17차원으로 축소하여 관리자 그룹으로 존재하는 곳	
	18단계	내부 : 짙은 보라빛 외부 : 남청색	• 북두칠성 중 첫 번째가 최고 관리자로 존재하는 곳 • 예수와 석가모니 부처님이 존재하는 차원 • 17차원 18단계 최고 관리자

차원과 문화 :
다차원 행성 지구

땅에 있는 모든 것들은 하늘에서 온 것입니다.
땅에 있는 모든 것은
하늘에서 오지 않은 것들은 아무것도 없습니다.
하늘에서 온 것은 때가 되면 하늘로 돌아갈 것입니다.
땅에 있는 모든 것들은 에너지의 형태로
정보의 형태로 이것의 원형들이 하늘에 있습니다.
땅에 있는 모든 것들은 하늘에서 온 것입니다.
지구 행성의 물질문명의 종결을 앞두고
하늘과의 소통 속에
하늘과의 조율 속에
인류의 의식의 눈높이에서
대중가요 분석을 기록으로 남깁니다.

❖ 15차원과의 교감을 통해 나온 노래
  성주풀이 : 15차원 15단계
  강영숙 - 사랑 : 15차원 8단계

❖ 13차원과의 동기감응
  Auld Lang Syne(올드랭사인) : 13차원 15단계
  백만송이 장미 : 13차원 13단계
  아리랑 : 13차원 10단계
  애국가 : 13차원 8단계
  시인과 촌장 - 가시나무 : 13차원 5단계
  ABBA(아바) - I have a dream : 13차원 5단계
  베토벤 - 운명 교향곡 : 13차원 4단계

❖ 11차원과의 교감
   고요한 밤 거룩한 밤 : 11차원 13단계
   쇼팽 - 즉흥 환상곡 : 11차원 11단계
   바하 - G선상의 아리아 : 11차원 10단계
   비발디 - 사계 : 11차원 10단계
   모차르트 - 피아노 협주곡 2번 : 11차원 8단계
   나나 무스꾸리 - Amazing Grace : 11차원 8단계
   Beatles(비틀즈) - Let It Be : 11차원 8단계
   조용필 - 허공 : 11차원 4단계
   이선희 - 인연 : 11차원 4단계
   패티김 - 가시나무새 : 11차원 3단계
   Eagles(이글스) - Hotel California : 11차원 2단계

❖ 9차원과의 공감
   이승철 - 그런 사람 또 없습니다 : 9차원 11단계
   나훈아 - 무시로 : 9차원 5단계
   SG워너비 - 살다가 : 9차원 5단계
   실로암 : 9차원 3단계
   이미자 - 동백 아가씨 : 9차원 2단계

❖ 7차원과의 공감
   방탄소년단 - 봄날 : 7차원 8단계
   소녀시대 - Gee : 7차원 2단계
   싸이 - 강남스타일 : 7차원 1단계

예술가들은 느낌으로 영감으로
하늘의 차원에 공명하는 경우가 있습니다.
예술가들은 고차원의 정보와
고차원의 에너지를 행성에 운반하는

에너지 운반자로서의 역할이 있습니다.
예술가들은 자신의 우주적 신분에 맞는
하늘의 차원에 직접 접속해서
하늘의 정보와 에너지를 전달할 수 있습니다.
그러나 많은 예술인들은 태어날 때 이미
자신이 전달하기로 한 우주의 정보가 대부분 결정됩니다.
예술가들의 메타 의식구현 시스템에
폴더의 형태로 다운로딩 되었다가
우연을 가장한 필연으로
느낌의 형태로
영감의 형태로
예술가들에게 구현되는 것입니다.

지구 행성에 펼쳐진 물질의 매트릭스들은
차원의 정보 전달자들과 예술가들에 의해 이루어졌습니다.
하늘의 정보가 땅에 내려오는 방법은
크게 2가지로 나누어집니다.
다운로딩 방식과
폴더에 저장하여 오는 경우가 있습니다.
다운로딩 방식은 여시아문의 세계입니다.
여시아문의 세계는
'나는 이렇게 보았으며
나는 이렇게 들었노라'의 세계입니다.
여시아문의 세계는 하늘의 정보가 땅에
전달되는 중요한 루트입니다.

여시아문의 세계는 3대 원칙에 의해 진행이 됩니다.
첫째, 자신의 우주적 신분을 넘어서는 정보는
절대로 받을 수 없습니다.

둘째, 자신의 우주적 신분을 넘어서기 위해서는
몸의 진동수가 높아져야 합니다.
몸의 진동수는 기도와 수행으로 높아지지 않으며
오직 하늘의 정보를 땅에 전달하기로 예정된 인자들만이
그때가 되면 자동문처럼 열리게 됩니다.
자신이 전달하기로 예정된 정보가 있는
차원의 문과 차원의 벽은
오직 하늘의 도움으로만 열릴 수 있는 것입니다.
아무도 모르게 몸의 진동수가 높아지고
상위자아 합일을 통해서만 전달될 수 있습니다.

셋째, 여시아문을 체험하고 있는 인자들에게 내려온 정보는
진실 여부와는 큰 관련이 없는 영혼의 공부 과정이거나
진실 여부와는 아무 관련이 없는 시험하는 과정이거나
낮은 차원의 정보를 전달하는 방법으로
종교 매트릭스를 유지하고 관리하는 방법으로
여시아문의 세계가 주로 사용됩니다.

메타 의식구현 시스템을 통한 폴더의 방식은
학문이나 과학기술, 사상의 출현
예술 작품의 탄생 등에 많이 사용되는 방식입니다.
자신의 우주적 신분을 넘어서는 내용을 전달할 수 있으며
우주의 정보 전달자나 게임체인저나 문명체인저 등의 역할이
예정되어 있는 인자에게 예정된 시간에
하늘의 문이 저절로 열리는 방식입니다.

메타 의식구현 방식인 폴더를 가지고 오는
방법으로 진행된 지구 행성에 펼쳐진
물질문명과 종교 매트릭스를 살펴보면 다음과 같습니다.

- 기독교 : 17차원 18단계
- 불교 : 17차원 18단계
- 동양의학 : 17차원 17단계
- 도덕경(도가사상) : 17차원 14단계
- 동학사상 : 15차원 15단계
- 유교사상(음양오행) : 15차원 13단계
- 칸트의 실천이성비판 : 15차원 5단계
- 정약용의 목민심서 : 13차원 8단계
- 조선 성리학(이기론쟁 理氣論爭) : 13차원 5단계
- 반야심경 : 13차원 10단계
- 실존주의 철학 : 11차원 8단계
- 사회주의 사상(맑스 레닌주의) : 9차원 14단계로 구분할 수 있습니다.

지구 행성에 펼쳐진 모든 것은
그 기원이 하늘의 차원에 있습니다.
지구 행성은 17차원의 가이아 의식이 주관하고 있는 행성입니다.
지구 행성에는 1차원에서 17차원 18단계의
모든 에너지들이 펼쳐졌습니다.
음악의 형태로 미술의 형태로 문화의 형태로
문명의 형태로 사상이나 철학의 형태로
연극이나 영화의 형태로 정치와 경제의 형태로
다차원 지구에는 1차원 1단계에서부터
17차원 18단계의 하늘의 차원의 에너지들이 모두 펼쳐졌습니다.
이것이 지구 행성이 다차원 행성이 되는 이유이며
지구 행성이 실험행성과 종자행성으로서 갖는 또 다른 의미입니다.

인류의 의식의 각성을 위해
빛의 일꾼들의 알아챔과 눈치챔을 위해
빛의 일꾼들을 위한 황금나팔 소리를 우데카 팀장이 전합니다.

전체의식에 대한 정리

전체의식이란 창조주의 의식을 말합니다.
우주는 창조주의 의식으로 되어 있습니다.
우주는 창조주의 의식의 층위로 구성되어 있습니다.
창조주의 의식의 층위를 차원이라고 합니다.
차원마다 공유하는 의식의 수준이 다릅니다.
차원마다 의식의 층위가 다릅니다.
차원마다 공유되는 전체의식의 수준이 다릅니다.
비물질 세계인 태극의 세계로 갈수록
창조주의 높은 의식의 수준에 가까워지는 것입니다.

무극의 세계에서의 전체의식은
12주영에 의해 이루어지고 있습니다.
비물질 세계인 태극인 세계에서 전체의식은
영의식이 주관하고 있습니다.
물질세계에서의 전체의식은 혼의식이 주관하고 있습니다.
전체의식은 차원마다 다르며
전체의식은 같은 차원이라도
차원 내에 있는 단계에 따라서도 다릅니다.
14차원 5단계와 14차원 15단계에서
공유하는 의식은 서로 다를 수밖에 없습니다.
차원이 높을수록 더 많은 정보를 다룰 수 있으며
같은 차원일지라도 단계가 높을수록
다룰 수 있는 정보의 양과 질이 달라집니다.
차원의 문과 차원의 벽이
영혼의 우주적 신분에 의해 전체의식의 수준을 결정하는 것입니다.

전체의식은 영혼의 진화 정도에 따라
서로 공유할 수 있고
서로 공명할 수 있는 정보 네트워크를 말합니다.
비물질 에너지체로 존재하는 영들은
자신의 차원에 허용된 정보만을 열람할 수 있으며 배울 수 있습니다.
지구 행성은 1차원 1단계에서부터
17차원 18단계에 있는 모든 에너지들이
매트릭스 형태(문화나 문명의 형태)로 펼쳐져 있는 곳입니다.
지구라는 행성은 대우주의 에너지들이
1차원에서부터 17차원의 에너지들 모두가
전시되어 있는 실험실입니다.
빛의 형태로
소리의 형태로
형상의 형태로 삼라만상이 펼쳐져 있는 특별한 행성입니다.
영혼이 물질 체험을 한다는 것은
매일 같은 음식(정보)을 먹다가
다양한 음식(정보)을 먹을 수 있는
기회가 주어진다는 것을 의미합니다.
감각을 통해서
감정을 통해서
의식을 통해서
다차원의 에너지들과 다양한 에너지들을
영혼이 인간의 몸을 통해
느끼고 즐기고 체험하고 배우고 있는 것입니다.

식물은 식물에게 허락된 정보가 있습니다.
동물은 동물에게 허락된 정보가 있습니다.
인간은 인간에게 허락된 정보가 있으며
모두 다르다는 것입니다.

영혼의 진화 수준에 맞는 의식이 존재합니다.
물질 세상이란 자신이 보고 듣고
경험한 것들이 중심이 되는 세상입니다.
3(4)차원 이라는 시간과 공간에 갇혀
눈에 보이는 것을
전부로 알고 살고 있을 뿐입니다.
인류가 인지하고 의식하는 전체의식은
3차원의 정보에 묶여 있습니다.
아무것도 모르는 채 살고 있는 인류들은
어느 날 노래방에 가서
백만송이 장미(13차원 13단계)를 듣거나 부르게 되면 잠시나마
고차원의 에너지에 감응하고 반응하고 있는 것입니다.
13차원에 몸을 가지고는 갈 수는 없지만
13차원의 에너지를
몸을 통해 느끼고 공감할 수 있는 것입니다.
인간의 몸을 받아서 살고 있다는 것은
우주의 모든 차원과 모든 단계의 에너지들을
몸을 통해 느끼고 공감하고 공명할 수 있다는
특권이 주어진 것입니다.

땅에 있는 모든 것들은 모두 하늘에서 온 것입니다.
모든 예술 작품들은
작품이 발산하고 있고 그 작품이 품고 있는
에너지의 원형이 존재하는 우주의 차원이 있습니다.
모든 것은 에너지의 세계입니다.
음악이 전하는 멜로디 하나하나마다
음악의 노랫말이 전하는 가사 하나마다
에너지의 기원이 있으며
에너지의 차원이 존재하고 있습니다.

건축 작품 하나하나가 우연하게 탄생한 것이 아닙니다.
모든 빛과 소리와 형상은 그 기원이 하늘에 있습니다.
모든 물질 세상은 비물질 세상에서 펼쳐진 것입니다.
지구 행성에는 이렇게 많은 에너지들이 펼쳐져 있습니다.
우주의 전체의식이 모두 물질이라는 매트릭스 형태로
지구 행성에 펼쳐져 있습니다.
우주의 의식들이 지구 행성에 펼쳐져 있습니다.
지구 행성에 펼쳐져 있는 의식의 총합이
지구 행성의 전체의식이 되는 것입니다.
이렇게 축복받은 행성에 당신은
인간의 몸을 통해
인간의 감각과 의식을 통해
대우주의 전체의식이 전시된 지구 행성에서
체험하고 공명하고 있는 존재들입니다.

지구 행성에 입식된 대우주의 에너지들을
인간의 몸을 통해 체험하고 공명하고 있는 것입니다.
대우주의 전체의식은
인간의 몸에 있는
혼의식을 통해서 인지하고 받아들일 수 있습니다.
혼의식을 운영하는 프로그램을 통해서만
대우주의 전체의식과 공명하고 있습니다.
식물과 대화를 하고
식물이 느끼는 감정을 느끼고
식물과 공명할 수 있는 것은 아무나 되는 것이 아닙니다.
식물 역시 식물의 의식을 구현할 수 있는
혼의식의 프로그램이 설치되어 운영되고 있습니다.
식물과 교감하고 식물과 동기감응할 수 있는
에너지를 느끼게 하는 것은

식물의 혼의식에 설치된 프로그램이
나의 혼의식에 설치되어 운영이 될 때에
서로 공명할 수 있으며
식물이 공유하는 전체의식과도 연결될 수 있는 것입니다.
동물의 희로애락을 느끼고 공명하는
동물애호가들에게도 역시
혼의식의 프로그램이 서로 공유되어 있기 때문에 가능한 것입니다.
동물의 혼의식을 구현하는 프로그램이
인간에게도 설치되어 있기에
동물과 인간이 서로 교감할 수 있는 것입니다.

고양이 애호가는
고양이의 혼의식 프로그램을 같이 공유하고 있기에
고양이의 감정을 이해하고 고양이의 생각을 알 수 있으며
대화가 가능한 사람이 있는 것입니다.
개를 좋아하는 애호가는
개의 혼의식 프로그램과 유사하거나 같은 프로그램이
그 애호가의 혼의식에 설치되어 운영되고 있기에
개의 희로애락을 느낄 수 있는 것입니다.
고양이를 오래 키운다고 고양이와 공명하고
대화가 가능한 것이 아닙니다.
개를 좋아하고 오래 키운다고 개와 공명하고
대화가 가능한 것이 아닙니다.
개와 인간이 서로 공유할 수 있는
혼의식의 프로그램이 설치되어야
개와 인간이라는
차원의 문과 차원의 벽을 열 수 있는 것입니다.
새로운 정신문명에서는
식물과 인간이 서로 공명하게 될 것입니다.

동물과 인간이 서로 공명하게 될 것입니다.
광물과 인간이 서로 공명하게 될 것입니다.
서로 에너지를 공명할 수 있는
혼의식의 프로그램들의 성능이 업그레이드될 것이며
인간의 혼의식의 프로그램에 기본 옵션으로 설치될 것입니다.
말을 하지 않아도
식물의 마음을 느끼게 될 것입니다.
눈으로 보지 않아도
생각만으로도 동물의 마음을 느끼게 될 것입니다.
인간이 만물과 교감하고 공명하는 프로그램이
인간에게 모두 층위가 다르게
영혼의 진화 정도에 최적화되어 설치될 예정입니다.
서로의 감정과 감정들이 교류하고 느끼게 될 것입니다.
서로의 의식과 의식이 교류될 것입니다.
인류의 의식이 큰 폭으로 향상될 것이며
대우주의 전체의식 속으로 빠르게 공명하며
대우주의 전체의식에 빠르게 합류될 예정입니다.
식물과 인간이 서로 공명하고 대화를 하며
식물과 인간이 차원의 문과 차원의 벽을 넘어 교류하려면
혼의식의 프로그램을 공유할 때만 가능한 것입니다.
수도와 기도를 통해서 절대로 이루어지지 않습니다.
신통력이 생긴 것이 아닙니다.
우주적 신분이 높아서 그런 능력이 주어진 것이 아닙니다.
하늘이 주신 선물이 아닙니다.
일어날 일이 일어난 것뿐이며
당신의 삶에서 일어나기로 예정된 일이
일어나기로 한 그때에 일어난 것뿐입니다.
보이지 않는 하늘에 의해 혼의식 프로그램이 설치된 것입니다.

식물은 우주의 전체의식에 접속할 수 없습니다.
동물은 우주의 전체의식에 접속할 수 없습니다.
인간 역시
우주의 전체의식에 모두 접속할 수는 없습니다.
자신의 우주적 신분을 벗어나는
차원의 의식에 접속할 수는 없습니다.
자신의 우주적 신분을 벗어난 차원의 의식과
대우주의 전체의식을 모두 체험하기 위해
영혼들은 진화를 하고 있는 것입니다.
영혼들은 오직 진화를 통해서만
창조주께서 펼쳐 놓으신
삼라만상의 물질세계와 전체의식을
달팽이가 기어가듯 체험하고 있는 것입니다.

물질 체험을 하고 있는 영혼들은
혼의식에 설치되어 있는
혼의식을 운영하는 프로그램이라는 장치를 통해서만
전체 속에 있는 부분의 주파수를 맞추어
공감하고 공명할 수 있을 뿐입니다.
같은 음악을 듣고도 취향이 다릅니다.
좋아하고 싫어하는 취향도 다릅니다.
물질 체험을 하는 영혼들은
혼의식의 운영 프로그램들을 통해서만
깊은 공감을 할 수 있으며
강한 느낌을 얻을 수 있으며
서로의 에너지를 공명하고 있는 것입니다.
자신의 의식 수준만큼
자신의 영혼의 진화 수준에서
전체의식 중에 부분 의식에 공명하며 살아가고 있는 중입니다.

대중가요나 베스트셀러 등은
대중들의 의식의 눈높이를 대변하고 있으며
대중들의 의식수준을 나타내는 상징입니다.
상위자아와의 합일이 높은 차원에서 이루어질수록
의식이 각성이 됩니다.
높은 차원에 있는 상위자아와의 합일이 이루어지면
그냥 아는 것이 많아지며
혼의식의 프로그램을 벗어나서
영의식으로 사물의 본질을 꿰뚫어 볼 수 있는 것입니다.
혼의식의 프로그램이 작동되는 것과
영의식의 프로그램이 작동되는 것의 경계는
12차원 이상입니다.

상위자아 합일이 높아질수록 영의식에 혼의식은 통합됩니다.
영혼백 에너지 정렬이 이루어지고 나면
영의식이 전체의식과 공명하는 부분이 급속도로 증가하게 됩니다.
그냥 아는 것이 많아지는 것입니다.
그냥 아는 것이 많아질수록
대우주의 전체의식에
더 많이 공명하고 있다는 것을 의미합니다.
같은 음악을 듣고
같은 그림을 보고
같은 동물을 보고
같은 꽃을 보고도
느끼고 공명하고 있는 것들은 모두 다릅니다.
자신의 의식 수준에서
자신의 영혼의 진화 수준에서
아는 만큼
준비된 만큼 느끼고 살다가 가는 것입니다.

의식의 확장이란
더 높은 차원의 문을 여는 것이며
의식의 확장이란 더 높은 수준으로
사물의 본질을 이해하고 있다는 것입니다.
의식의 확장이란 그냥 안다는 것을 의미합니다.
진짜 아는 것은
그냥 아는 것입니다.
당신이 그냥 아는 것이 많아질 때
그냥 알아지는 것이 많아질 때
당신은 대우주의 전체의식에 한발 더 다가선 것입니다.

산다는 것은
자신의 혼의식에 설치된 색안경이 비춰준 대로
자신의 혼의식의 프로그램 범위 내에서만
세상을 이해하고
타인을 이해하고
자신을 이해하고 있다는 것입니다.
그냥 살고 있을 뿐입니다.
당신이 살고 있는 지구 행성은
대우주의 전체의식이 모두 들어와 있는 곳입니다.
삶을 즐기고 체험하는 모든 것이
대우주의 에너지를 체험하고 느끼고 있는 것입니다.
당신이 듣고 있는 음악 속에
당신이 좋아하는 음식 속에
당신이 좋아하는 꽃들 속에
당신이 좋아하는 동물 속에
당신의 가슴속에 느낌으로 다가오는 이성 속에
당신은 대우주의 전체의식 속에 들어있는
에너지와 공명하고 있는 것입니다.

당신을 둘러싸고 있는 모든 곳에는
대우주의 에너지들이
대우주의 전체의식이
창조주의 의식이
빛과 소리와 형상으로 나투어져 있습니다.
예쁜 꽃으로
예쁜 여인으로
멋있는 남자로
아름다운 풍경으로
다양한 사상이나 철학의 형태로
다양한 문화의 형태로
다양한 문명의 형태로 펼쳐져 있습니다.

당신이 살고 있다는 것은
대우주의 에너지 속에 함께 하고 있다는 것을 의미합니다.
당신이 살아간다는 것은
대우주의 전체의식 속에
당신이 함께 있다는 것을 의미합니다.
당신이 살아 있다는 것은
창조주의 의식과 동행하고 있다는 것을 의미합니다.
우리 모두는
창조주의 의식 속에서 분리될 수 없는 하나입니다.

진리란 무엇인가

2018년 5월 14일 초판 1쇄 인쇄
2018년 5월 19일 초판 1쇄 펴냄

지은이 | 우데카
펴낸이 | 가이아

펴낸곳 | 빛의 생명나무
등 록 | 2015년 8월 11일 제 2015-000028호
주 소 | 충북 청주시 청원구 직지대로 855 2층
전 화 | 043-223-7321
팩 스 | 043-223-7771

ISBN 979-11-956656-9-3 03200
• 잘못된 책은 바꾸어 드립니다. • 책값은 뒤표지에 있습니다.